水道

渠成

成就一生的智慧密码

胡国安 著

中国商务出版社
CHINA COMMERCE AND TRADE PRESS

图书在版编目（CIP）数据

水道渠成：成就一生的智慧密码 / 胡国安著 . ──
北京：中国商务出版社，2013.9
　　ISBN 978-7-5103-0954-0

　　Ⅰ . ①水… Ⅱ . ①胡… Ⅲ . ①胡国安─生平事迹②生
物技术产业─民营企业─企业管理─经验─中国 Ⅳ .
①K825.38 ②F426.7

　　中国版本图书馆 CIP 数据核字（2013）第 218718 号

水道渠成
──成就一生的智慧密码
SHUIDAOQUCHENG
──CHENGJIU YISHENG DE ZHIHUI MIMA

胡国安 著

出　版：中国商务出版社
发　行：北京中商图出版物发行有限责任公司
社　址：北京市东城区安定门外大街东后巷 28 号
邮　编：100710
电　话：010—64515141 （编辑三室）
　　　　010—64283818 （发行部）
网　址：www.cctpress.com
邮　箱：cctp@cctpress.com
照　排：北京海畴教育科技有限公司
印　刷：北京市通州运河印刷厂
开　本：787 毫米 ×980 毫米　1/16
印　张：18　　　**字　数**：242 千字
版　次：2013 年 9 月第 1 版　　2013 年 9 月第 1 次印刷

书　号：ISBN 978-7-5103-0954-0
定　价：32.00 元

在我眼里，
一滴水，就是全部的世界；
在我心里，
一滴水，就是世界的全部。

原水识禅道

吴言生

佛缘本是前生定，一笑相逢对故人。

我与绿之韵集团董事长胡国安先生是有缘人。国安先生在参加人民大学EMBA华商书院商界领袖博学班学习时，曾听过我讲授的禅宗智慧课程，并经常在企业里分享这方面的感悟；我也曾应国安先生之邀到长沙为绿之韵的高管和优秀经销商讲授禅道。近日，欣闻国安先生写了一本关于企业经营哲学方面的书，书名叫《水道渠成——成就一生的智慧密码》，心中不觉为之一喜。据我所知，近年日本的"经营之圣"稻盛和夫先生，作为企业家中的哲学家，以其深邃的感悟，博大的情怀，"敬天爱人，利他经营"，而备受世人的推崇。直觉告诉我，作为湘商的杰出人士，国安先生的这本书，也肯定会呈现出一个企业家的哲人情怀。

拜读《水道渠成——成就一生的智慧密码》一书，果不其然，发现国安先生的慧根与悟性确实很深。这里面，既有多年修炼的为人处世的灵性感悟，也有亲身践履的企业治理经验之谈。

这本书的名字叫《水道渠成——成就一生的智慧密码》，颇有禅意哲思。水有很多性质，所以宗教家或哲学家都经常用水来做比喻。"水'道'渠成"，顾名思义，是从"水到渠成"一语引发而来。"水到渠成"，意思是流水一到，自成沟渠。"水到渠成"这句话也可以用在修养深厚的企业上，因为这种企业能吸引精英人士，使天下英才远近咸来归，纷纷汇聚加盟到它的里面来。

水道渠成

从禅的角度来讲，一个人精进不懈的努力修行是"因"，明心见性大彻大悟就是"果"。当一泓清水有了修炼有了"道"的时候，福报的"沟渠"自然而然就会形成。这就是禅门大师所说的："因圆果满，水到渠成！"

2006年，中国直销行业有一匹黑马横空出世，引来同行们纷纷惊呼："绿之韵拿牌了！"绿之韵之所以在强手如林中脱颖而出，绝非偶然，而是水"道"渠成的结果。

那么，国安先生的水之"道"到底在哪里呢？

且让我们从禅学中的水之道说起。

黑田孝高是日本安土桃山时代的军官，曾协助丰臣秀吉将军统一日本，在政治上扮演着举足轻重的角色。他的别号叫"如水"，曾以水攻陷敌方据守的城池。黑田孝高所写的《水之五道》，至今仍然为人所称赏，其内容是：

一，自己努力，并且能推动别人的，是水。二，经常探求自己方向的，是水。三，遇到障碍时，能发挥百倍力量的，是水。四，以自己的清洁，洗净他人的污浊，有容清纳浊的宽大度量的，是水。五，汪洋大海，能蒸发为云，变成雨、雪，或化为雾，又或凝结成晶莹如镜的冰，不论其变化如何，仍不失其本性的，也是水。

水道的修炼如此，禅道的修炼如此，企业的修炼之道亦是如此。国安先生以水文化作为企业文化，对禅道水道和企业修炼之道都有着非常深邃而透彻的参悟。从国安先生的个人的修为和企业的成长来看，也与水之五道合若符契。

其一，同修共进。

水之道其一："自己努力，并且能推动别人的，是水。"

国安先生生在湖南安化的一个偏远幽静的小山村，小时候每天要步行七里路到小学去读书。虽然很辛苦，每天早上他都是第一个早早地来到教室。当行走在泥泞的小路上，急驰而过的汽车甩起黄泥溅了他一身的时候，他就暗暗发誓这辈子一定要成功，成功后一定要为家乡铺好路，一定要为大家改善读书的条件。如今，他用感恩的心修建了家乡的道路，捐建了多所希望小学，在窗明几净的环境中看到孩子们快乐地学习，心中涌起了无限的欣慰。

与此同时，国安先生的努力上进，也感动了立志追梦的一群人。现在，他们都已成了绿之韵的骨干和精英，在物质精神两个方面，都获得了丰富的回馈。

水携万物而向前，水利万物而流动。在绿之韵大家庭中，从不放弃每一个人，"每个人都能做到像水一样，除了自己流动，还带动其他物体行动"。当你不断地努力，奋然前行，润泽万物，你的影响力就越来越大。你润泽了多少人，带动了多少人，度化了多少人，就会有多少人追随着你，一直追随下去，你的影响力、领导力就自然而然地形成了。这就是同修共进的水道精神。

其二，常怀梦想。

水之道其二："经常探求自己方向的，是水。"

"探求自己的方向"，就是找到奋斗的目标、事业的梦想。

人类因有梦想而伟大，所有的伟人都因梦想而成功。梦想起航未来。梦想让胡国安走出了大山，让他的事业绝处逢生苗壮成长，让他成为最大的赢家。像胡国安一样，绿之韵人也胸怀梦想，为造梦、追梦、圆梦而努力地奋斗着。

正如习总书记在十八大上所强调的那样："中国梦是中华民族的梦，也是每个中国人的梦。""生活在我们伟大的祖国和伟大时代的中国人民，共同享有梦想成真的机会，共同享有同祖国和时代一起成长与进步的机会。""有梦想，有机会，有奋斗，一切美好的东西都能够创造出来。"

中国梦是每个中国人的梦，也是每个绿之韵人的梦。过去的十年，绿之韵正朝着这个梦想一步步地走来。作为企业的掌舵人，胡国安对企业未来走向何方一直有着谨慎的思考，并带领着团队朝着这个方向不断地前行。他在2003年绿之韵创立伊始所描绘的所有梦想，至今已全部实现。未来的十年，是绿之韵新的筑梦、圆梦的十年，绿之韵人的方向更加明确，有着更加远大的梦想与愿景：实现民族直销企业自强，实现民族品牌走向世界，为所有绿之韵从业者提供实现"幸福人生"的平台。

梦想让绿之韵与中国同行，与世界共振。有了这个梦想，绿之韵作为传递健康、美丽和财富的使者，将成为引领潮流、追求卓越的民族品牌。我衷心地祈愿胡国安和他的团队，早日梦想成真，使绿之韵走向世界，有朝一日成为在国际上受人尊敬的企业。

其三，坚韧不拔。

水之道其三："遇到障碍时，能发挥百倍力量的，是水。"

对于大部分出生在偏远山村的孩子来说，通常他们的人生轨迹是从泥土中找活路，并且有可能一辈子终老于黄土地上，他们或可自食其力，却难以大展宏图。年少志远的胡国安，发愿一定要走出大山，走入山那边的广阔天地。缘

水道渠成

此，少年的胡国安向母亲信誓旦旦地保证，自己一定会百炼成刚，修齐治平，成为于家于国都很有出息的栋梁之材！从此之后，胡国安开始了百折不挠的奋斗历程。虽然山路上阴气弥漫，小小年纪的他却毫无惧色地高举着杉树皮火把，毅然前行。

就这样，当清澈的小溪从少年胡国安的家门前流过时，他就知道，这条小溪有一个终点叫大海；他就坚信，一个人也可以像这条小溪一样出发，去寻找自己的归宿。于是，他像小溪一样，坚韧不拔地流过曲折，流过坎坷，流向大海，流向归宿。

在掘得了人生的第一桶金之后，由于投资的误判，亏损了5000万，一夜之间所有的心血付之东流，这时的他没有放弃；为了稳住人心，按时给员工发放工资，他把六套房子卖了五套，苦苦支撑，这时的他没有放弃。当梦想的种子播到了水泥地上，前途一片黯淡的时候，他从来就不知道什么叫放弃！

小溪在艰难曲折中坚韧地流向前去。在绿之韵创办之初，胡国安一天最多走过五个城市，亲自为经销商们讲过五堂课；胡国安的创业伙伴们，在他一无所有最为困难的时候，相信了绿之韵，选择了绿之韵，把前程交付给了绿之韵，不离不弃，全力以赴。这群为事业顽强打拼的人，一起风雨同舟，并肩作战。他们成长在绿之韵，收获在绿之韵，并为坚持了当初的选择而欣慰。现在，凡是坚持下来的，都已收获到了丰硕甘美的果实。在胡国安和他的团队的努力下，2003-2013仅仅用了短短的十年时间，绿之韵从开创之初仅有150平方米的办公室，已发展成为由中国辐射全球的大健康产业集群。

就这样，咬定青山不放松，努力再努力，坚持再坚持，胡国安和他的团队缔造了绿之韵今日的辉煌。这份精进和努力，使人油然地想起了唐代李忱的《瀑布联句》诗：

千岩万壑不辞劳，远看方知出处高。

溪涧岂能留得住? 终归大海作波涛!

不惮劳苦，立足高远，坚持再坚持，终于铸就了辉煌的人生。"成功的秘诀，就是：坚持再坚持！"在胡国安的这句口头禅中，蕴含着太多冷暖自知的人生体验。

其四，海纳百川。

水之道其四："以自己的清洁，洗净他人的污浊，有容清纳浊的宽大度量的，是水。"

老子说："上善若水，水利万物而不争。" 这个道理，小时候的胡国安听得不大明白。但随着不断地成长，他越来越深刻地领会了古老智慧的精髓要义。对其中的含义，走得越远，感悟也就越深。水深方可负载大舟，厚德才能成就大业。上善若水，厚德载物，一直是中华处世之道和经商之道的精华。水是生命之源，其功至伟，其行最谦。海纳百川，有容乃大，这也正是绿之韵人的胸怀与品质。

佛祖问弟子说："一滴水怎样才能够不干涸？"弟子们都回答不出来，佛祖说："把它放到江河湖海里去！"佛祖又问弟子："江河湖海怎样才能够不干涸？"弟子们又是面面相觑，佛祖说："容纳每一滴水！"江河湖海是水的归宿地，无数的水滴汇聚到了一起，才使江河湖海不会干涸，才使它越来越开阔。

水因其博大，而能净化万物。无论世间万物是多么的脏污，她都能敞开胸怀，无怨无悔地接纳，然后再慢慢去净化自己，这是人生包容接纳的至高至美的境界。胡国安深谙此道，经常在做扩胸运动。当员工在绿之韵三进三出，绿之韵的大门依然坦荡地向她敞开。胡国安以为，一切之所以能够发生，自然有发生的机缘，都是上天给予自己的恩赐，都要用感恩惜缘的心来面对和接纳。正是这种包容与大度的水道修炼，赢得了对手和朋友们的普遍敬重。

"像水一样，涤荡各种污垢，永保自洁，不停地进步。"这种利他无我的境界，是要有很高的修为才能够达到！

也正是因为有了这份博大与包容的情怀，为胡国安带来了兴旺的人脉。"把每一只菜鸟都当作凤凰培养"的企业文化，成就了今天的绿之韵。从包容与信任中成长起来的绿之韵人，也以其巨大的热忱回报着绿之韵。

其五，永葆纯真。

水之道其五："汪洋大海，能蒸发为云，变成雨、雪，或化为雾，又或凝结成晶莹如镜的冰，不论其变化如何，仍不失其本性的，也是水。"

人生的悟道有三个阶段，第一个阶段，见山是山见水是水；第二个阶段，见山不是山见水不是水；第三个阶段，见山只是山见水只是水。第一个阶段的山水是原真的山水，第二个阶段的山水是经过人心污染后的山水，第三个阶段的山水，是去除污染重回本真的山水。人性就是这样的一泓清泉，不论经历过多少事情，最终还要明心见性，回归本真。

水，时而有形有迹，时而无形无色；时而奔腾哮吼于山间，时而恬静深流

水道渠成

于地下；时而化为雾云在天际飘逸，时而恬淡祥和在湖泊徜徉，千姿百态，变幻万千。然而不论它是气体、液体、固体，不论它置身何时何处何种情境，却永远不会改变其本性。孟子说："大人者，不失其赤子之心也。"《三字经》说："人之初，性本善。"这个本来善良的"赤子之心"，就是水的本性。

正如胡国安所喟叹的那样："处于社会转型期的我们，无论外表如何光鲜，心底里的不安和焦虑却与日俱增。社会在发展，我们的幸福感却越来越低！"作为一个肩负社会责任、有良知、有爱心的企业家，他对企业的战略设计是："从十年前将企业定位于：绿色健康产业，创办一家持续提升人生幸福感企业的想法从未改变。""始终保持感恩之心，我们都会实现自己的至高目标——拥有充满幸福感的人生。"从这里分明可以感受到，作为一代儒商，他的心中，流淌着的还是童年时家乡那条未受污染的清澈明净的小九溪水。

综上可见，在《水道渠成——成就一生的智慧密码》一书中，我们欣慰地发现，绿之韵不断地发展壮大的过程，其实就是胡国安禅道水道商道的境界不断提升的过程。绿之韵持续发展的秘诀，就是因为有着见解独到和个性鲜明的企业文化，就是因为他们把水的精神奉为企业文化的灵魂。我相信，作为目前中国直销获牌企业中最年轻的董事长，胡国安的水"道"修炼还将有很大的空间，还将有很大的成就，还将有更多的惊喜呈现给大家。

观水悟"道"，领略禅意，深入禅境，善莫大焉。在这里，且借用宋代名著《五灯会元》中禅门大师的两句话，作为对胡国安和绿之韵人的深切期待和殷殷祝福：

"人归大国方为贵，水到潇湘始是清！"

一个人，只有融归到为国为民为众生的心灵国度，才能心地安然，活得尊贵，活得有价值有意义；

一滴水，只有汇入到潇湘之水浩渺无垠的绿之韵中，才能清澈明净，找到归属，活得有品位有福报。

这，正是胡国安和绿之韵最为传神的写照。

2013 年端午，于山水禅

序 二

格水致知　道行天下

胡远江

　　炎炎夏日，国安先生运如椽巨笔，著《水道渠成——成就一生的智慧密码》一书。临付梓，邀我作序。

　　心内惶惑有加，却唯有受命！因缘有三：一是国安先生系我老友，多年交游，节庆之时皆向家父家母行探问之礼，故有涌泉之缘；二是国安先生初萌此书创意时，即与我把盏恳谈，后在成书之中，又就行文吐纳与我数度探讨，故有共研之缘；三是今年乃国安先生之另一大作——绿之韵集团十周年华诞，而我又曾秉一烛之光，执鞭论道，故有同庆之缘。有此三因，遂只能肆意汪洋，谈些读后之真切感受，是以为序。

　　诚望此序所言，一能入国安先生法眼，完成所托；二能穷我之慧根，消化书中大义，以向业界推介；三是有幸先睹，权当为后读者作回导读。仁智之见，暂当一家之言！

格水致知，国学新声

　　《论语》曰："智者乐水，仁者乐山。智者动，仁者静。智者乐，仁者寿。"而何谓智者？在我看来，夫子所指，当是有智慧之人，或者是拥有思考力

水道渠成

的平常人。其实，如果把《论语》中夫子这段论述放在中华五千年国学发展的历史长河中去看，则更加可以管窥其中奥秘。无论山水、器物、天地、阴阳，实际上都可以成为人们获取知识、认知世界、体验智慧的载体和源泉。

中华五千年国学的核心方法，用夫子之后儒学大家所架构的体系就是："格物、致知、修身、齐家、治国、平天下。"其中，"格物"是方法，"致知"是成果，而"修身、齐家、治国、平天下"则是成果的运用价值。由此可见，循国学之古道而攀行，其思行所得有时尽管表现为"一家之言"，却往往足以"究天人之际，通古今之变"，成为穿越历史的无上智慧。

"格水"同样如此，它拥有渊远的源流。水为万物之源，它与生命相伴，贯通古人和今人。故此，古代圣贤、国学巨擘当然要"格水"而"致知"。在这个序列中，既有先贤的哲学家们、军事家们，如老子、庄子、孔子、孟子、荀子、墨子、韩非子、孙子、管仲等；也有前朝的政治家们、思想家们，如魏征、王安石、唐太宗、朱熹、王阳明、王夫之、曾国藩等；还有后世的艺术家们如李白、杜甫、白居易、苏东坡、辛弃疾等。中华人民共和国的开国领袖毛泽东也是"格水致知"的大家。故此看来，"格水致知"不仅是一种古今相继的哲人风范，更是一种对于中华五千年国学思想与智慧的全息传承。

正是在这种传承宝库里，我们找到了道家"上善若水""水润万物而不争，夫唯不争，而天下莫能与之争"等水之智慧；我们也找到了儒家"水有五德，曰德、曰义、曰道、曰勇、曰法"等水之美德。而中华五千年文化的《经》《史》《子》《集》等，灿烂文字的背后无不隐喻着"格水"而来的智慧光芒。

读国安先生大作《水道渠成——成就一生的智慧密码》一书，我禁不住心潮澎湃。

为什么会有这种感受呢？因为书中所述，已让我不由自主走进了中华民族五千年优秀文化的历史长河，酣畅淋漓地接受着国学的心灵洗礼。捧书在手，明心见性，这便是我对于《水道渠成——成就一生的智慧密码》的第一印象。国安先生的"格水"之思直通国学，沿先秦、过两汉、越明清，迤逦而来，浩浩荡荡，根基深邃；而他"格水"后的"致知"，则更是穿行于古代与今天之间，贯通着历史与现实之间，行云流水，卓然而聚大成。

在国安先生所总结的"水道"之十大智慧中，我们既可以看到儒、释、道三家"格水致知"的经典成果，同时还可以看到跨越时空的无数思想者对于"水道"智慧的顿悟，更加让我们喜悦萦怀的是，透过书我们还可以读到国安先生对于这些成果的实践求证。在《水道渠成——成就一生的智慧密码》一书里，水道思想被系统化、水道禅韵被生活化、水道哲学被通俗化、水道智慧被简单化。通读全书，每一位读者不仅可以领略到中国圣哲们神秘与睿智的先知先觉，同时可以学习到国安先生对于他们千年智慧的精准解读。《水道渠成——成就一生的智慧密码》一书，对于水之精神的观察、思考等一切都被化繁为简，深入浅出，读之有心旷神怡之感，思之则有醍醐灌顶之喜，而用之则更有运筹帷幄、决胜千里之淋漓。

如此"格水"之作，气吞云梦，吐纳古今，堪称近年来难得一见的国学新声。掩卷沉思，不能不为国安先生这些年的国学修为而折服。《水道渠成——成就一生的智慧密码》在手，秉烛夜读，岂唤一个"好"字了得！

激情演绎，赢家通鉴

孟子曰："天将降大任于斯人也，必先苦其心志，劳其筋骨，饿其体肤，而后空乏其身，行拂乱其所为，所以动心忍性，增益其所不能。"

对于孟老夫子的这段名句，想必诸多朋友早已耳熟能详，倒背如流。因为两千多年来，无数华夏子孙均以它为镜，正人正己，成旷世人才，建不朽伟业。由此，足见其内蕴之厚、影响之深。可问题的奥妙却远不止于此。关键就是：数千年来，中华文化浩如烟海，历史典籍汗牛充栋，为什么孟老夫子寥寥数十字，却能字字珠玑，贯通古今，让布衣到士绅都振聋发聩呢？笔者静心思之，终获一孔之明。在我看来，两千多年前的孟老夫子，他实际上破题了一个现代人奉为圭臬的神圣学科，这就是"成功学"。无怪乎不论古人今人，都对此顶礼膜拜了。

人人追逐成功，人人渴望成功，人人都想"修身、齐家、治国、平天下"，可问题的核心在于：人们到底如何行动，才能找到通向成功的终南捷径呢？五千年以来，中外圣哲们在思索，在考究，成果虽不系统，但星罗棋布于文化长河中，依然熠熠生辉；而近代一百年来，随着商业社会的蓬勃发展，全球范围内，对于个人成功的探究已蔚然成风。"紫陌红尘拂面来，无人不道看花回"，

水道渠成

须臾之间，成功学说成为全世界的一道耀眼风景线。

在成功学研究者的人物群雕中，西风劲吹。有戴尔·卡内基，有拿破仑·希尔，有安东尼·罗宾，有罗伯特·清奇等，于是乎《人性的弱点》《唤醒你心中的巨人》《穷爸爸 富爸爸》等成功学书籍便以惊人的速度席卷中国和世界。每一个人攻克着一道获取成功的"哥德巴赫猜想"，每一本书展示着一条走向成功的"丝绸之路"，每一个流派掌控着一部走出成功迷宫的"葵花宝典"，行进在波澜壮阔的改革开放洪流中，置身于"需要英雄也产生着英雄"的创业时代里，诸多国人激动、学习、成长、意气风发，渴望着激情创业，渴望着商业传奇，渴望着成为财富英雄！与此同时，我们也依然看到，在西天取经的狂潮里，有众多国人不幸迷失在越洋而来的成功学秘籍中，艰难泅渡！

为什么会发生这种状况呢？原因就在于教人成功的羊皮卷太多、太杂，就如一桌桌满汉全席，让人眼花缭乱，无从判断，无所适从！

而今天读国安先生大作《水道渠成——成就一生的智慧密码》一书，我对于成功学的顿悟竟有茅塞顿开之感。在国安先生的表述里，成功学不是一种理论、一种体例、一种结果；而是一种思想、一种方法、一种原因。《水道渠成——成就一生的智慧密码》深刻揭示的正是这种流动着的成功奥秘。简约、实战、朴素、源于生活、深入浅出，人人都可以做到，这就是国安先生为我们在书中所展示的成功学原理和方法体系，确实是在近些年来很难品尝到的琼浆甘霖。

研习国安先生这部《水道渠成——成就一生的智慧密码》，我们可以看到三大特点跃然纸上。

第一，该书以"水道"着笔，通过对于水之十种品性与精神的人格化描述，几乎囊括了西方现代成功学的核心元素，无意之中，把这些年来肆虐国人欲望的成功学拼盘做了系统梳理，自然成体，别具一格。这实际上正是古老东方智慧的现代魅力。

第二，该书从"水道"出发，探究人生之成功天道，娓娓道来，妙手偶得；虽然穿行于中外古今，于山水之间，但它对于成功的方法路径，却只用20个关键词演绎得淋漓尽致，真可谓"羚羊挂角""不着一字，尽得风流"，卓然大家风范。在国安先生这里，一个平凡人如何才能走向成功？一切都变得简单，一言以蔽之，就是"向水学习"。故此，读《水道渠成——成就一生的智慧密码》，探究成功方法，让人倍感亲切、自然、贴近自己的生活，贴近自己的现状。"水道"十诀，学之能用，用之能战，战之能胜！

第三，该书以"水道"为名，探究成功之路，不是一种简单的逻辑论证，而是国安先生四十多年的人生实践。观察水，国安先生找到了现代成功学的朴素思想，而实践"水道"，则使国安先生走出了一幕大山子民披荆斩棘、战天斗地的精彩人生。在这条崎岖的人生路上，国安先生的起点，很低；国安先生的苦难，很多；但是，对于"水道"的膜拜使他风雨无阻，迈向成功。正所谓：山阻石拦，大江毕竟东流去；雪辱霜欺，梅花依旧向阳开。

《水道渠成——成就一生的智慧密码》一书正是对于一个平凡人、一个中国草根，运用水道十诀走向成功人生的真实记录，因此，它向人们揭示的真理就是：国安先生书中所载正是今天中国这个火热创业时代每一个普通国人的成功密码。"天生我才必有用，直挂云帆济沧海"，国安先生的成功，你也完全可以复制！

《水道渠成——成就一生的智慧密码》，实实在在是为中国人定制的一部赢家通鉴，不可不买，不可不读！

上下求索，治企王道

古语云："积善之家，必有余庆；积不善之家，必有余殃。"

如何解读这段充满佛禅因缘和奇正之道的言辞呢？千百年来，中华文化学者们基本上如出一辙，多会意修身齐家与经世济民，直通治家或者治国方略，而后世红顶商人一代宗师胡雪岩先生所体悟到的"治企"大义则稀有挖掘。为什么会出现这种状况呢？这是因为，农耕时代的中国是以家为单元，"家国天下"是中国社会绵延数千年的文化主轴。故此，在浩繁复杂的中华典籍中，"治企"言辞便寥若晨星，更遑论专著宏作了。

此种状态到近代两三百年方有改观。商帮崛起，工业和手工业风起云涌，时代春风便开始度化"企业"这种新兴社会细胞，由此才有了"治企"方略的繁衍和传世。譬如，货通天下的晋商，声倾朝野的徽商，异军突起的浙商等，都留下了许多"治企"名方，如黄钟大吕，沉淀为今天中国商业文化的核心基因。而纵观所有这些传世经典，他们共同的特点就是重德、重人、重根基、重大同；

水道渠成

折射出的是"修身、齐家、治国、平天下"的中国人文理想和家国思想"治企"方略。

西方的"治企"方略则与中国大相径庭。它更加孜孜以求的是对于企业组织的技术解剖和流程装备。这种差异，正如中西医文化之不同。中医讲求整体和谐、固本培元；而西医则讲求解剖麻雀，对症下药。因此，在所有西方的治企方略中，企业是一个功能组合体，它注重制度、技术、市场、管理、品牌、成本与利润、公民文化等，它对于企业的研究遵循物理思维，运用自然科学的方法，并以此找到企业生存、成长到成功的内在规律。专家们为此著书立说，企业家们为此谈经论道。于是有了科特勒、德鲁克、彼得·圣吉；有了杰克·韦尔奇、葛罗夫、比尔·盖茨。客观而论，西方的治企思想和方法体系经过数百年的企业实践，正无可厚非地展示着它的强大智慧和跨文化地影响。在全球化的今天，中国企业同样受益匪浅。

读国安先生的《水道渠成——成就一生的智慧密码》一书，自始至终我还有一种感觉就是特别震撼。

为什么会有如此之感受呢？是因为，在国安先生的《水道渠成——成就一生的智慧密码》中，他看似在"格水致知"，究天人之道，但实际上在其所有感性文字的描述背后，展示的是一个中国优秀民族企业家的环球视野、精英使命、人文梦想、谦逊品格和卓越才华。

在书中，国安先生从企业家的角度，上下求索，为我们铺陈了一个企业从诞生到成长到修成正果的基本轨迹，在依"水道"而"治企"的章回之间，他所架构的是一个中国典型的草根企业野蛮生长背后的强大基因和成功王道。这便是我阅读《水道渠成——成就一生的智慧密码》一书的第三大印象。掩卷之后，纵想磨灭，亦属枉然！

打开《水道渠成——成就一生的智慧密码》，读者们一定会发现，它与其他企管流行书差异巨大。

第一，因为该书虽然用故事、回忆、观察和散文似的夹叙夹议作为基本逻辑结构，但它却完全是建立在企业实践的真实基础上，雄辩地验证了国安先生的"治企"方略。"实践是检验真理的唯一标准"，在今天所有的治企图书中，管理理论可以被架构的气势巍峨，经营智慧可以被描述得淋漓尽致，但企业发展过程中的起、承、转、合却永远无法被虚拟成像，除非，书之所写就是企业十年一剑的生动实战。唯有这样，它才可能生动真实，才可能波澜壮阔，才可能成为中国乃至全球企业的"攻玉之石"。而《水道渠成——成就一生的智慧密码》一书，正是这样一本可以信赖的真书，因为它记录的就是国安先生花十年心血所完成的一个作品——绿之韵集团的生存成长以及在这个平台上追逐梦想的草根英雄群体的感人故事。

第二，《水道渠成——成就一生的智慧密码》一书之所以弥足珍贵，还在于它回答了一个"治企"理论与方法体系中的核心命题。这就是，一个中国草根企业的生存发展的核心因素到底是什么？在该书中，国安先生准确无误地告诉我们，是人。因为，没有资金，可以筹借，没有场地，可以租用，没有资源，可以整合，但是，没有人，便没有一切。所以，在国安先生的企业实践中，"人本思想"任何时候都是基石。在国安先生的"人本治企"思想中，每只菜鸟都是凤凰，每棵幼苗都可以长成一棵参天大树。为了开掘人的核心价值，绿之韵注重人的归属感，注重人的培育、磨炼和辅导式成长，注重家文化的打造，注重"水道"智慧的全体实践。因此，在国安先生的企业里，没有明星，所有人都是明星，所有人都可以成长为明星，所有人都有明星般的出彩机会。

第三，《水道渠成——成就一生的智慧密码》一书之所以价值非凡，还在于它展示了一个中国优秀企业家的学习和成长。通读全书，我们不仅随处可见"敬天爱人"的国学智慧在绿之韵处处闪光，领略到家国文化与绿之韵文化的无缝对接，感受到中国梦和绿之韵梦在全体绿之韵人心中激情涌动，还可以看到国安先生对于绿之韵像一件伟大艺术品一样精心的雕琢。在绿之韵成长的十年中，国安先生一方面研究了西方的治企思想和方法，走访欧美国际名企，广泛吸纳；同时也研究了中国晋商、徽商、浙商等近现代商帮的管理哲学，并带高管数度深入蒙牛、阿里巴巴等中国名企取经，在这些基础上，他用"水道"哲学一以贯之，成就了一个生机勃勃的现代企业。中体为本，西体为用，在国安先生的书中，我们真正看到了中西合璧的管理实践，读到了古今融合的治企方略。这就是《水道渠成——成就一生的智慧密码》一书呈现给我们的另外一重独特价值。

创业难，守业更难，而要不断超越，永葆企业的激情和梦想则难上加难。十年绿之韵的发展，却把横亘在企业头上的三大难题解决得游刃有余，让人拍案称奇！"问渠哪得清如许，为有源头活水来"，国安先生上下求索，已然发现治企王道。

水道渠成

　　"三十功名尘与土，八千里路云和月。"我游历印度尼西亚已二十多天，远离故郡，思乡之情油然而生。时值斋月，听着飘满雅加达大街小巷的《古兰经》诵读声，心中逐渐宁静。反复阅读《水道渠成——成就一生的智慧密码》一书而提笔为序，虽有信马由缰之嫌，但笔底流淌，皆为我之真性情，诚望能飨同道、故人和朋友！

于雅加达嘎加玛达临时寓所

2013 年 7 月 20 日

序　三

十年铸一剑　一水一世界

胡国安

　　《水道渠成——成就一生的智慧密码》一书封笔之时，正值绿之韵集团十周年礼庆大典渐行渐近之际。畅想着在 2013 年 10 月 11 日，在湖南会展中心，在来自全国各地、全球各地的一万多名绿之韵家人的见证下，《水道渠成——成就一生的智慧密码》一书的首发式将以豪华盛宴的方式大幕开启，我内心不免腾升起一种遽然的激越。"喜看稻菽千重浪"，在这收获的季节，这部书成了恰到好处的应景之果！

　　厚重书稿，堆于案头，如尘封之历史，似恢宏之画卷。我虽公务烦冗，又非专业作家，然确立写作项目以后，不敢怠慢。每日以心著之，有汗流浃背之窘，有挑灯夜战之困。数月之力，今毕于一役，顿有如释重负之感。逐页翻阅，竟仿佛不见文字，但见滴滴汗珠，晶莹剔透。移步窗前，品茗溢香，举杯邀月，心思浩渺。不自觉吟诵起三国时代曹操的名篇《观沧海》：

　　"东临碣石，以观沧海。水何澹澹，山岛竦峙。树木丛生，百草丰茂。秋风萧瑟，洪波涌起。日月之行，若出其中；星汉灿烂，若出其里。幸甚至哉，歌以咏志。"

　　沧海之壮观，水之洪波澹澹，使曹操这一古人感慨非常，以歌咏志。

　　世事之沧桑，水文化之旌旗猎猎，使我们绿之韵事业砥砺前行，一路高歌。

水道渠成

《水道渠成——成就一生的智慧密码》一书，正是我们的"咏志"之作。

众志成城，此志，非仅是我个人之志，乃是全体绿之韵人之志；志当存高远，此志，非一般的"燕雀之志"，乃是"九天揽月、五洋捉鳖"的中国梦想、绿之韵梦想的"鸿鹄之志"！

《水道渠成——成就一生的智慧密码》一书，正是绿之韵十年发展历程的浓缩之作。

日月如梭，十年弹指一挥间。从长沙的东塘草创，到移师浏阳生物医药园，到今天的多园并举；从两款产品起步，到今天的多产业大格局的形成，数百款产品熠熠生辉；从名不见经传，到今天的中国驰名商标和高新技术企业；从起步时资金捉襟见肘，到今天税赋过亿，并有余力惠及社会，投身公益；从初期营销模式的黑暗摸索，到今天国家正式批牌的合法直销企业；从32名专卖店店长，到今天几十万营销队伍及遍布全球的数百万消费者。绿之韵之十年历程，是成长、发展、壮大的十年，是信心满怀的十年，是超越梦想的十年。十年间，我们曾经有过彷徨，有过曲折，遭遇过困难，也碰到过危机，但我们终究走出了"雪山""草地"，来到了梦想的大海之滨。十年间，我们精修"剑谱"，通过"铸剑""磨剑""比剑"，最终"利剑出鞘"，最后"剑指辉煌"。今天的绿之韵之剑，是生物健康事业、生态环保产业和三农产业的闪光之剑，是塑造高品质生活的美丽之剑，是履行社会责任、扶危济困、帮助弱势群体的亲情之剑，是打造财富、健康、尊严的荣誉之剑！由此，《水道渠成——成就一生的智慧密码》一书正是对绿之韵企业"十年铸一剑"的忠实记录，它是一张高密度的DVD，所有的汗水、泪水、泥水、苦水，所有的激动、感动、震动、触动，所有的欢声笑语、成功、掌声、鲜花……无数的生动画面，皆浓缩于其中。

《水道渠成——成就一生的智慧密码》一书，是绿之韵创业团队的"寻道"之作。

何谓"道"？老子曾说："道可道，非常道。"其意思是"道"不可以言语表达之，因为"道"是宇宙之中万事万物的内在规律。依我之见，天地人皆有其"道"，得"天道"者得天下，得"人道"者得人脉，得"事业之道"者获得事业的巨大成功，得"家庭之道"者获得家庭的美满与和谐。

观察当今世界之明星企业，皆有其独特的成功之"道"。麦当劳、肯德基占尽了连锁之道，苹果公司抢占了科技之道，马云则悟透电子商务之道，使得其阿里巴巴和淘宝网独领风骚。

"三十功名尘与土，八千里路云和月。"绿之韵的十年，我与创业团队也一直在探寻其发展之道。最终，我们锁定了我们的"道行"所在：

一是正直之道。为人正直，坚持真理，坚定信念。

二是正义之道。做正义之师，履行社会义务。

三是正规之道。走规范发展之路，坚守底线，维护法律法规尊严。

四是正能量之道。将积极、热情、豁达、宽容等元素输入到我们个人成长与企业发展之中，始终看到阳光；将梦想与目标转化为动力，将团队与互助发挥到极致。

上述四"道"，归而统之，乃一"正道"。因为有"正道"之指引，所以绿之韵的发展才能始终不偏离方向，始终得道多助，始终目标明确，始终充满正能量。

因为有正道之指引，我们每个绿之韵人才能够"身正""言正""行正"。

因为有正道之指引，有无数正道之人所帮衬，绿之韵才能最终修成"正果"。

人间正道是沧桑，对企业发展正确道路的选择，本身就是一个辛勤探索的过程。绿之韵之道，凝结了创业团队的心血。大家一路实践，一路总结，一路提升，以"实践—理论—再实践"的科学循环机制，寻道、修道、践道，提炼道之魂魄，升华道之境界。

在《水道渠成——成就一生的智慧密码》一书中，我根据绿之韵创业团队的探索，系统表述了"厚德载物、目标坚定、有容乃大、低调实干、勇往直前、厚积薄发、团队制胜、坚持到底、整合资源、改变自我"的绿之韵发展之道。

水道渠成

这十大方面、40个字，仿佛汇集而成了一部《成功词典》，真实地再现绿之韵十年的风云历程，揭示了普通企业如何生存发展的密码。它们浓缩了千百万绿之韵人的共同智慧，成为绿之韵企业最宝贵的精神财富，将永久珍藏在绿之韵的文化殿堂。

与此同时，我也斗胆地认为，上述启迪性词汇也必定能够超越绿之韵单个企业的范畴，登堂入室，成为富有深刻价值的行业指导哲学和企业成长哲学的重要内容。

《水道渠成——成就一生的智慧密码》一书，是绿之韵企业文化标签"水文化"的诠释之作。

"水文化"是绿之韵集团的企业文化标签，这是在业界公认的一个事实，也是许多行业专家、品牌专家和知名媒体高度评价绿之韵的一个重要方面。在绿之韵集团的LOGO当中，我们同样把"水"的元素醒目地镌刻了进去。其飘逸的水姿态，其弯曲的水轨迹，明白无误地向世界宣告：绿之韵企业举起了一面巨大的文化旗帜，那就是独特的"水文化"。

水清如君子之德，水柔如君子之道，故君子喜之。我不能说自己是君子，但在我四十余年生命历程之中，却确实有着最深刻的"亲水情结"。我的"水之缘"首先源自我的家乡——湖南省益阳市安化县的小九溪村。在那儿，唯一的一条小九溪从雪峰山麓发端，经过我们的家门口，一路奔波，入资江，融洞庭，奔长江，汇东海。这样一个清晰的"水轨迹"深深地印在我的脑海里，仿佛一张印刷精美的水系图。小九溪是我童年的嬉戏欢愉之所，是全村人的生命之流，同时，它把我的家乡，那个偏僻的小山村，与宽阔无比的太平洋，一"水"相连。

爱水至深，也促动我不断去关注水、研究水。我曾经在夜幕中跟随小九溪的步伐，一路走到黎明，看着它汇入资江时是什么样的状态；我曾经来到黄河的入海口，欣赏"黄河之水天上来"的壮观；我曾经在恒河、尼罗河、密西西比河、亚马孙河边久久驻足；我亲自拍摄过西湖的宁静、东湖的婉约、北美五大湖的浩瀚；我更感受了天山天池的美丽、钱塘江潮水的壮烈、北冰洋冰川的巍峨、太平洋海啸的肆虐!

在我的办公室，我建立了一个完整的"水知识档案库"，水的原理、水的科技、水的诗歌、水的寓言故事、水的文化、水的至美照片、水与人生、水与社会进步等资讯，凡能够搜集之处，我莫不趋之若鹜。

事实上，我一直在刻意地成为水的钟情者，爱水、爱茶、爱散步，成为我的人生"三爱"。同时，我也不断记录自己对水方面的感悟，日积月累，堆积成了一个可以名之为《水道箴言录》的文字宝盒。

地球之大，水为主体；人之身躯，水占六成。

我认定，世界就是水，水就是世界；人生如水，水如人生!

慢慢地，我形成了自己的关于水的哲学。依我之见，水有三大特质。

一是"原水"。水之本源，纯净，无色无味，生命之载体，价值之宝库。

二是"活水"。问渠哪得清如许，为有源头活水来! 活水就是"动水" 而不是"死水"。运动是水的重要特质，一往无前，在运动中向目标冲刺。另一方面，水，不仅自己运动，还带动其他事物一起运动。因此，"带动"使水自身的规模不断壮大，力量不断增强，纳百川而从容，从涓涓细流发展到浩瀚汪洋。

三是"整合之水"。水通过与温度的整合，形成了固体、液体、气体三态；通过与颜色的整合，形成了七色之水；通过与茶、糖、药、泥等物质的整合，变成了茶水、甜水、苦水、泥水……

水之三大特质就是水"道"精髓之所在，它启迪了我们的智慧，高屋建瓴地指导我们的人生与事业。

"原水"之道，就是要把握"本我"、保持"真我"，真诚面对世界与人际；

"活水"之道，就是要行动、进取、拼搏，不能"等、靠、要"，而应当奋而起之，搏击而取之；

"整合水"之道，就是要灵活机智、因机而变、整合资源，不断实现华丽转身。

绿之韵十年，就是循水道而前行的历程。循之，我们企业业有所成；循之，我们绿之韵人人有所长。

俗话说："大道至简"。水"道"就是简约之道，就是简单之道。大千世界，每个人都在寻求"改变之道"和"发展之道"。当有一个简单的工具给你的时候，你还会去理会那些繁文缛节的所谓成功学原理么？你还会去置身那汗牛充栋的

水道渠成

浩瀚书海么？

故此，《水道渠成——成就一生的智慧密码》一书，就是以"简单是金"为指针，汇聚"水道"之关键词，全面诠释绿之韵水文化之核心精髓，以达至启迪人生、指导事业之初衷。

水"道"是一种境界。循此道，则能够胸怀天下，厚德载物，志存高远，创造大境界的传奇。

水"道"是一种精神。循此道，则能够树立进取精神、实干精神、团队精神。

水"道"，也是一种行之有效的方法体系。循此道，则能够推陈出新，能够化干戈为玉帛，能够化腐朽为神奇，能够实现梦想的超越。

人生之路，事业之途，可能一帆风顺，但更多的时候恐怕会面临变数、遭遇曲折，就像水会碰到"山阻石拦"一样。凡遇此情景，唯有以水为师，方能够逢凶化吉，峰回路转，实施弯道超车，迎来柳暗花明又一村的胜景！

晚清国学大师王国维曾经说过：

古今之成大事业、大学问者，必经过三种境界：

"昨夜西风凋碧树。独上高楼，望尽天涯路。"此第一境也。

"衣带渐宽终不悔，为伊消得人憔悴。"此第二境也。

"众里寻他千百度，蓦然回首，那人却在灯火阑珊处。"此第三境也。

以水"道"之原理仔细解读王国维的三种境界，颇有启发。

第一境界表示形势恶劣之时，只有爬上高楼，居高临下高瞻远瞩，看到远方、看到天尽头，看到别人看不到的地方。这一境界是立志、是下决心。第二境界概括了一种锲而不舍的坚毅性格和执着态度。人瘦了、憔悴了，但仍"终不悔"。就是说尽管遇到各式各样的困难，还要坚持奋斗，继续前进，为了事业一切在所不惜，不懈地追求，忘我地奋斗。第三境界是指在经过多次周折，经过多次的磨炼之后，逐渐成熟起来，别人看不到的东西也能明察秋毫，别人不理解的事物也会豁然领悟贯通。这是功到事成，这是用血汗浇灌出来的鲜花，是用毕生精力铸造的大厦。

水之道，囊括了以上三大境界的深层次密码。

一个人，一个团队，一个企业，如果能够循水之道，何愁不成长、何尝不发展、岂能不成功？

序三 十年铸一剑 一水一世界

以水的伟大境界去谋事，以水的拼搏进取去行事，一定能够水到渠成、实现梦想！

十年铸一剑，一水一世界。十年企业创业之旅，我与全体绿之韵人享受到了"水道"之悟的快乐与荣光。不管世事如何变幻，我们将始终与水相拥，亲水至永远！同时，仿佛是"泼水节"上那些善良的泼水者一样，我们也一直想把这"载道之水"真诚地泼洒给每一位朋友，其用心乃拳拳，其出发点尤为炽热。因此，在"分享思想、分享快乐"的原则下，以著书出版的方式向全社会对绿之韵的"水道"广而播之，此一想法由来已久。然之前一直惶恐于尺牍浅薄，生怕贻笑大方。最终决心已下，就不唯面子所驭，抛砖引玉，著此一作，不求闻达于鸿儒，唯求就教于各方大家。如能蒙同道认可，或有只字片语启迪世人，则是我之幸甚！

胡国安

2013 年 7 月 20 日

CONTENTS 目录

水**道**渠成

水道渠成

水道渠成

结语

后记

引 子

绿之韵的"十岁效应"

"万树江边杏，新开一夜风"。2013年的春天，似乎来得更早、
驻得更久。

盎然四月，绿色的律动诠释着生命的意义，我就读的中国人民大
学EMBA班的同学再次相约，去我的家乡——远离长沙200多公里
外的安化踏春赏景。人间四月芳菲尽，山寺桃花始盛开。青山溪水、
和风细雨……我意识到我是用无边的春色在招待大家，油然而生一种
幸福感。

在我的出生地小九溪村，潺潺的溪水早已褪去了寒意，蹲在溪边，
掬一捧清水，纵情往脸上一洒，一阵清凉的惬意霎时传播开来，让人
感到格外的温润。

满园深浅色，照在绿波中。我在小九溪边接到了一个个短信，从
中持续感受到美好春景的驻留。

"国安同志啊，绿之韵公司今年成立十年了，也是行业的一件大
事，值得庆祝，应当搞一个大仪式哦！"这是来自各级领导和行业专
家的短信。

"乘十年庆典东风，创市场风云奇迹！请董事长放心，2013年我
们一定更上一层楼。"这是公司各事业部和市场负责人的短信。

"尊敬的董事长，我们已经将绿之韵集团十周年庆典方案报送给

您，请审阅。"这是公司企划中心的短信。

……

一条一条短信，如春天的暖流，划过我的内心，也是这个春天我在小九溪收到的最好礼物。"绿之韵""十周年"，这两个关键词，使我真切地意识到：绿之韵十岁啦！

岁月如歌，3650多天，快节奏地走过了它的每一个音符。

不识庐山真面目，只缘身在此山中。我仿佛足球场上一个专心致志踢球的球员，根本就没有去理会时间的嘀嗒；我更像一个闷头读书的少年，直到父母和老师拍着我的头说："你十岁生日了！"才顿感光阴的神速。

十年，我们绿之韵集团是如何走过来的？

十年，我们是靠什么支撑，才从蹒跚学步到今天的昂首阔步？

十年，我们到底有哪些刻骨铭心的记忆，有哪些热情高涨的体验，有哪些心手相连的慰藉，有哪些克服万难的骄傲？

十年，我们到底感悟了什么，创造了什么，收获了什么？十年，我们有哪些从消极到积极的蜕变，有哪些从绝望到希望的苦渡，有哪些从小旧格局到大新格局的飞跃……

在新旧交替之际回望，我们能骄傲地发现：总有一些人在创造历史，总有一些人在影响时代。

曾经，我们是梦想路上孤独的前行者。我们也许会忘记很多，但不会忘记那一刻。

第一间办公室，第一批创业者；

"非典"时期，出差路上空无一人的车厢；

除夕夜，异乡孤独的旅馆；

拥挤的长途车上，一张坐着也能酣睡的凳子……

第一栋属于公司自己的办公楼，第一片金光闪闪的车钥匙，第一次用行动换来曾经不理解的亲人笑脸，第一次穿上标志自己事业的T恤行走在异国大地……

时间在历史的长河里流淌，我们能触碰到每一次跳动的脉搏，有多少东西深深地镌刻入记忆。阳光洒在脸上，温暖留在心里。

2013，依旧是平常的一年——冰雪融化，万物复苏。

这也是最不同凡响的一年——绿之韵迎来创业第十年。

这新的一年将是值得纪念的出发港。以此为起点，一段可能决定绿之韵成败的新航程即将展开。面向未来，追逐梦想，仍然是我们既定不变的共同目标，所不同的是前方水更深、风更急。而参与这段航程的人，更有力量！

绿之韵十周年——我们旨在携手绿之韵的事业伙伴们，在攀登中，让大家站得更高，看得更远，走得更轻松。绿之韵十周年，我们再次相聚，带来新的思路，新的发展，用内心的爱和前进的脚步打动彼此的心，用饱满的热情，用昂扬的斗志唱响胜利的凯歌。

上一个十年，你还记得曾经的梦想吗？下一个十年，你将为梦想付出什么？

绿之韵的"十岁效应"确实使我和全体创业伙伴感到心潮澎湃。

为此，公司特地举办了一个"我的十年，我的绿之韵梦"视频和图片征集活动。一张张老照片与新形象的对比，一段段刻骨铭心的记忆，对员工、对经销商的来说，回忆的闸门一旦洞开，就犹如滔滔的洪水。

而我本人，更是感觉到自己是站在现实的高坡，去遥望历史的低洼，有了一种"禅茶一味，凡圣一界"的全新感悟。十年，就像一根沉甸甸的历史扁担，一头挑起绿之韵的起航源头，一头挑起绿之韵值得我们骄傲的现在。

一、绿之韵老照片：东塘的 150 平方米

十年前，也就是 2003 年 5 月，我们成立了湖南绿之韵生物工程

集团有限公司，正式拉开了绿之韵创业的序幕。

绿之韵集团当时的创业条件十分艰苦，公司的办公地址在长沙市东塘社区的一处面积只有150多平方米的居民楼里。由于公司刚刚起步，所有员工加起来也仅仅只有七八个人。

2002年年底，在经过了几个传统生意的折腾之后，我已经先后亏损了5000多万元，创业处于特别"失败"的低潮阶段。此时，是放弃一切回老家种田，还是另辟蹊径继续创业，实际上就是摆在我面前的两种前途的斗争。当然，最后我选择了后者。

2002年10月，有朋友告诉一个信息，说上海诞生了一家新跨国公司，一天在全国就有108家店开业，那就是刚进入中国的如新公司，他热情邀请我去考察。于是在2003年1月18号，我就叫上李继前、徐华、曹凤华等去考察。后来，虽然我觉得自己不适合做这家公司的业务，但考察的过程对我触动很大，我发现公司人头攒动，报单购货的人十分踊跃，气氛特别热烈，与我当时所做的传统生意的冷清形成了鲜明的对比。从上海回来以后，头脑里就时时浮现出在如新公司考察时所看到的场面，也经常回想起自己原来在完美公司从事经销商拓展业务的情形。经过反复思考，最后，我决定也采取这样的创新营销方式进行销售。当时，我做传统生意手里刚好存了一些酒，还有一个保健品，原来叫乾坤胶囊，就是现在的绿之韵胶囊。于是我决定首先从这两款产品开始，尝试进行营销创新的事业，梦想创办一家民族直销公司。

产品是有了，但我却没有启动资金。为了筹集资金，我千方百计想办法。通过朋友找到了当时安化县羊角塘信用社的主任贷款，刚开始在长沙请他吃饭的时候答应贷给我10万块钱，结果等我到了羊角塘去办理贷款的时候，那个信用社主任却面有难色地说："不好意思，现在有新的规定，只能借给你1万元，你去找一个本镇的人担保就行了。"我一听，觉得有一种被愚弄的感觉，就不无抱怨地说："算了算了，我不要啦！"

　　回到长沙，我爱人看着我的难处，就主动向她的姐姐借钱，大姐借了5万元给我。这样，公司才有本钱正式开张了。

　　公司开张的办公地点选在长沙市雨花区东塘街道的一套150平方米面积的民房里，而这区区的空间都是租来的。

　　绿之韵当时就这样在长沙东塘艰难起步，由于小得根本就不起眼，对员工也没有多大吸引力。为了招聘员工，虽然我们在报纸上连续刊登招聘广告，有的人一来我们那150平方米的办公场地一看，回去就没有音信了。

　　记得当时我们搞财务的两个人，一个是现在还在公司的刘淑娟，另外一个会计是四川女孩。那个四川女孩到了公司没有几天，一天下班后，就直接将办公室的钥匙和辞职信放在办公桌上，第二天就不来上班了。后来刘淑娟告诉我，她当时来公司上班，最主要的原因是因为我们办公的地方离她家很近，加上7月份长沙的天气很热，那个时候东塘又在修路，到其他地方去都不方便，她在我们公司上班，还便于照顾孩子，再就是当时是"非典"时期，大家也不愿意多坐车和别人多接触。

　　刘淑娟回忆说我们公司给员工的第一印象不是很好，办公室的桌子都比较旧，电脑也比较差，工资也不高，一般员工一个月只有600元。而她之所以选择留下来，除了"离家近"这个地理因素之外，还有两点是她一直记忆犹新的：一是她感觉我们公司的宣传和文化的东西做得很好，比如说墙上挂的宣传广告呀，产品画册呀，都做得非常精美；二是在公司狭小的空间里，她体会到了一种很好的、十分积极向上的氛围。

　　这就是绿之韵十年前创业的老照片：艰难的起步，落后的办公硬件，三流的待遇，但是，在灰色的水泥地上，也冒出了不经意的一丝绿色的生机。

二、绿之韵新光影：国家级工业园的产业明珠

十年弹指一挥间，今天大家所看到的绿之韵，已经是一个充满活力的青春少年，我相信，绿之韵已经向外界展现出了她独特的魅力。

也许，我们需要以航拍的视角，来观察一下今日绿之韵。

长沙往东35公里，是国家级的开发区——湖南浏阳生物医药园区，园区有一条以"绿之韵"命名的路，在绿之韵路38号，就是我们的绿之韵产业园。走入绿之韵产业园，我们的酒店贵宾楼格外引人注目，办公大楼巍峨挺拔，生产车间整齐划一，服务设施一应俱全……在产业园的小山坡上，矗立着巨大的一面石墙，在潺潺的流水声伴奏下，刻在巨石上的"绿之韵"三个绿色大字，在和煦的阳光照耀下熠熠生辉，每天都有公司员工和来自全国各地的经销商在那里拍照留影。

如今，绿之韵已经成为浏阳生物医药园的明星企业。主营产品涵盖健康食品系列、护肤品系列、日用品系列以及健康生活等百余个品种。公司在湖南长沙、益阳、浏阳，江苏南京，广东广州建立了五大种植、生产基地，拥有"韵宜生""绿韵兰茜"两大子品牌；销售网络覆盖全国大部分省市及马来西亚、印度尼西亚、南非等国家和我国香港地区。

在新的规划中，一个以直销为核心的强大产业集群，呈现出全球化、多元业、集群化发展的格局。我们将斥资3亿元，建设全新的绿之韵科技产业园，主要规划包括绿之韵科技展示中心、产品生产中心、产品研发中心。届时，我们的"绿之韵家园"别墅群也将横空出世。

目前，绿之韵集团下属有12家企业，它们分别是：绿之韵国际集团股份有限公司、湖南长沙绿之韵实业有限公司、湖南绿之韵房地产开发有限公司、湖南绿之韵国际大酒店有限公司、绿之韵集团南京开源微藻生物工程有限公司、湖南绿之韵生态纺织科技股份有限公司、绿之韵国际集团（东南亚）股份有限公司、绿之韵广州莎乐美化妆品有限公司、湖南绿之韵保健日用品有限公司、绿之韵（马来西亚）国际有限公司、长沙绿之韵文化传播有限公司、湖南绿韵天成电子商务

有限责任公司。

绿之韵集团目前在国内拥有六大生产基地，即：广东省广州市护肤品生产基地、长沙国家生物产业园保健生产基地、江苏天目湖微藻研发生产基地、紫锥菊GAP规范化种植基地、绿之韵湖南益阳中药材基地、湖南安化黑茶种植加工基地。

2013年，绿之韵将全力打造"大健康"品牌，相继完成保健品系列新品上市、护肤品新品上市和日用品全新升级，品质生活系列产品触角延伸到低碳、生态纺织、抗衰老等领域。

三、拉开新航程的大幕

2013年3月23日，绿之韵"运筹千里·决胜十年"高峰论坛在湖南浏阳体育中心大幕开启。"志合者，不以山海为远"，会场彩旗飘扬，人头攒动，心怀梦想的绿之韵事业伙伴们欢呼声和掌声迭起，每一个人脸上都挂满自信的笑容，每一个角落都洋溢着喜庆的气氛。伴随着气势宏大、美轮美奂的开场舞《战鼓擂动》，绿之韵2013年度"运筹千里·决胜十年"高峰论坛正式启幕。本次高峰论坛，来自湖南省长沙市、浏阳市工商管理、公安经侦战线的领导以及从北京远道而来的行业理论专家、企业文化研究专家等莅临现场观摩指导，使每一个绿之韵人深受鼓舞和感动。

伴随着激昂的音乐和热烈的掌声，绿之韵集团首届全球策略委员登上峰会舞台，他们整齐划一，步履铿锵，向全场3000多名家人伙伴们挥手致意。他们庄严宣誓：2013年，他们将继续秉承"树品牌，促发展"的服务宗旨，发扬"自强不息，合作共赢"的精神，充分发挥经销商在公司经营管理、文化建设、团队建设、产品研发创新和顾客售前售后服务等方面的参谋、监督、桥梁作用，不断推动着绿之韵这艘航行于直销海洋中的旗舰，桅杆入云，劈波斩浪，成功驶抵满载荣耀的彼岸！

今天，绿之韵的市场已经遍布全国各地，走入了千家万户。并且，绿之韵的产品已经走出了国门，走向了东南亚、欧洲。我们已经真正建立起了一个以中华五千年养生文化为基石的全球化消费圈。每天，上百万消费者在消费着绿之韵的系列产品。

可以预见，在十年沉淀的基础上，一个在卓越梦想引领下的科技绿之韵、产业绿之韵、品牌绿之韵、实力绿之韵将在不久的将来成为美丽的现实！

这就是绿之韵十年发展的初步成果，面对它，让人感动，让人欣慰，更让人思绪万千！

四、布鞋丈量出的四十不惑

正如我们企业的内刊《绿之韵天地》在 2013 年第 4 期"十年情、百年梦"的专题中所阐述的："十年前总是计划着十年后，十年后往往又怀念着十年前。"

时光荏苒，岁月如梭。十年，是一个阶段性总结；十年，为下一个十年、二十年、五十年乃至一百年定下了基调、框定了模式、晒出了样板。

而最关键的是，我们应当从十年的万花筒中，从具体的管理、决策、研发、生产、营销、公益等图像之中，抽象出一些指导我们继续前行的深度理论。这些从实践中来而又高于实践的哲学性的东西，才是我们绿之韵永久的财富。

十年之前，我属于 30 岁的年龄阶段，十年后，我在绿之韵事业征程中走向了"四十不惑"。因此，我在内心深处一直在探寻这"不惑之道"：绿之韵十年历程，那些属于灵魂性层面的宝贵东西应当是什么呢？

十年来，我养成一个饭后散步的习惯。无论是沿着湘江，还是顺着浏阳河，或是在家乡九曲回肠的小九溪，甚至是在长沙万家丽路华雅酒店旁边的一条奎塘河，包括在国内外的出差考察，在晚饭之后，我都要关了手机，然后穿着布鞋，慢慢地在水边散步，慢慢地静心思考。

所以，我在一圈一圈的散步当中，通过布鞋与大地的轻柔接触，自我"解惑"，脑海中对绿之韵十年历程中浩瀚老图片层层过滤，形成了由具体到抽象的一份感悟。

我清晰地意识到，绿之韵的十年，沉淀了几个闪光的大字：

一个"融"字：水乳相融，汇纳百川；

一个"绿"字：绿动全球，健康之源；

一个"水"字：上善若水，厚德载物；

一个"韵"字：天地人合，韵扬九洲；

还有一个"赢"字：论剑巅峰，泽济天下。

今年以来，经常有一些媒体在采访时问我："胡董事长，你觉得十年来绿之韵为什么赢？"这是一个现在很流行的一种专业提问方式。但面对媒体记者们提出的这个问题，我常常是避而不谈。

"绿之韵为什么赢？""绿之韵赢了吗？""绿之韵赢得了什么？"这也是我经常在散步的时候思考的问题。

现在，我越来越清楚地认识到，绿之韵之所以能够坚持到今天，能够在国际企业竞争大潮中、在直销行业的纷繁复杂中，没有被挤出竞争的行列，是因为其中有一条核心的红线在贯穿，那就是绿之韵在生存和发展过程中对三大层面的坚守。这三大层面就是：

一是信念层面；二是精神层面；三是技术和操作层面。

信念与精神，被很多人誉为"21世纪世界前十位的奢侈品"，而在十年历程里，绿之韵企业就是确立了坚强的信念，形成了独具一格的"绿之韵精神"，并培育了专业超强的执行力。而这三大层面的源泉又是什么呢？就是以"水道"而构架的核心思想体系。十年来，我们是在水文化的启发、激励和推动下，才真正积淀了我们最宝贵的东西。如今，这些宝贵的东西已经融入每一个绿之韵人的血液当中，成为我们企业成长、发展、发达的核心基因，成为绿之韵人成才、成熟、成功的动力源泉！

正如你走进绿之韵产业园区所看到的，在遒劲的"绿之韵"三个石刻大字旁边，水流潺潺，日夜不息。水之道是绿之韵过去发展的指针，更将永远成为绿之韵值得珍惜的重要财富。

第一章

厚德载物

地势坤，君子以厚德载物。

——《易经》

大德才能承载大任。

有责而立，有任方强。

——胡国安《水道箴言录》

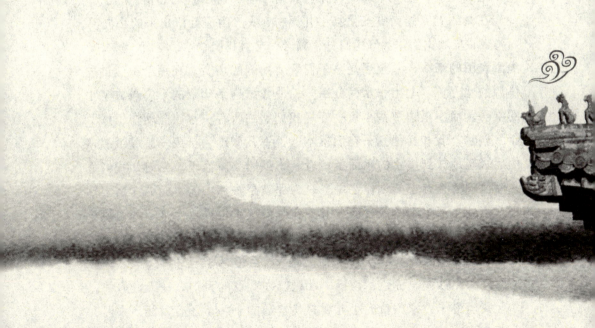

第一节　上善若水

一、水深方可负大舟

童真无邪，在我年幼的时候，我对水有一种特别的感情。

在我的老家湖南省安化县小九溪村，从大山深处流出来的小九溪，弯弯曲曲，顺山而下，与我们日夜厮守，成为我们饮水、做饭、洗衣服、灌溉农田的来源，甚至还是孩子们玩耍嬉闹的场所。在那个类似世外桃源的地方，"七山一水两分田"，使我把这条珍贵的小溪当成了水的唯一，而溪里边那些小鱼小虾是我见到的所有"水族"动物了！

偶尔，我和其他孩子在旧书本上扯下几张纸，折成一艘艘纸船，然后轻轻地放到溪水的水面上，看着小纸船顺流而下。当时，我们就会深深陶醉在自己的创作之中，以为那就是最伟大的水面漂浮物了！

直到上了更高年级，我才发现在我们这个世界，水是一种大境界的传奇，因为地球上 70% 的面积是水，只有 30% 的面积是陆地。

我知道了：水无处不在，地上、地下、空中，动物、植物、人，平原、高原，乃至沙漠、赤道、南极、北极。在我们的身边，在天涯海角。

我懂得了：家门口的小九溪只是普通的小溪，还有大江、大河、大湖、大海、大洋。小九溪只能承载小纸船，而大帆船、大轮船、大军舰，还有航空母舰则只有在江河海洋中行驶。而真正的水族动物则更是生活在海洋深处，厚重的水体将它们深深地隐藏起来了。

于是，关于水，我开始有了鲜明的"深度"概念。

古语说："深山方能育丛林，水深才能负大舟。"

"水之积也不厚，则其负大舟也无力；风之积也不厚，则其负大翼也无力。"

水，是最有深浅之分的。

山村路上，一坨牛脚印在下雨之后，也能形成一个小小的"水洼"，然而，除了几只小虫子能够漂浮其上，它还能承载什么呢？因为其深度不过数毫米。

取水一瓢，清澈见底，而瓢之深度最多能够让几尾小鱼在其中欢畅游离，倘若扔进去一条大鱼，则可能将瓢掀翻在地。

欢快小溪，流水淙淙，但从没有看到有船行驶其上，因为其深度不过一米，船入其中必然搁浅。

而至大江大河，则能够看到百舸争流、千帆竞发，因为其深度在数米、十数米、数十米。

最终只有在海洋之上，才发现军舰游弋，潜艇纵横，因为在那里，海域的深度已经是深不可测。在平静的海面之下，有一个波涛汹涌的神秘世界。

当我想到世界最深之处即位于太平洋中的马里亚纳海沟的时候，不能不为其 11034 米的地球最深点而震撼！

"深而载物"，在深海海底，矿产资源和海底生物资源极其丰富。围绕大洋，世界已形成以占有更多资源为目的的"蓝色圈地"运动。

因此，水的特质告诉我们：深度代表价值，深度决定了资源的丰富度，深度决定了承载的力度。

绿之韵的十年，我们实际上就是在打造"深度"，技术深度、产品深度、理念深度和市场深度、人脉深度。借助整合分销的优势、运用直销的机理，我们绿之韵已经形成了一块独特的事业"蓝海"，在

水道渠成

这一片领域，各路英才聚集，各种思维喷薄而出，形成了"海阔凭鱼跃"的蔚为大观的人际传奇！

二、德厚才能致大成

将"深度"概念延伸到人的身上，就需要探讨人性的深度。

我认为，人性的深度集中体现在一个人"德"的厚度。

法国谚语说："人而无德，生而何益？" 就是讲一个朴素的哲理，"德"是一个人生存、生活、发展的支撑，没有德行，就犹如一具僵尸。

而从"德"的维度来看，我认为有几大层面：

无德层面	就是"生而何益"的那种
寡德层面	与无德差不多
薄德层面	德行不太好
有德层面	具有基本的道德素养
厚德层面	崇尚德行，有大德、宏德、高德

无疑，厚德层面是社会德行追求的最高层面。

真正厚德的境界则是一个全方位的系统。它应当包括下列内容：

1. 口德——得饶人处且饶人。

直话：可以转个弯说；冷冰冰的话：可以加热了说；批评人的话：一对一地说，要顾及别人的自尊。

2. 掌德——赞美别人，学会鼓掌。

每个人都需要来自他人的掌声；为他人喝彩是每个人的责任；一赞值千金；给别人掌声其实是给自己掌声。

3. 面德——不给面子是最大的无礼。

任何时候，给对方一个体面的台阶；伤什么，别伤人面子。

4. 信任德——生性多疑的人不可能有真朋友。

被人信任是一种幸福；有多少信任，就有多少成功的机会；疑人不交，交人不疑。

5．方便德——与人方便，自己方便。

在他人最需要的时候轻轻扶一把；为对方着想，替自己打算。

6．礼节德——有"礼"走遍天下。

彬彬有礼，方能魅力四射；礼多人不怪。

7．谦让德——锋芒毕露者处处树暗敌。

放下身段，降低自己；人前勿张狂，人后别得意，为人应低调。

8．理解德——人人都渴望他人的认可。

理解一般人不能理解的事；换位思考，替别人着想。

9．尊重德——把别人的自尊放在第一位。

努力使人感到他的尊严；把别人放在心上。

10．帮助德——关键时刻，谁不希望有人拉一把。

无私胜有私；你的好，别人是会记住的。

11．诚信德——无信不立，狡诈者必无朋友。

诚信为本，重诺守信；诚信深入人心，成功接踵而至；失去诚信，百事不可为；任何理由都无法解释自己的失信。

12．虚心德——让别人显得高人一等。

虚心求教，成就大业。

13．欣赏德——使别人拥有优越感。

渴望被欣赏之心人皆有之；要及时肯定别人的长处。

14．感恩德——不感恩，就别指望有下次。

感恩，是一种歌唱生活的方式；及时感激，切莫等到花儿都谢了。

15．援助德——雪中送炭，危难之中现真情。

别忘了买人情原始股；当别人危难时伸手援助。

16．爱心德——爱像春日的阳光。

永存仁爱之心；仁爱之人，易获他人合作。

17．宽容德——容不下别人，是因为自己太狭隘。

宽容为怀，赢取人心；良好的关系是忍出来的。

18. 合作德——资源共享，利益均沾。

合作是最有效率的借力方法；合作才能双赢。

19. 善良德——没有人不想与善者为伍、为邻、为友。

为善者可服人；勿以善小而不为。

古代圣人早就断定："德厚才能致大成。" 小胜靠智、大胜靠德。

在绿之韵营销事业中，十年历程，有太多的案例诠释了上述道理。

大凡成功的经销商往往志向远大，自觉把个人规划融入健康产业的时代发展潮流，在服务百姓健康、造福消费者、造福社会中施展大智慧、成就大事业。

成功的经销商还善于学习，在强烈的责任感、使命感驱使下，他们干什么、学什么，缺什么、补什么。

成功的经销商心胸开阔、待人诚恳、敢于担当、善于包容，拥有更多的朋友和机遇，因而往往得道多助。

成功的经销商在顺境中能够居安思危、戒骄戒躁；在逆境中能够沉着冷静、坦然面对，不随波逐流，不知难而退。

以上成功经销商的四大"特质"实际上就是一种厚德的具体表现。

因此，在创新营销行业，很多人看起来并不是才高八斗，有的甚至没有太好的条件，却取得了成功；而另一些人，才华横溢，却基本上没有建树。虽然原因很多，但最根本的，是在这个行业，"德"比其他因素更重要。

在历史上，因才胜德而失天下的例子，数不胜数，如大家熟知的"做个词人真绝代，可怜薄命做君王"的李煜，死于他乡的宋徽宗赵佶，颇有文才。然而，这些人无德不能服天下，其才又不能治天下，亡国在情理之中。

今天，从事团队事业也是如此。我认为付出精神是团队经营之大德，团队成员之间应当有更多的浓情，更多的彼此关爱。而相反，你纵使有经天纬地之才，但如果对团队成员不愿意付出，不肯花时间、花精力，不肯施爱心，要么你的团队组织不起来，要么起来了有一天还是分崩离析的结局。

所以，从人才角度来看，无才无德是废品；有才无德是危险品；有德有才是正品！我们的企业、我们的团队，就应当挖掘正品、培养正品、支持正品，让所有正品人才有出彩的无限机会！

"道德是永存的，而财富每天在更换主人。"没有足够厚度的德行，即使因为偶然的运气或者不择手段的霸气捞得了一定的财富，但也守护不了那厚重的财富，这样的财富随时都有可能"易手"，成为别人的。

因此，聚财需要厚德；守财也依赖德厚。

在绿之韵事业体系里，我们一贯强调对员工和经销商的"德"教，平凡的心态调整，精英们的以身作则，使德行成为绿之韵事业道路的指路明灯。

三、承载的价值

在中国源远流长的文化体系中，老祖宗倡导的"上善若水，厚德载物"是一句闪光的经典之语，深刻揭示了水的境界与人性境界的趋同。

在道家的老子看来，"上善若水"是指有道德的上善之人，就像水的秉性一样，水善于滋养万物而不与万物相争，上善之人存心要像渊那样的清静深沉，交友要像水那样的彼此相亲，言辞要像水那样信诚不欺，为政要像水那样有条不紊，办事要像水那样无所不能，举动要像水那样伺机而动。

而孔子对水的评价，与老子如出一辙。子贡曾经问孔子说：君子看到大水的时候必定要停下来观看，不知有何讲究？孔子回答：君子用水比喻自己的德行。水遍及天下，没有偏私，好比君子的道德；水所到之处，滋养万物，好比君子的仁爱。

一个善行如水的人，必然能够修炼出"厚德载物"的境界。

因为，水之"善"就是：恩泽四方，滋养众生；水之"献"则是：

蹈火灭灾，献身人类。

有一个穷人去问佛："我为什么这样穷？"佛回答说："你没有学会给予别人。"穷人委屈地问："我一无所有如何给予？"佛响亮地回答："一个人一无所有也可以给予别人七种东西：颜施——微笑处事；言施——说赞美安慰的话；心施——敞开心扉对人和蔼；眼施——善意的眼光给予别人；身施——以行动帮助别人；座施——谦让座位；房施——有容人之心。"

"厚德载物"的"德"即"道德"，"物"即我以外的客观世界。它要求一个人要有高尚的道德，能够关心人、爱护人、施与人。公正、正直、与人为善，才能完善自我。

我认为，"厚德载物"中的关键字是"德"与"载"。"德"是"载"的前提和基础，无德则无法承载，德轻则载轻，德越多则承载越多，而只有厚德之人才能够承载大任。

正如宋代司马光所讲："才者，德之资也；德者，才之帅也。"大德才能驾驭大才，厚德才能取得最伟大的成绩。一个轻义薄德之人，不可能承载"大成"所应当承载的重任。而相反，铁肩担道义，厚德之人更能够取得成功。

因此，"承载"是一个关键词。用什么去承载？能不能承载？能够承载多大分量？当前，在世界各国的国防题材中，航空母舰成为一个热议的题材，为什么呢？是因为只有航母才有那么巨大的一个承载平台，能够同时承载几十架、上百架飞机。航空母舰真正体现了承载的价值。

因此，无论是做人、做事，创业还是创富，只有抓住了"德"的主旋律，才能够承载一切，以致演绎传奇、美名远扬！

最近，我在微信上给大家转了一个段子，叫作《上善若水，做人如水》。

"你高，我便退去，决不淹没你的优长；

你低，我便涌来，决不暴露你的缺陷；

你动，我便随行，决不撇下你的孤单；

你静，我便长守，决不打扰你的安宁；

你热，我便沸腾，决不妨碍你的热情；

你冷，我便凝固，决不漠视你的寒冷。"

上善若水，从善如流！希望我们打造如水的人生！

第二节　十年一剑首在德

一、人无信而不立

"十年磨一剑",绿之韵在创业实践中始终贯穿了"上善若水,厚德载物"的主旋律。宝剑锋从磨砺出,我们在"德"的指引下,用"厚德载物"的原则磨砺了绿之韵生存之剑、发展之剑和使命之剑。

绿之韵起步之时,我们没有大资本,没有好的办公设施,即使是最基本的开办费用,都是靠打借条借贷而来。那么,我们拥有什么呢?拥有的是在一种赤胆忠心下面最原始、最朴素的"德"。

所以我可以问心无愧地说,绿之韵的发展历程,真正是"十年一剑首在德"。我们的"德"集中体现在两个方面:一是"信"、二是"责"。

"人无忠信,不可立世。"我所理解的"信",就是"信用""守信"和"诚信"。

首先,我们强调信用。绿之韵事业刚开始的时候,我天天考虑的就是要想方设法做好事业,尽快把借的钱还掉。相反,如果还不起、还不了,那就是最丢人、最脸红的事!"一言不实,百事皆虚。"如果总想着不还了,或者抱着还不还无所谓的态度,那绝对是要不得的,是应以此为耻的。随着我们事业的良性发展,把借的钱还给别人的时候,我心中感到特别的欣慰和轻松。

其次，我们强调"守信"。什么是守信，就是信守承诺，就是兑现承诺。创业过程，十分艰难，但我深深知道，开弓没有回头箭，既然把大家找来了、招来了，就必须想方设法走下去、走到底，这不仅仅是对自己的一种约束，更是要对大家的一种交代！在经营绿之韵之前，最困难的时候，常常面临账户上没有分文的窘境，但是员工的工资不能耽搁啊。每到发工资这个节骨眼上，当我看到办公室里一个个低着头专心工作的员工，想到别人为我们打拼，别人都是"上有老下有小"，我心中就只有一个念头："可别亏欠了他们啊！如果你亏欠了他们，你就不是一个男人，就不是一个人！"转而，我第一个动作，就是想方设法去筹钱发大家的工资。

再次，我们强调诚信。在这个时代，人人都需要诚信，人人都呼唤诚信，但是又并非人人都能做到诚信。正因为如此，诚信就显得尤为重要和可贵。

绿之韵的诚信，体现在对消费者的诚信，对经销商的诚信，对员工的诚信和对社会的诚信。我们力求诚信贯彻到每一个细节。

绿之韵理解的诚信，是从一而终、全时段的诚信。不是一拍脑门就诚信、不拍脑门就不诚信的冷热病，而是将诚信修炼成一种习惯，一种自觉的境界。

"国无法不立，人无信不诚。"诚信是社会的要求，也是做人的根本。诚实守信是中华民族的传统美德，传承千年而熠熠生辉。

我相信，在经济全球一体化的今天，诚信日益成为走向世界的通行证。因此，无论世事如何变化，即使在我们身边、在社会上还屡屡出现诚信缺失的现象，我们都应当从管理自己做起，真正做到以"诚"待人，以"信"立足！

二、责任重于泰山

一个人能否成大事，关键要看你的责任心是否到位；一个企业能

水道渠成

否百年强盛，对其责任力的考量应当是重要的指标。

个人责任的源头来自于对家庭的责任。

一个人，如果对家庭没有责任，对父母的赡养、对孩子的培育、对兄弟姐妹的关照没有责任的话，要希望他将来关爱天下，我认为是一件十分可笑的事情。更多的时候，对家庭的责任往往成为我们前进的动力。

记得小时候，由于我们家处于边远山区，父母都是地地道道的农民，家庭经济十分困难。在那个时候，作为家中长子，从懂事开始，我就下定决心要为改变家里的经济状况去努力，要让父母不为一日三餐绞尽脑汁，要让弟弟们有钱去买新衣裳、有钱去读书。所以从十来岁开始，我就通过养兔子、卖竹笋、烧木炭等方式去赚钱，到了高中，又通过订报纸卖信息搞经营，自己买起了摩托车，成为远近闻名的"高中生万元户"。

最近，微信上有一篇文章引起了"微友"的围观，题目叫《你留意过自己的父母吗？》

"如果有一天，你发现妈妈的厨房不再像以前那么干净；如果有一天，你发现家中的碗筷好像没洗干净……如果有这么一天，我要告诉你，你要警觉父母真的已经老了，器官已经退化到需要别人照料了。每个人都会老，父母比我们先老，我们要用角色互换的心情去照料他，才会有耐心、才不会有怨言。从我们出生开始，喂奶换尿布、生病的不眠不休照料、教我们生活基本能力、供给读书、吃喝玩乐和补习，关心和行动永远都不停歇。如果有一天，他们真的动不了了，角色互换不也是应该的吗？为人子女者要切记，看父母就是看自己的未来，孝顺要及时。树欲静而风不止、子欲养而亲不在——你留意过自己的父母吗？"

读着这感人至深的文字，我更坚定地认为，家庭责任是所有责任的源头，照顾好父母，让老有所养、老有所依是我们的天职啊！

今天，走入绿之韵的每一位事业伙伴，如果你说你是为了亲人、为了家庭命运的改变这个初衷而投身进来，我会为你鼓掌喝彩。因为这种原始动力是真实的，也是值得肯定的，同时，它也是不断升华的。有了强烈的亲情责任的"培育基"，你就会从爱自己的父母出发到爱天下人的父母，从爱自己的兄弟姐妹出发，到爱全天下的兄弟姐妹。而当你创了事业、搞了企业，那你对员工的责任、对消费者的责任、对经销商和营销团队的责任，对整个社会的责任便真正地一脉相承、水到渠成了！

从历史发展的角度看责任，每个时代都有每个时代的责任和使命。

在人类先祖处于蛮荒时期、匍匐于自然的淫威之下时，钻木取火、遍尝百草就是一代先哲的重要使命；

在战国纷乱、诸侯割据、人们流离失所的背景下，秦始皇统一六国，就是最大的责任；

在外敌当前、日寇践踏我中华河山的国难面前，建立同仇敌忾的抗日统一战线，争取抗战胜利，使中国人民从此"站起来"，就是毛泽东等中国共产党人的伟大责任与非常使命；

在中国经历十年"文化大革命"的浩劫以后，如何走出"以阶级斗争为纲"的阴影，将工作重心转移到经济建设之上，使广大老百姓摆脱贫穷，真正"富起来"，就是邓小平这位总设计师的坚强使命；

而历史运行到 21 世纪，在经济高度发达、人们生活水平大大提高的背景下，处于亚健康状态的人群越来越多，一些慢性病问题突出，严重影响人们的身体健康，耗费大量的社会医疗资源和医疗费用，不少人也因病致贫。

因此，21 世纪的人类最大问题就是健康问题。解决人们的健康问题，为人类健康服务，就是这个时代最大的使命、最沉重的责任，也是最大的德行之所在。

面对如此重大的世纪课题，国家在行动，企业也在积极参与。2003 年 5 月，绿之韵公司成立并投入运营，其核心产业线就是健康产业，其系列产品就是保健产品。

责任重于泰山！绿之韵起航伊始，就把"关爱生命、造福人类"作为今后一贯秉承的理念。

为此，绿之韵确立了"把中国最好的产品以最快的速度传递给最需要的人；运用现代科技将中华五千年养生文化及中医理论发扬光大，为解决人类亚健康服务"的总体努力方向，确立了"健康、快乐、美丽、财富和家"的企业文化精神特质。

为此，我们先后投入巨资，聘请国内外顶尖专家，研发最前沿的健康产品。

为此，我们强化原材料供应链的管理，加强生产环节的管控，严把质量关，使我们的每一件产品都打上优质的烙印。

为此，我们不断丰富对健康的系统探究，从吃出健康、喝出健康延伸到用出健康、穿出健康、睡出健康，从保健品健康延伸到低碳生活、生态纺织、抗衰老健康领域等，形成了一个全方位健康的宏大格局。

今天，在绿之韵健康事业运行十年之际，有无数的消费者从绿之韵系列产品中受益，每当翻阅那一个个使用产品的成功案例，细细品读大家的消费感言，我的内心就升起一种莫大的满足和自豪。有什么能够比得上你为很多人的生命之树长青而有些许贡献时那种发自内心的喜悦呢？在那一刻，我感到自己才真正全方位领悟了什么是上善、什么是至德！

今天，绿之韵通过在全国各地乃至全球各地的经销商朋友，通过我们的分公司和服务网点，为消费者传播健康理念，送健康祝福，这就是上善若水的大行动！

三、律己修身，守护商誉

一个人，只要有了责任的承担，就把自己的身心系在了责任的对象之上。因为，我们的绿之韵是一个巨大的"场"，它链接着千家万户，它涉及方方面面。有时，偶尔一看，它是美丽的圣果，但更多的时候，它会成为烫手的山芋！

作为绿之韵的当家人，我没有任何理由对着这个"山芋"发呆，如果它真的烫手的时候；我也没有任何理由去沉溺于莺歌燕舞、推杯换盏，因为我们没有高枕无忧的资本，或者说，我们这个特定的行业，就根本不容许你有任何的松懈。

我每天早晨一睁眼，看到的是千百万双充满期待的眼神。

我每天晚上一闭眼，梦中仍然是千百万双充满希望的眼神。

我认为，企业对消费者的责任、对员工的责任，企业对社会的责任，已经不应该是一个唇枪舌剑去争论的学术问题，而直接就是一个商业伦理、商业道德的风险问题。

有人说"人品就是产品"，企业品德造就了企业产品的广度。因此，以高度责任之心守护绿之韵的商誉，对于企业的永续发展至关重要。每位绿之韵人每天做的每一件事，都是构建绿之韵商誉的关键。企业如果失去信誉，我们就失去了发展的可能，如果绿之韵分销伙伴失去了客户的信赖，失去了其他伙伴的支持，也就失去了迈向成功最重要的筹码。实际上，我们也可以从政府的种种决策中看到引导规范运营的决心，在政府主导下，积极实现行业自律，律己修身、规范运作是绿之韵向广大分销伙伴提出的发展要求。

两千多年前，孔子的弟子曾子说："吾日三省吾身：为人谋而不忠乎？与朋友交而不信乎？传不习乎？"

世事变幻，道理依然。你为什么能够"省"自己呢？一是对外界、对他人的关注、关心和关爱，如果事不关己、高高挂起，你肯定用不着也不愿意"省"自己；二是对自己的严格要求。孔子曾经说："苟正其身矣，于从政乎何有？不能正其身，如正人何？"即君主要治理好国家，必须端正自己本身，严于要求自己。如果己正，管理国政就不会有什么困难，如果自己不端正，随心所欲，为所欲为，就不可能去端正别人，其国家也无法治理。

我每天在进行例行的"散步程序"时，更多的是在"三省吾身"，梳理自己今天做了哪些该做的，做了哪些不该做的，还有哪些该做的没有做。

同时，我也通过专门的《董事长博客》，及时将"自省"的感悟传递给每一个绿之韵人。例如，我专门撰写了《空谈误企 实干兴业》《孝行天下，德润万家》《扮演好五种"角色"》《大处着眼 小处着手》《修炼内功 共赢未来》《前事不忘 后事之师》《为成功寻找方法》《有一种精神叫湖南》《一生只做一件事，做到世界第一位》《律己修身守护商誉》等博文，融合自己的感悟，达到全员共同修炼的结果。

这种自省式的总结、梳理也上升到了公司行为层面。从 2007 年开始，绿之韵每年都要编写一本我们企业自己的《年度社会责任报告》，有些人觉得我们是在"作秀"，其实，我们最根本的用意不仅仅是记录我们企业对社会的责任点滴，而是形成一种"自省"的习惯，实际上是时时将自己"架在炭火上"。因为，如果哪一年我们什么也没做，我们的《责任报告》就将是一片空白，那就是出洋相、丢大脸的事情。这就形成了一种"倒逼机制"，今年必须多做善事、多为社会做贡献，让我们的《责任报告》有东西记录，而且一年一年变得更为厚实。

四、有责而立，有任方强

2013 年 4 月，四川雅安地震消息传来的时候，我正在出差，于是，按照 2008 年四川汶川大地震发生后的捐助模式，我通过电话，立即组织安排了 300 万的捐款，项目落实后，我返回长沙，又参与了由政府组织的几项一对一定点扶助活动。

灾难面前，爱是一切的答案。五月的母亲节，我又去哈尔滨参加与中华慈善总会合作的"贫困母亲救助项目"。在绿之韵慈善基金救助项目里新增"母亲"这个群体，并非一时心血来潮。母亲在家中的位置，往上是孝顺老人，往下是呵护幼儿，生活加诸她们的苦难，有时超过想象，对她们的救助，无异于稳住了一个家庭的核心。

将每年的五月确定为绿之韵人的"爱心感恩月"，用以总结及规划企业每年的社会责任并号召更多的绿之韵人成为光荣的绿之韵爱心志愿者是公司的盛事。

从 2003 年创业之初许下捐建 38 所绿之韵希望小学的承诺，到 2006 年设立"绿之韵慈善基金"、2007 年举办"香港明星足球赛"、2009 年"绿之韵树人行动"、2012 年"绿韵圆梦，书香助学"、2013 年"贫困母亲救助项目"以及向湖南省光彩事业基金会捐赠 3000 万元，用于未来五年慈善事业投入。通过这些举措，我想让所有的绿之韵人深深地懂得，爱其实是一种修行。

慈善考量着一个人的花钱智慧与再创造的能力。永无止境的舍，便是永不枯竭的得。因为你舍得，社会给你的更多。

我出生于益阳安化大山深处，童年的记忆沿着九曲十八弯的山路蔓延，生活也被打上一个"贫穷"的烙印。但贫乏物质背后善良的父母，质朴的乡亲，困难中热心人的相助，在我脑海里留下了深深的印记。

在践行企业慈善责任这条路上，我去过没有灯光没有窗户的地下室，那里，六十岁的母亲与患有精神疾病的儿子相依为命；我去过汽车不能通行的深山，那里，十多岁的小姑娘无论寒暑都要挽起裤脚趟过河水才能上学。我面对许多普通的绿之韵伙伴，他们用自己的真诚默默奉献着自己的爱心。我更与身边的朋友共同探讨过财富与责任的话题，创造财富考验的是一个人的智商与情商，分配财富则考验着一个人的智慧与德行。有的人生命只属于自己，有的人生命则属于社会。

在绿之韵，无数细小而真情的付出最终汇成责任与大爱的江河，这份责任感将是我们立足社会，开创未来的基石。公司网站上时时更新的慈善专题，许多绿之韵伙伴与公司一起撑起了这份沉甸甸的责任，令我十分感动。怀抱慈心，施以善行，是中华民族的传统美德，也是人类走向文明的漫漫长路中，像星光一样温暖人心的精神财富。懂得这个道理的人，受到的必然是生活加倍的福报。

有责而立，有任方强。在绿之韵的成长过程中，我们时时会提醒自己记得一个身份：民族企业。虽然十岁的绿之韵在中国甚至在直销界都还只是一个很小，很年轻的企业，我们为自己订立的目标还远没有达到，但企业必须达到的三条责任我们将永不忘怀：

国家因为有你而强大；

社会因为有你而进步；

人民因为有你而富足。

这份承诺，将伴随绿之韵的每一个十年征程！

一路走来，在发展实业的同时，绿之韵积极承担社会责任，产业富民，回馈社会。

多年来，绿之韵集团踊跃参加和倾情捐助了多项社会慈善事业，用实际行动履行着企业应尽的责任和义务，捐助款物 6000 多万元，帮助了需要帮助的人，不遗余力地为社会贡献自己的力量。

对绿之韵而言，真正的公益其实很简单：培养我们每个人的爱心，让爱心化为行动，用行动面对这个世界。真正的责任对人而言不是负担，不是无奈，而是愿意主动伸出援手，力所能及地帮助每一个身边的人。

春天的播撒，秋天的收获。绿之韵的善行也得到了社会各界的好评，绿之韵的品牌价值在权威机构和广大消费者心目中不断得到提升。

绿之韵先后获得了"中国杰出创新企业""最受尊敬的直销企业""慈善与公益创新企业"等荣誉。我们在履行社会责任方面的事迹，被《中国直销行业社会责任报告》一书浓墨重彩地登载。

特别值得一提的是，2011 年 5 月，"绿之韵"商标被国家工商总局评选为"中国驰名商标"，喜获我国商标领域最高荣誉。

作为一个成长中的企业，我们已经感受到绿之韵大品牌铿锵有力的脚步声声。

大品牌更要负起大责任，展望未来，任重道远。今天的绿之韵，正以"大健康、大服务、大资本、大文化"为核心来构建我们的品牌发展战略。"种瓜得瓜，种豆得豆"，绿之韵十年，我们实践着"上善若水，厚德载物"的精神，种下诚信和责任，努力积聚绿之韵企业和每个人的德行厚度，收获成长、认同与快乐！

第二章

目标坚定

咬定青山不放松，立根原在破岩中。

千磨万击还坚劲，任尔东西南北风。

——郑板桥《竹石》

黄河之水天上来，奔流到海不复还。

——李白《将进酒》

朝思暮想、做梦都想、时刻都想，而且一想起就热血沸腾，那才叫目标！

经历过冷嘲热讽、人情冷漠、三番五次的跌倒打击、几乎绝望的境地且还咬牙前行，那才叫信念！

经历过半夜抱头痛哭、经历过内心的孤寂与寒冷而依然坚定初衷，那才叫坚强！

——胡国安《水道箴言录》

第一节　挑战弱势起跑线

芸芸众生，天命各异。每天都有新的生命在人间降生，但每个人的命运不同。在这个社会，人与人之间的差别是一种现实存在。有"富爸爸""官爸爸"，也必然有"穷爸爸""平民爸爸"。因此，就有了"富二代"与"负二代"的区别，或者说，对一些人来讲，一开始就输在了人生竞赛的起跑线。

但是，起跑线的弱势不代表永远的落后，改变命运的关键是在发令枪响起之后各自的表现。

一、我的起跑线在雪峰山麓

湖南省安化县冷市镇小九溪村，那是我出生和成长的地方。

安化，位于著名的雪峰山脉北端，处于资水的中游，古称"梅山蛮地"，是闻名遐迩的梅山文化发祥地。安化县的土著多为瑶族，有汉、土家、苗、蒙古等26个民族。在离我家不远，就是著名的"茶马古道"遗址，它一方面用马蹄声打破了千百年山林深谷的宁静，开辟了一条通往域外的经贸之路，同时也生动地记录了该地域的蛮荒和穿入其中的艰险。

"七山一水两分田"的小九溪村，离我们现在的镇政府所在地还有 8 公里之遥。当时，只有一条羊肠小路通向深深的山里，放眼望去，高高的山头，所有的一切都淹没在无边的树林和竹林之中。而在树叶和竹叶绿色的中间，依稀散落着片片的青瓦所折射的黑色，那就是一座座村民们自己用木板搭建的住房。

千百年来，村民们日出而作，日落而息，靠着天，靠着山，靠着那条唯一的小溪，子子孙孙，繁衍生息。在我们依山而建的老房子里，我吸吮着母亲苦涩的奶水，看着父亲为生计奔忙的愁容，在蹒跚学步中一天一天长大。每一天，走到门外，看到的除了山还是山，除了泥土还是泥土。

冬天到了，山村里变得十分寒冷，大人们这时一般就会围坐在家里不出门，在灶屋里用大块大块的木材或树枝生起大火，贪婪地吸着用书本纸或报纸卷成的旱烟，在众多人的围观下，偶尔还摔打几下老旧的扑克牌。在用土砖打造的灶的上方，往往悬挂着几块腊肉，在柴火的熏烤下冒着吱吱的油滴。而在这时，当我拉着弟弟们"深情"地注视着那些冒油的腊肉时，又会得到来自大人们的警告，意思是你们别嘴馋，那是珍贵的年货，还没有过年绝对不能碰。

从我刚刚开始懂事起，因为弟弟们相继出生，家里经济负担陡然增加，我也就别无选择地与父亲母亲一起，加入到"找活路"的行列。

俗话说，"靠山吃山，靠水吃水"，我们找活路的途径就是泥土，就是田、就是地、就是山。十来岁，我就成为一个可以挣"工分"的驾驭泥土的标准劳动力了。

这，就是 20 世纪七八十年代小九溪村山里人生活的真实写照。

而这种"山村生存模式"，就是"在山里出生，在山里成长，在山里繁衍下一代，在山里安息入土"。在没有外来冲击的情况下，这种模式就会年复一年，成为一种惯性，在这个封闭的空间里循环往复。

脸朝黄土背朝天，如果没有突破的机会，我也就可能永远干着"修理地球"的活计，将整个的一生，深深地刻在那贫瘠的泥土之中。

二、爱情与婚姻的荒坡

在我们那个地方，由于地理位置和经济条件的原因，男人找对象一直是一个难题。往往为了一桩我们村的婚姻，媒婆要特别地费口舌，好说歹说方才好不容易凑成一对。在小九溪村的历史上，少不了男人打光棍的现象发生。

在我自己"男大当婚"的时候，就亲身经历了"环境条件"给我带来的阵痛。那是别人第一次给我介绍女朋友，而那个姑娘的姑父刚好是从我们这里走出去的人，当时正担任我们所在区的派出所所长，他一听就立即带着揶揄的口吻说："那个地方可就好远呢！"言下之意就是不要谈这桩婚事了。但女孩子的姑姑很用心，说："还是去看看好，看看人，看看他家里。"于是，女孩子就在姑姑的带领下，往我们家的方向走来。当时那条路十分狭窄，又很险，弯弯曲曲，爬坡上坎。她们一路走啊走啊，好不容易走到离我们家还有一公里地方的时候，那个女孩子已经累得够呛了。爬上一个山坡，以为快到了的时候，谁知看到挡在面前的又是一个高坡，坡上没有房子，还是一座山。女孩子无奈地对她姑姑说："实在走不动了，还要上坡，也不知道还有多远，我们不去了吧！"听说她们在那个坡下歇息了好一阵，最终那个姑娘还是拉着她姑姑转身回去了。

我的第一段姻缘，就因为山高路远，连姑娘的面都没有见到就夭折了。

当时在家焦急地等着、准备相亲的我，得知这个消息后，一下子就像泄了气的皮球，特别沮丧。我真真切切地预感到：在这大山之中，真的有可能一辈子都娶不上老婆！

这一次的失败，对我有很大的震动。山村里的贫穷与苦难，祖祖辈辈面朝黄土背朝天的封闭与轮回，让我的心在迷茫中挣扎和求索！

三、小九溪的启迪

我的第一次爱情终究没有爬上那一道高坡。那天傍晚，我在落落寡欢中走出了家门，沿着那条羊肠小道往外走，本能地想清晰地看一看那道高坡，它是如何阻挡了我"洞房花烛夜"的美梦！

那天的傍晚，一轮明月挂在山顶的树梢，山里很静，只有小九溪的流水声和偶尔的几声青蛙叫，还有几只萤火虫在无声地飞舞着。我淹没在那融融的月色里，漫步于那条山村的小径，如同徜徉于银光闪烁的河流。那温馨的月光一如流水，从四面八方向我涌来，我仿佛已置身世外，出尘脱俗。而当我环顾黛色的群山，则深感自身之渺小，天地之博大。

小九溪，从雪峰山深处走来，是那样的细小、平凡，但它始终坚定地往外面的世界奔去。它在我家的门口经过，成为村里真正的"母亲溪""生命流"！千百年来，它哺育了我们村里一代又一代的生灵，包括人、包括动物、包括植物。它洗涤了我们所有的尘埃，它把我们的生存故事带向无限的远方！

那个晚上，我沿着小九溪，一路追随到了它汇入资江的河口，然后，在那里默默地呆到了黎明，默默地看着已经比我家门口大了许多的小九溪融入资江河的怀抱。

我那个时候突然腾升起一种信念：总有一轮明月在我的心空朗照！只要我追随溪水的脚步！

在小九溪与资江河的交汇处，我才发现自己第一次读懂了小九溪。

也许平时对它太过熟悉了，因此，就一直把它看成一个普通的过客，不关心它来自哪里，也不关注它将去向何方。

其实，小九溪在每天的勤奋流淌中，不管其姿态如何，不管其路线如何，它始终有一个坚定的方向，那就是奋力流向终点。而宽阔的大海才是它的终点。

小九溪流向资江，是为了去大海；小九溪流进了洞庭湖，还是不改去大海的初衷；小九溪汇进了长江，它还是向着大海奔去。总之，它是不达大海不罢休。

为了最终流向大海，小九溪就必须有克服起跑线弱势的强烈愿望，敢于从自己的小流域天地里走出来。

千百年来，小九溪日夜不停地向前奔跑，从没有自足自满，也没有任何自卑，它弯弯曲曲，迤逦而行，绕过阻挡它前行的一切障碍。它经过资江、洞庭湖、长江，终于有一天，它达到了东海，投入太平洋无与伦比的浩大怀抱。小九溪值得兴奋和骄傲，因为它在雪峰山脉就确立了这样的目标，最终，它达到了目标，完成了自己的梦想。

一方水土养一方人，水灌溉了土地，也浇灌了人的心灵。

小九溪给了我们深刻的启迪，那就是：一个人，不管处于什么样的状态，即使是从弱势起跑线出发，只要心中树立明确的奋斗目标，然后，沿着目标的指引，披荆斩棘，坚定地冲刺前进，你就能够实现目标。

一个普通的人，完全可以像一道溪流，从山野出发，完成奔向事业"大海"的伟业。

斯大林曾经说，"伟大的精力只是为了伟大的目的而产生的。"没有目标，你的旺盛精力是一种浪费，而有了清晰的目标，你还能产生更大的精力。

第二节　点燃心灵的圣火

一、爷爷的故事与英雄情结

小时候，待在偏僻山村的孩子，晚上没有电视，没有收音机，几乎没有所谓的娱乐生活。即使看电影，也是一件无比奢侈的事情，需要等好几个月才有一次。除此之外，山村孩子的另一个期待便是听老一辈讲故事。

现在看来，讲故事其实是一种有效的教育手段。一个人用嘴巴讲，大家用耳朵专心地听。口碑传播，快捷、有效。

小九溪村里的"故事会"上演了数百年，一代一代，村里的人在故事中认识了无数英雄好汉，学到了很多为人处世的道理。

我的爷爷，就是村里一个有知识的人，他自然也成为我们童年、少年时心目中最权威的"故事高手"。

夏天，每天晚饭后，我便和其他伙伴们早早地拿着小板凳来到屋前的禾坪里，围坐成一个小圈，等着爷爷出来给我们讲故事。一会儿，随着几声熟悉的咳嗽，爷爷摇着那把用了多年的大蒲扇，坐到我们中间，胡子一颤一颤的，开始绘声绘色地给我们展现另一个新奇的世界。

爷爷的知识丰富，他讲的故事好像是从他那数不清的胡子里飘出

水道渠成

来的，源源不断。上下五千年，古代、近代、现代、当代；纵横八千里，中国的、苏联的、抗日的、抗美援朝的，还有我们安化本地的；妖魔鬼怪，神仙英雄；民间传说，历史典故；打仗的、惊险的、抓特务的……

而我，最喜欢听的是爷爷讲的历史上英雄人物的故事。

在我清晰的记忆中，爷爷给我们讲了成吉思汗的故事。爷爷说成吉思汗的名字叫铁木真，是历史上蒙古族的一个大英雄，他在大草原上出生成长，幼年丧父，艰难成长，最后统一了蒙古各部，并乘胜追击，向中亚、西亚展开了轰轰烈烈的西征。他从蒙古包里走出来，将我们中国的地理版图扩大到历史上最大的疆域。

爷爷还多次讲到毛主席的故事。爷爷说，毛泽东主席以前叫作毛润之，是我们湖南省湘潭韶山冲的人，小时候被人称作"石伢子"。他出生的那个地方与我们小九溪村一样，也是十分闭塞和落后，在他家的西北方向，有一个地方叫作"滴水洞"，与小九溪的响水洞一样。毛主席喜欢读书学习，在韶山冲时就知道了外面很多的事情，长大后他就离开韶山冲，去长沙第一师范求学，并向革命队伍靠拢，成为中国共产党的创始人之一。爷爷说，毛主席特别重视像我们小九溪村这样地方的乡村农民，多次下到乡里调查农民生活疾苦，并组织农民进行革命暴动。1917年和1925年毛主席先后两次到我们安化进行社会调查和开展农民活动。后来，毛主席领导了湖南的秋收起义，上了井冈山，领导红军开展二万五千里长征，到达陕北延安，抗击日本帝国主义，最后推翻了国民党的反动统治，建立了新中国。

爷爷讲的这些英雄人物、伟大人物的故事在我们幼小的心灵里燃起了对历史伟人的无限崇敬之情。

现在回想起来，正是爷爷的那些故事，让我在潜移默化中形成了两个意识：一是人在社会上一定要干一番大事；二是相信山里的"伢子"也能够有出息。

二、触动内心的正能量

"立志以定其本，居正以持其志。"

如果说爷爷所讲的故事，在我幼小的心田里播撒了走出大山的种子，那么，随着年龄一天天长大，这颗种子也在不断地成长。

在村里，我爸爸有一个师傅，他经常到我家来，并对我说："细伢子，你一定要好好读书啊，读不好书就没有出息呢！"这位长辈的话就像当初爷爷的故事一样，使我产生了无限正能量。因为这位长辈的弟弟早年就从村子里外出读书并参加国家工作了，后来还担任了广州市的计划委员会主任职务；同时，这位长辈的五个女儿都是在他的鼓励下，发奋读书，最后都考大学出去了。

因此，走出去，走出大山，已经成为当时我心底的一种渴望。

但我们当时要走出去，只有两条选择：要么通过当兵，要么通过读书。我的外公曾经当过兵，干的是"火头军"，他一到我家来，就躺在屋门前的那个木墩子上给我讲东征、西征的故事，因此我后来差点动了去参军的念头。最后还是我爸爸一锤定音："别东想西想了，你快点读书啦，一定要出去啊！"

后来，随着书越读越多，我对走出大山也更加充满了渴望。

在初中学校的图书室，我通过查资料了解到，我们安化历史悠久，地灵人杰。据史料统计，从宋朝到清朝，安化县通过科举考中进士以上 14 人，举人 117 人。在中国历史上有一定影响的人物有：清代两江总督陶澍、云贵总督罗饶典、著名书法家黄自元。20 世纪初，李燮和、李唐等最早参加华兴会、同盟会，投身辛亥革命，成为当时叱咤风云的人物。这些人都是从安化县这个曾经的蛮荒之地走出去的。

而差不多与我同龄的安化人中，世界羽毛球冠军唐九红、龚智超、龚睿娜、黄穗，他们就是从安化起步，一步一步成为地区冠军、湖南省冠军、全国冠军，最终走向了世界级舞台。

翻阅历史资料，瞻仰茶马古道的遗迹，我当时坚定地相信，我胡国安，只要自己目标坚定，也会像小九溪的水一样，一定能够从这里走出去。

三、一刻承诺，万钧动力

西汉学者韩婴在《韩诗外传》中说："贤母使子贤也。"

在走出大山的历程中，我的父母是当之无愧的推动者。我的父亲是四代单传，母亲家里则有五个姊妹，因此两人的性格有显著的差异。父亲比较沉稳，母亲却很外向，做事特别有魄力，而且手脚麻利，十分勤快。他们两个要抚育我们兄弟四人，因此比别人家的父母更勤劳、更辛苦。为了使我们四兄弟都能够正常上学读书，父母亲可以说是起早贪黑，想方设法挣钱。

我考上初中的时候，因为读寄宿，学费生活费都要很大的开支。母亲就把家里的黄豆卖了，才凑足了学费。我开学后，她又立即去深山里砍柴烧炭，卖了换成钱。所以，每个月当我回家从母亲手里拿下一个月的生活费时，我都感到特别的难受。我把母亲给的钱紧紧抓在手里，从家里到学校，一二十里地，一直抓得手心出汗，因为我知道，这是父母的血汗钱啊。

在这样一个背景下，一方面我没有理由不好好念书，无论是在家里还是在学校，几乎要抓住一切机会和时间看书。而且我每月的零花钱绝对不去买糖果、雪糕等小吃，而是订了报纸杂志，或用来买相关的参考书籍。因此，我的成绩一直很好，是学校的尖子行列，也颇得老师的欣赏。

另一方面，我从初中开始，就萌生了一定要自己挣学费以减轻父母亲负担的念头，并且开始利用寒暑假时间，做一些力所能及的赚钱的活计。

现在我还清楚地记得这一件事，甚至我这一辈子也不能忘记这一经历。有一次，刚刚下过一场大雨，母亲到学校来看我，我送她一起回家。出了校门，路上到处是水汪汪的一片。这时刚好有一辆小汽车驶来，看样子是往我们家的方向开，我和母亲就站在那儿挥手，看能否搭搭便车回家，因为从学校到家里有将近二十公里啊。谁知，那辆车不但没有停下来，反而加快速度在我们面前一冲而过，车轮卷起马路上的泥水，全部洒到了我和母亲的身上。

看着扬长而去的小汽车的背影，看着母亲衣服上的泥水，我感到特别气愤。我赶忙把自己的上衣脱下来，一边用力替母亲擦身上的泥水，一边大声地对母亲说："妈妈，我一定努力，我一定会变得有出息，我将来一定专门给你买一辆车！"母亲噙着泪花深情地点头："好的，国安，妈妈相信你一定会有出息！"

现在，我早已经把母亲从乡下接到了省城长沙，也给她配备了专门的车辆和司机。然而，只要回到家里看着自己的母亲，或吃着她亲手做的我最爱吃的蛋炒饭时，当年在风雨中被小汽车抛弃的伤心情景，却总是会浮现出来，成了永远也抹不掉的黑色记忆。也使我想到，天下还有许多许多人的母亲，她们是否还在受到那种"水溅满身"的"际遇"呢？没有承诺，就没有那种奋而起之、奋发图强的动力与底气。

我想，正是因为当时在风雨中对母亲的那一番承诺，才催促着我在人生事业的道路上快马加鞭！

四、向着目标前进

"夙兴夜寐，无一日之懈。"从那天我和母亲被溅起一身泥水后，那个情景经常在我脑海里出现，我对母亲的承诺也时常在耳边响起，于是，我一边上课读书，一边想方设法地挣钱。

当时我们初中学校的校长姓张，他是一个思想开放的人。他经常向我们宣扬当时流行的"专业户""万元户"的概念，并多次介绍一些自我创业成功的"鸡司令""鸭司令"等事迹。听了这些人的事迹我很兴奋，我也暗自下决心，我一定要尽快当上"万元户"。

因此，我在成为一个高中生的同时，也立即成为一个"生意人"。我与当时的同窗好友周正开一道，迅速做了两大生意。

一是信息生意。

我把所有的零花钱都全部用来订阅《湖南经济信息报》《致富导刊》《科技信息》等报纸杂志，从中筛选出一些科技养殖、致富项目等有价值的信息，例如"如何科学养甲鱼""如何写作投稿""哪些产品可以立即进入国际贸易出口"等，有的记下来，有的用剪刀剪下来。然后我们自己登小广告。一般是选择报纸上的免费版面，告诉读者我们有这些实用的信息，只要寄一元或两元的邮资钱，我们就把信息给他们。

广告登出去以后，我们每天都要收到很多的信，他们把钱夹在信封里，我们收到这些钱后，就立即把信息邮寄过去。

这样下来，我们每个月都会有几百元的收入。其中有一天我们就进账160多元钱，这让班主任老师感到很震惊，把我们两个叫进了校长办公室，说："你们怎么这么不务正业呢？我们老师一个月的工资才130多元钱呢，你们一天就搞到160多元！"

我就与校长沟通了三点，第一点是我之所以要想方设法做生意赚钱，是因为家里穷啊，弟兄好几个都没钱读书，只有靠自己挣学费啊；第二点是我们做的完全是合法的正经生意；第三点是我做这个生意没有耽误学习，我的成绩不比别人差。校长听了我的陈述后，沉思了片刻，并查阅了学校全体学生的成绩单，就没有再说什么，算是默许了我们的生意行为。

二是竹笋贸易。

放寒假的时候，我、周正开及另外一个同学，三人合伙做起了冬笋的贸易生意。

　　我们安化县盛产冬笋，但由于交通不便，信息不畅，所以一直销路不好。我们瞅准了这中间有较大的价格空间，就放肆地在这边收购，然后转手卖给常德市西湖农场的一个罐头厂，它是专门做罐头出口的。我们的收购价只有八九毛钱一斤，卖给罐头厂的价格是一块二到一块五，每斤能够赚个三毛五毛钱，一次性一车就装个五六吨，一万多斤啊，我们一次就可以赚个几千元，一个短短的寒假，我们一起就挣了一万多元。

　　接下来，我用挣来的钱买了一台崭新的摩托车，那个时候，这是富裕的象征，我一个在校读书的高中生，一下子成为"万元户"。当我骑着摩托车回到小九溪村的时候，大家都对我投来了羡慕和赞许的目光。那个时候，我刚刚接近20岁的年龄，父母也十分自豪，认为我终于能够立业了。

　　尝到了做生意的甜头，我就一门心思往经商方向发展了，我知道，按照这种思路走下去，我一定能够改变命运，走出大山，去更大的天地发展。因此，高中还没有毕业，我就辍学专门从事生意了，后来在我们镇上开了第一家打字社，再后来，又到了长沙，在下河街做生意。如果不是后来亲戚的劝阻和资助我可能不会再返回学堂继续学业。后来我又远赴广东，在那里做更大的生意，同时，在广州接触了完美公司的直销，并把直销生意带回到长沙。一步一步，我真的走出了大山，进入了都市之中。

　　最终，我把目标锁定在长沙，立志开辟中西部最优秀的直销企业，并在达成这一目标的过程中，我和绿之韵一起，与我们优质的健康产品一道，走向了全国各地，走向了世界各地。

第三节　专注目标　从一而终

一、我们拥有一个能量场

每次，当我来到长江边上，来到东海之滨，来到太平洋的彼岸，甚至身处欧洲之时，我都会想到小九溪。因为，世界的水域是相通的，太平洋里乃至大西洋里的某一滴水，就很可能来自小九溪。在千百年的坚定不移地奔向大海的历程中，我们的小九溪早已经功德圆满，它已经将自己的血液完全融入全世界的汪洋大海之中。

在我的耳边，小九溪它用其永不停歇的流水声，24 小时不间断地提醒我："走出去，走出去，外面的世界才是你的目标！"

"人生若波澜，世路有屈曲。"我很欣慰的是，在人生快速前行的过程中，我听从了小九溪的指引，终于从大山之中走了出来。

我更为欣慰的是，我们绿之韵的原始创业伙伴，都是有目标、有理想、有追求的一批人，在他们的感染下，一批又一批同样有目标和梦想的人加入我们的行列；同时，他们也在以自己的追求和对绿之韵的坚守，不断影响着一些原本没有目标、随波逐流的人，使他们重拾人生梦想，重新找到了人生的定位。

在绿之韵的整个文化教育体系中，我们设置了完善的目标教育内容。针对每个有想法加盟绿之韵的新人，我们总是第一时间充当"车站售票员"角色："请问你想去哪里？"如果他还没有想清楚，那我们会告诉他绿之韵的宏大目标，会帮助他在绿之韵的发展坐标中找到他应该去追随的位置。

因此，绿之韵的大目标使无数的人从自己思想的"深山"中走了出来，将自己的生涯规划与绿之韵的"大海"紧紧融为一体，最终取得了实实在在的成功。

我觉得，每个人都应当至少有一个属于自己的独特的"能量场"，在那个"场"里，去获得生命能量，去获得思维能量，去实现人生的转弯和跨越。

小九溪，便是我与绿之韵最原始的能量场！

在小九溪溪边的多次自我"潜训"，让我发现了一个又一个道理。

是的，这个世界上很多人，原本不一定有高贵的出身或者完善的条件，但只要你相信"天生我才必有用"的道理，确立你人生的目标与志向，然后坚定地往前走，总有一天你会达到自己事业的成功彼岸！

现在，每年我都要好几次回到小九溪。而如今，小九溪外围的环境已经发生了翻天覆地的变化。那一条山间小径，已经在我的捐赠投资下变成了宽敞的、能够容纳汽车运行的水泥路。其他的路段，也在政府"村村通公路"的政策下同样成为汽车行驶的公路。居于小溪边上我家原来的矮旧的木板房，早已被具有都市色彩的"绿之韵庄园"所代替。在该庄园里，建设了拔地而起的3栋5层高楼，楼里有标准的星级酒店客房，有人工瀑布和大型游泳池，有错落有致的亭榭和现代化健身设施，还有各种各样的名贵树种。

为了造福乡梓，我们还投资980万元，在绿之韵庄园为乡亲们建起了一座9层高的佛塔。

是的，小九溪村的面貌在变，小九溪自身也在变，但它优美的旋律，它奔向大海的决心和姿态，却始终没有变！

小九溪，是我人生充电的永远场所。

水道渠成

在外面创业折腾，可能充满了艰辛和苦涩，也可能滋生放逸和自傲。然而，只要回到家乡的溪边，一切的疑问就会豁然开朗，一切的苦恼就会烟消云散！

光阴似箭，日月如梭。四十多个春秋的风风雨雨，我总在家乡、他乡之间徘徊，但我对家乡、对小九溪一如既往至诚至爱。小九溪那淙淙的流水，永远是我心中的爱恋；家乡那融融的月色，永远是我灵魂中一道璀璨的风景，小九溪对流向大海坚定不移，永远成为我追逐成功人生的核心基石之一！

感谢小九溪，我又确定了晚年的目标：数年之后退了休，我将把绿之韵集团交给年轻的一代管理，我自己则回到小九溪，与淙淙的溪水相伴。我要将绿之韵庄园建设得规模更大、设施更为完善，邀上童年、少年时期的挚友，邀上绿之韵事业中与我年龄相似的伙伴，共享美景，在无尽的回忆中平静、安逸地度过人生的黄昏。

二、一生只做一件事

四十多年的人生岁月，十年的绿之韵事业历程，使我领悟了目标坚定的真正含义。

什么叫目标。朝思暮想、做梦都想、时刻都想，而且一想起就热血沸腾，那才叫目标！

应当说，在我们这个社会里，还有太多的人缺乏起码的人生目标。他们因此会变得碌碌无为，会变得毫无斗志。这些人无疑将在人生道路上走向无可适从的境地。

还有一些人，他们起先有目标，而且很可能为目标热血沸腾，但一旦碰到阻力，遇到障碍，就立马对达成目标的可能性产生了怀疑，于是在行动上畏缩不前，甚至中途退出。一句话，不能做到坚定地信守目标、追随目标。这样的人，永远也不能够获得成功。

对目标的坚守需要一种信念，更需要坚强。什么叫信念？经历过冷嘲热讽、人情冷漠、三番五次的跌倒打击、在几乎绝望的境地还咬牙前行，那才叫信念！

什么叫坚强？经历过半夜抱头痛哭、经历过内心的孤寂与寒冷而依然坚定初衷，那才叫坚强！

我到过欧洲只有两次，每次停留的时间也不多。但第一次因公务去了一趟之后，我几乎在当时就决定，一定要让更多的绿之韵伙伴感受这一切。为什么在一座座像小镇一样的国家和城市能拥有生生不息的历史传承，能诞生那么多世界名牌、百年企业？在这里，我相信能从中找到值得我们一生学习与领悟的精神。

在欧洲，很少看到高楼大厦，街边随意的一处建筑都可能拥有数百年的历史，甚至道路都是百年前规划与建设的。坐落在德国科隆市中心的科隆大教堂给我留下了最深刻的印象，这座德国最大的教堂，可以说是世界上最完美的哥特式教堂建筑。从1248年始建，一直到1880年建成，经过了七个世纪，建筑期长达632年，至今仍保存着成千上万张设计图，堪称世界之最。它先后的建筑者都持有同样的信仰，而且绝对忠诚于原定计划，直至让这座教堂成为建筑史上的奇迹。这种几代人为同一个信仰奋斗的精神令人震撼。

在欧洲购物店流连忘返的时候，你会发现一块小手表，一把小军刀就能卖到世界各地，而且价格不菲。而他们能做到这一切，我觉得答案也就是在这种"一生只做好一件事"的精神中。无数品牌店里都流传着关于一代又一代传承者为品质以及设计精益求精的故事，而就是这种永不放弃的专注精神，这种一代又一代人的不懈努力使他们赢得了消费者的尊敬，它不能成为世界名牌才不可思议呢！

欧洲之行让每一位参观者都获益良多，特别是这种"一生只做一件事"的专注精神应该是值得每一位绿之韵事业伙伴学习并深思的，因为这就是目标坚定的体现，也是绿之韵能持续发展的核心要素之所在。

绿之韵的战略是：建百年企业，创世界名牌。绿之韵的使命是：

水道渠成

把中国最好的产品以最快的速度传递给最需要的人，运用现代科技将中国五千年养生文化及中医理论发扬光大，为解决人类亚健康服务。

  这意味着我们要集中目标，不轻易被其他诱惑所动摇，我们要专注于全力打造核心竞争力，直至让它成为排行榜上第一名。而实现这一切，我们每一位绿之韵伙伴都要怀抱共同的信念：一生只做一件事，做到世界第一位！

第三章

有容乃大

抬眸四顾乾坤阔，日月星晨任我攀。

——宋·苏轼

你生气，是因为自己不够大度；你郁闷，是因为自己不够豁达；

你焦虑，是因为自己不够从容；你悲伤，是因为自己不够坚强；

你惆怅，是因为自己不够阳光；你嫉妒，是因为自己不够优秀！

——胡国安《水道箴言录》

水道渠成

第一节　宰相肚里能撑船

一、"六分"之容与百亿资产

我国台北有一位建筑商，年轻时就以精明著称于业内，但摸爬滚打许多年，事业不仅没有起色，最后还以破产告终。在那段失落而迷茫的日子里，他来到街头漫无目的地闲转，路过一家书报亭，就买了一份报纸随便翻看。看着看着，他的眼前豁然一亮，报纸上的一段话如电光石火般击中他的心灵。

马上，他以 1 万元为本金，再战商场。这次，他的生意好像被施加了魔法，从杂质铺到水泥厂，从包工头到建筑商，一路顺风顺水，合作伙伴趋之若鹜。短短几年内，他的资产就突飞猛进到 1 亿元，创造了一个商业神话。

这时，有很多记者追问他东山再起的秘诀，他只透露四个字：只拿六分。

又过了几年，他的资产如滚雪球般越来越大，达到了 100 亿元。有一次，他来到大学演讲，期间不断有学生提问，问他从 1 万元变成 100 亿元到底有何秘诀。他笑着回答，因为我一直坚持少拿两分。学生们听得如坠云里雾里。

　　望着学生们渴望成功的眼神，他终于说出一段往事。他说，当年破产的时候在街头报摊上看见一篇采访李泽楷的文章，读后很有感触。记者问李泽楷："你的父亲李嘉诚究竟教会了你怎样的赚钱秘诀？"李泽楷说："父亲从没告诉我赚钱的方法，只教了我一些做人处事的道理。"记者大惊，不信。李泽楷又说："父亲叮嘱过，你和别人合作，假如你拿七分合理，八分也可以，那我们李家拿六分就可以了。"

　　说到这里，他动情地说，这段采访我看了不下一百遍，终于弄明白一个道理：做人最高的境界是厚道，所以精明的最高境界也是厚道。细想一下就知道，李嘉诚总是让别人多赚两分，所以，每个人都知道和他合作会占便宜，就有更多的人愿意和他合作。如此一来，虽然他只拿六分，生意却多了一百个，假如拿八分的话，一百个会变成五个。到底哪个更赚呢？奥秘就在其中。我最初犯下的最大错误就是过于精明，总是千方百计地从对方身上多赚钱，以为赚得越多，就越成功，结果是，多赚了眼前，输掉了未来。

　　演讲结束后，他从包里掏出一张泛黄的报纸，正是报道李泽楷的那张，多年来，他一直珍藏着。报纸的空白处，有一行毛笔书写的小楷：七分合理，八分也可以，那我只拿六分。

　　这位成功的建筑商就是台北全盛房地产开发公司董事长林正家。他说，这就是100亿的起点。

　　小胜靠智，大胜靠德。只懂追逐利润，是常人所为；懂得有所为有所不为，懂得只分享"六分"而不是全部，这是一种特别的容他境界啊！

　　给别人借过时实际是在给自己修路，厚道的人，人生路总是很宽很长……

二、记住了老祖宗的智慧

　　小时候，我就听爷爷讲过"宰相肚里能撑船"的典故，但那时似

水道渠成

懂非懂。进入初中以后，我有了词典，还在学校图书室经常借一些书刊看，我翻阅到了"宰相肚里能撑船"的来源和出处。

原来，这一句话的完整表述是："将军额上能跑马，宰相肚里能撑船！"它的意思是形容一个人要宽宏大量，要达到大人有大量的意思。如果能够在一个人的额头上跑马，那这个额头会有多宽啊；如果能够在一个人的肚子里去撑船，那这个人的肚子会有多大啊！但是，"将军""宰相"能够做到，那他们就不是一般人，他们一定是为人处世豁达大度、宽厚仁慈的人。

据传历史上有个宰相叫吕端，因遭奸臣陷害，被削官还乡为民。吕端得旨后二话没说，便和书童背上行囊，离开京城上路返回家乡。

当吕端回到自家门口时，见家中正在设宴摆席大办喜事，原来是为弟弟结婚设宴，有不少当地官吏和豪绅参加赴宴。这些人当时并未得知他被罢官，见他回来了，又是大礼参拜，又是奉上厚礼，弄得吕端哭笑不得。见此情景吕端只好当众言明真相："我吕端现在已被革职还乡为民了！"谁曾想到，吕端的实言相告，竟使得那些势利眼的官吏和豪绅们个个面色突变，有的目瞪口呆，有的斜眼相视，有的甚至拿起所送礼品拂袖而去。

真是无巧不成书。正在这个时候，村外传来了马蹄声声，鞭炮声脆震长空。原来是皇上派御史来给吕端下旨："吕端回朝复任宰相，钦此！"全家人听后三呼万岁。方才散去的那些官吏和豪绅，闻听吕端又官复原职了，个个面红耳赤，瞪目结舌，只好重新拉下脸皮，回到吕府重新送礼贺喜，但见他们支吾其词，心中着实难堪。

而吕端呢，尽管看到这些势利眼们前后的行为反差，却只是心中暗笑，一点也不计较。

吕端是一个宰相，他的心胸，的确具有"宰相风范"。

而老祖宗对人类心胸宽广的描绘，用"宰相肚里能撑船"确实是最贴切不过了。

我在读着这些书籍经典的同时，也从生活中去感悟。

在我初中读寄宿的时候，由于当时学校条件没有这么好，所以我们每周都要从家里带着做好的菜到学校，一次装满一个罐头瓶子，管一星期的伙食。有一天我发现自己带来的菜被同寝室一个同学偷掉了一大半。于是室友们纷纷声讨那个同学，并且扬言要到老师那儿去告发，让他写检讨、罚站、挨批。我没有同意大家这么做，而是走上去问他："你是不是没有带菜来学校？"他支支吾吾地点了点头，告诉我说，他这次回家时妈妈病了，他不忍心让妈妈炒菜，就空着瓶子回了学校。我就再也没说什么，告诉室友们不要把这件事告诉老师。我还拿过他的菜瓶子，将自己的菜又倒给了他许多。

当我做完这件事的时候，那一个星期我感到心里特别的轻松和愉快，而且，我自己的菜尽管少了一半，却感到吃得很饱很好！

三、走得越远，感悟越深

"宰相肚里能撑船"只是一个发端，对心胸和宽容的理解，我在人生的路途上走得越远，感悟就越深。

从事绿之韵事业之后，我经历了太多的事，接触了太多的人。

面对有缺点错误的员工，我学会了"得放手时须放手，得饶人处且饶人"。人无完人，孰能无过？每个人都可能有缺点，有失误，都可能有思想卑下的一瞬间，都可能有首鼠两端的犹疑时刻，都可能有贪小利、占便宜的"小我"倾向，那么，对于这些人，最需要的是宽容，然后在你的宽容下促成他们的改进。

面对与我意见不一致的经销商，我懂得了冷静、大度和包容。

我发现，随着年龄的增长，人的心态也会逐渐变得更加平和，心怀也会越来越宽广。人到老年，仿佛湍急的河流渐趋平缓，曾经激昂的情绪归于平和，曾经浮躁的心态变得踏实，曾经有过的怨和恨也渐渐淡化，许多人生故事都变成美好的往事……随着岁月的流逝，年龄的不断增加，人逐渐地懂得宽容，学会包容，更加珍惜友情和亲情。

一个人有多大的胸怀，就能成就多大的事业！

历史上的伟人，无一不具有宽阔的胸怀。成吉思汗的"天当棋盘星当子"是何等一种大胸怀，大气魄！毛泽东的"胸中自有雄狮百万"，又给人一种何等壮怀的力量！

深居庙堂的弥勒佛，在其身边常常有一副对联："大肚能容，容天容地，于己何所不容；开口便笑，笑古笑今，凡事付之一笑。"从中我们不难看到，心胸、宽容和微笑、愉快在弥勒佛的境界里是连在一起的。有了宽容的胸怀，才有容天容地、容江海的崇高和博大，才有来自心底的真挚笑容，大千世界，日月轮回，时过境迁，人心思变。人生有了这种宽容的气度，自己的心胸变得更宽阔了。

禅门泰斗虚云和尚曾经开示："要有一副好肚皮。好肚皮就是和弥勒菩萨的布袋一样，一切好好丑丑所见所闻的，全都装进袋里，遇缘应机，化生办事，就把所见所闻的从袋里拿出来，做比较研究，择其善者而从之，其不善者而改之，就有所根据了。"更是将心胸开阔与智慧变通无碍运用，深值我们学习。

心胸宽阔，必然开朗乐观，不会因琐事填胸而损脾伤肝。我国传统的养生之道，非常重视人的精神状态与健康长寿的密切关系，提出了"七情致病"的理论。"七情"是指人们的七种情绪状态，即喜、怒、忧、思、悲、恐、惊，如果七情波动太大，则容易导致人体的正常机理出现异常，例如气血失和，脏腑异常，经络失调等，严重的还能导致疾病。

而处于奋斗创业之中的个人，往往表现出一种争强好胜、勇敢好斗、坚忍不拔、永不服输的性格，这是值得肯定的"正面素养"，但是如果引导不当，或者矫枉过正，则它们很可能成为"负能量"。

宋代诗词作家苏轼曾经写道："抬眸四顾乾坤阔，日月星晨任我攀。"

一个人有了宽大的胸怀，有了可以容纳万物的心，才能够成就一番事业，才能够快乐地生活。

第二节　海纳百川，有容乃大

一、关键在于接纳

俗话说"海纳百川，有容乃大"。地球上千百万条小溪、小河、大江，每天不停地向大海大洋奔去，可是海洋从来没有溢出来，因为它拥有超强的容量。

宽容之道从汪洋大海中可以得到更深刻的感悟。

我个人认为，大海的特点，一是"大"，二是"容"和"纳"，这两者不是同一个意思。"大"是一种状态，"纳"与"容"则是一种秉性、一种态度。就好像我们的物流仓库，它空间很大，只说明你这里可以堆放很多货物，而让不让我们的货物进来堆在你这里，则需要你的接纳、你的度量。大海，则是两个条件都同时具备了。

有人形象地说，一滴墨汁落在一杯清水里，这杯水立即变成黑色；一滴墨汁融在大海里，大海依然是蔚蓝色的大海。

因此，包容一切的关键在于接纳。

海纳百川，它不计细流。你转动着地球仪看一看，每天，全世界有多少条小溪、小河、大江，从各个角落，悄悄然也好，一泻千里也好，湍急咆哮着也好，向着东海、南海、黄海，向着太平洋、大西洋、印度洋、北冰洋奔去。正是这千百万条从大山深处发端的涓涓细流的无数"流量",才构成了大海的"海量"。

然而,如果假设海洋的位置高于这些千百万条江河的位置,这些"流量"无论如何都流不进大海的怀抱,因为那就等于大海自己筑了一道堤坝,拒水于门外。

海洋,既有"大"这一必要条件,又具备"容纳"这一充分条件,因此,它才能浩浩荡荡。

一个人,如果能够做到像大海这样的境界,能够修炼出像大海这样的"容纳机制",则真的是无所不能、无事不成啊!

二、难得糊涂是一种境界

清朝年间,有一天郑板桥先生到莱洲云峰山观摩郑公碑,夜晚借宿在山下一老儒家中,老人称自己为糊涂老人,他谈吐高雅举止不凡,与人交谈起来十分融洽。老人的家中有一块特大的砚台,这砚台石质细腻,镂刻精美,实为世间极品。老人请郑板桥先生为之留下墨宝,以便请人刻于砚台的背面,于是郑先生依糊涂为引,题写了"难得糊涂"四字,同时还盖上了自己的名章"康熙秀才雍正举人乾隆进士"。这砚台有方桌一般大小,郑先生写过之后,还留有很大的一块空地,于是郑板桥先生请老人题写一段跋语,老人没加任何推辞,提笔写道:"得美石难,得顽石尤难,由美石转入顽石更难。美于中,顽于外,藏野人之庐,不入富贵之门也。"写罢也盖了方印,印文是:"院试第一,乡试第二,殿试第三。"

郑板桥先生看后,知道是遇到了一位情操高洁雅士,顿感自身的浅薄,其敬仰之心油然而生,见砚台中还有空隙,便提笔补写道:"聪明难,糊涂尤难,由聪明而转入糊涂更难。放一着,退一步,当下安心,非图后来报也。"

"难得糊涂"是在历尽沧桑，洞察世事之后，总结出的一种人生哲学！人生在世，难得糊涂是一种特殊的境界！

不极喜不持悲便是晴天。孔子发现了糊涂，取名中庸；老子发现了糊涂，取名无为；庄子发现了糊涂，取名逍遥；墨子发现了糊涂，取名非攻。

世间万事唯糊涂最难。有些事，问得清楚便是无趣，古圣说："人不可太尽，事不可太清，凡事太尽，缘分势必早尽。"

所以，有时候，难得糊涂才是上道。人生，说到底，活的是心情。活得累，是因为能左右你心情的东西太多。天气的变化，人情的冷暖，不同的风景都会影响你的心情。而他们都是你无法左右的。

看淡了，天，无非阴晴；人，不过聚散；地，只是高低。

沧海桑田，我心不惊，安稳自然；随缘自在，不悲不喜，便是晴天。

三、核心在于包容

找到志同道合的朋友不容易，维护既有的朋友关系更难。而其关键的一点，就是包容。对朋友如此，对家人、对事业伙伴、对团队成员，也都是同一个道理。

第一，包容首先要能容人之"言"。

人之言有褒贬诤馋之分，褒奖之语，应多责自己的不足之处、不明之事，才不至于在褒举中跌落下来。贬抑之语，无论多么残酷、无稽，也要坦然处之。

乾隆皇帝之所以成为一代明君，保持了康熙创立的盛世伟业，可以说与他有着宽容心分不开，他容得媚语搔痒，却更懂得用纪晓岚的诤言来进行"中和"和"补偿"，以维持一种心理的平衡。

很多人，听到与自己相同的意见就面露喜色，却听不得半点"异见"。很多时候，这些人为了维护自身观点的权威，为了维护自己的面子，对提出"异见"者进行强力压制、无情打击。

在今天这个知识爆炸的时代，每个人都不可能成为所在领域的全能专家，因此，行政领导也好，企业领袖也罢，团队精英也好，都不应当高高在上，把自己看成可以解决一切问题的"圣人"，而应当多听取团队成员的意见，特别要能够容忍大家提出不同的"异见"。

所以，语言是人与人交往的首要工具，宽容之人要善听、善辨、善纳、善弃，兼听则明，偏听则暗，不可偏颇。

第二，包容最重要的是要"容人"。

容人是"容言""容事"的根本。人，也有高低之分，学人之长做起来比较容易。但是，容人之短，尤其是容持不同观点的人的缺点，则需要较大的胆识，所以，在企业管理和团队管理中，我们要观察他人的长处，容纳他人的不足，善于发现、培养、发挥他人的长处，求同存异、共同发展、互惠互利，才能成就事业，拥有更多的朋友，取得更大的成功。

拥有一颗宽容之心，宽厚待人、宽厚至语、宽厚做事。宽容于己不会失去什么，反而可以收获快乐，收获成功。

第三，包容要真正做到能够"接纳一切"。

"接纳一切"看起来似乎很容易，其实做起来真的很难。譬如，你对一个人可能一点好感都没有，但他却是你团队的成员，你又不能回避，且必须与之共处。对此，你能做到接纳吗？特别是心的接纳，真是很难做到啊！

林则徐先生有一名联："海纳百川，有容乃大，壁立千仞，无欲则刚。"就是让我们要向大海学习，持海一样的胸襟、海一样的情怀和海一样的心境。

2008 年 12 月，我随中共中央政治局常委、时任国务院副总理的李克强先生在埃及考察时，听过一个阿拉伯的传说。

有两个朋友在沙漠中旅行，在旅途中他们吵架了，其中一个给了另外一个一记耳光。被打的觉得受辱，一言不语，在沙子上写下："今天我的好朋友打了我一巴掌。"他们继续往前走，直到走到了一片沃野，一不小心，被打巴掌的那位掉进了沼泽差点淹死，幸好被另一位及时救起来了。被救起后，他拿了一把小剑在石头上刻了："今天我的好朋友救了我一命。" 这位救他的朋友就好奇地问道："为什么我打了你以后你要写在沙子上，而现在我救你要刻在石头上呢？" 另一个微笑地回答说："当被一个朋友伤害时，要写在易忘的地方，风会负责抹去它；相反，如果被朋友帮助了，我们要把它刻在心里的深处，那里任何风都不能抹灭它。"

留住正面的美好记忆，包容负面的摩擦、误解乃至伤害，我们才能够真正进入"患难见真情，烈火见真金"的朋友之道！

第三节　绿之韵的扩胸运动

一、相逢是缘

在绿之韵，我们不断修炼包容课程，对"宰相肚里能撑船""海纳百川，有容乃大"等核心原则进行深入理解和把握，我们在自省中不断觉悟。这一个过程，我们称其为是一种独特的"扩胸运动"。

"扩胸运动"要求从事绿之韵事业的每一个人，都能够开阔胸怀，扩大"容量"，提升"海量"，做一个海纳百川的"大容"之人。

在绿之韵，留下了许多关于包容的故事。

记得有一次，我在长沙准备请一个客户吃晚餐，因为那时正值长沙市堵车高峰时段，我就不要司机送我，而是自己打的士去酒店。结果到了酒店门口以后，我正打算付的士费，一摸口袋，没有带一分钱，于是我就对那个的士司机说："师傅，请您等一下子 ，我的司机会给我送钱过来。"那个司机斜视着我，不耐烦的一声不吭。

等了大约七八分钟，我的司机小文终于开着车赶到了，我就下了车吩咐他说："赶快付钱。"小文一看打表器，显示只要 7 元钱，小文便付了 10 元钱给他，算是给他 3 元钱的等候补偿，谁知那个司机接过钱，冷不丁冒出一句话："没有钱就不要打车哟！"言语之间充满了嘲弄与戏谑。

小文是军人出身，平时最看不惯一些所谓"长沙里手"的高傲态度，此时便气血冲头，冲上去就要与那个司机理论。我一看小文那准备发飙的架势，就立即拖住了他，说："本来是我们不对，不要怪别人。再给他10元钱，一共给20。"小文疑惑地看着我，认为在这种情况下，我起码应该教训那个的士司机的出言不逊，没想到还要多给钱。但我坚决要小文将另外10元钱付了，并拉着他催促道："走走走！"

社会是一张大海，每个行为都在考量着我们的"胸腔"容量。而绿之韵事业，同样也是一片海，包罗万象，博大无比。

有一位经销商领导人，在一次酒宴上，被新来的经销商当众泼了一酒杯酒。这位领导人当时十分吃惊，但却没有任何的恼怒和过激反应，而是静静地用餐巾纸擦干身上的酒水，同时，还和颜悦色地对那位"肇事者"说："大姐，等宴会散了之后我来找你交流，我知道，我肯定在哪个方面做错了！"事后，两人经过沟通，那位领导人得知会议安排中的一些失误，了解亡羊补牢，与那个经销商的关系也立即"化敌为友"。

大千世界，红尘滚滚，于芸芸众生、茫茫人海中，各路朋友能够彼此相遇，能够共同走到绿之韵平台，彼此相互认识，相互了解，相互走近，实在是一种难得的缘分。"百年修得同船渡，千年修得共枕眠"，在人来人往、聚散分离的人生旅途中，在各自不同的生命轨迹上，在不同经历的心海中，能够彼此相遇、相聚、相逢、合作，可以说是一种幸运，缘分不是时刻都会有的，我们应该珍惜得来不易的缘。

因此，绿之韵的大门首先是敞开的，来到这个平台上的人都是我们的朋友。我们有来自政府部门的领导朋友，有来自社会各机构的专家朋友，有来自媒体界的媒体朋友，有来自全国各地的经销商朋友，有来自世界各地的消费者朋友……我们珍惜这些朋友，我们欢迎这些朋友，我们感谢这些朋友。

真诚的友情难得，真心的朋友宝贵。所以绿之韵将以无比的包容，去珍惜友谊，去牢固关系。

二、两出三进的员工说：在绿之韵好幸福！

小时候在小九溪村家里的煤油灯下，我曾经读过《三国演义》等名著。我记得里面有个诸葛亮"七擒孟获"的故事。

那个时候读到这个故事，只觉得那个诸葛亮真的挺有能耐，能够抓住孟获七次。现在回过头来玩味这个故事，却有许多新的启发。诸葛亮对孟获的七擒七纵，实际上反映了两点：一是诸葛亮很在意孟获这个人才；二是诸葛亮是以独特的方式在改变孟获的思维观念，在修炼孟获的心智。这，应当说是诸葛亮在仁慈宽厚下蕴藏的至高智慧。

在绿之韵事业体系里，对待每一个有用之才，我们一直力求尽量给以机会，甚至以最大的宽容给予多次机会。

在对待员工和经销商的去留问题上，我们一律要求贯彻"两个欢迎"原则：如果他觉得外面的世界很精彩，想离开绿之韵，我们表示欢送；如果他感到外面的世界很无奈，觉得还是回到绿之韵好，我们再次表示欢迎！

多年来，在绿之韵的经销商队伍中，出于各种各样的原因，总有一些人先是离开了绿之韵，过一段时间又返回来。当再次见到我的时候，他们有些人显得不好意思。而我，却从没有丧失对他们的信任，而是鼓励他们说："你这会儿比原来经验更丰富了，你一定做得比先前出色！"

我们绿之韵有一位年轻的"老员工"，名叫黄莎莎，她是2003年9月进入绿之韵的，当时进入时只有23岁。作为一位土生土长的长沙妹子，她个性大大咧咧，很直爽，也很泼辣，很贪玩，做事有点毛毛糙糙。因此刚开始她在市场部工作，由于粗心，打一张产品出库单竟然错了7次。但是，当时她的直接领导劳嘉老总没有舍弃她，而是把她调入到自己办公室任秘书，后来又培养她担任外事部副经理的职务。

三年之后的 2006 年 6 月，有一次黄莎莎要去江西出差，在路上她看到一辆江西牌照的私家车，就大胆地走上去问开车的小伙子能不能捎她去江西。由此，一段刻骨铭心的爱情故事发生了，于是，为了远在江西的爱情，在 2006 年 9 月，她向公司提出了辞职。

对她这个应当说比较草率的举动，我和劳嘉老总都感到很意外，就想方设法劝说她。我还请她到董事长办公室，了解她恋爱对象的全面情况，帮她分析这"马路爱情"的特点和未来的可能的结局，甚至还分析到了她将来在江西生活可能出现的不适应之处。但是，她当时已经是一个铁了心的秤砣，即使是九头牛也拉不回来了。既然这样子了，我就对劳嘉老总说："我们就尊重黄莎莎的选择吧，批准她辞职，搞一个欢送会！"

2006 年 9 月 3 日，在黄莎莎正式离职前两天，我们在公司召开员工大会，对她进行欢送。在欢送会上，我们安排黄莎莎上台，分享她在绿之韵三年的成长故事，她讲得很仔细，讲到了她工作中的毛糙，讲到了公司领导对她的帮助和鼓励，甚至讲到了当她像小孩子那么任性哭着闹着坚决不工作时我们给她买零食吃的故事。讲着讲着，黄莎莎流出了动情的眼泪，在场的同事都跟着哭了起来，劳嘉也哭了，我也禁不住泪流满面。是啊，在绿之韵的天地里，我们容纳了这么多人，我们容其"短"、容其"嫩"、容其"调皮"，为什么又不能容其"离去"呢？黄莎莎发言一结束，我就走上台去，就说了一句话："黄莎莎，不论你走到哪里，不论你将来的路如何走，绿之韵的大门都永远为你敞开！"

两天以后，黄莎莎她们开着两台车往江西方向去，在经过浏阳生物医药工业园我们公司总部门口的时候，我又特地派人把她们接到公司，接到我的茶室，并送了一些家乡的特产给她们。当我端起热气腾腾的茶壶给黄莎莎泡茶时，我说了一句："在绿之韵，我们不会人走茶凉啊，我们的茶永远是热的。"后来，黄莎莎虽然去了江西，还始终与公司、与劳嘉、与我保持紧密的联系，每一个月都要到公司来一趟，就像回自己的娘家。每次回来，劳嘉总是还把她看成亲密的朋友，两个人一道在公司外面喝一杯茶，聊一聊公司的最新动态。

差不多一年之后，有一天我突然接到黄莎莎的电话，她在电话中哭着说："董事长，我在这里不好受，我不想呆了，我要回长沙来，公司收不收我？"我一边安慰她，一边回答："黄莎莎，我还是那句话，你回来，绿之韵的大门始终向你敞开！在长沙，我们不会让你受到委屈！"所以这样，在2007年5月，刚好是我们正在筹划香港明星足球队比赛一事的时候，黄莎莎又回到了绿之韵的集体中。

再后来，黄莎莎在生了孩子以后，为了照顾孩子，又提出了辞职，我们当然又答应了，而且还像对待一个正式员工一样，去关心她，去关注她的孩子。因此，过了不久，出于对公司的深厚感情，由于绿之韵集体磁石般的吸引，她又很快再次回到公司。

黄莎莎几进几出，在绿之韵员工中几乎无人不晓。目前，她仍然积极工作在绿之韵的外事公关领域，变得成熟、老练了，在她的脸上，却始终洋溢着一种像一个青春少女般的幸福情怀，她多次对家人、对同学说，在绿之韵，她感到十分的幸运和幸福。

三、包容为菜鸟插上凤凰的翅膀

像黄莎莎这样子刚进公司如一只"菜鸟"般的员工，在绿之韵实际上有很多。绿之韵的员工有两个特点，一是比较年轻，二是女性居多。多少年来，我始终为这些员工而感动，因为她们是把自己的青春年华贡献给了绿之韵事业。因此，对于她们，正如我前面所述，我们有什么理由不可以包容她们呢？容其"短"、容其"嫩"，甚至可以容其一定程度上的"任性"。在绿之韵包容和大度的氛围中，她们在不断成长，并且成为我们这个行业里一只比较专业化的服务团队。所以，著名直销专家胡远江教授曾经评价说："绿之韵硬是把一个个直销门外汉培养成了直销行业的专业队伍！"

2003 年 11 月，绿之韵公司成立之后第一次培训招商会在广州召开，如果按照现在的眼光去评价我们的工作团队，那真的是只能配八个字："洋相百出，稚嫩到家"。譬如统一买工装服，就没有考虑广州炎热的气候，结果买的是毛料的，大家在广州穿着那个毛料，汗流浃背，很不舒服；譬如女孩子们都不会化妆，结果你给我涂粉，我给你抹油，搞得一个个脖子以上是白闪闪的，脖子以下是黑黝黝的，极其难看；还有是为参加会议的北方经销商分住房，分给他们地下室住，结果他们认为住地下室是下等人，想不开，哭啊，闹啊，投诉啊，好不热闹……

十年过去了，还是这些以前的菜鸟所组成的工作团队，他们组织大小会议，根本用不着我操心，每次都能够做到"会前有规划，会中有流程，会场有档次，会后有总结"，虽然我们不能说已经在行业名列前茅，但确实已经是非常专业化的了。

在这众多以前的"菜鸟"中，有一个人我是觉得应当提起的，她就是现在绿之韵文化中心的主任蒋文。

蒋文是 2005 年大学毕业后，我们通过招聘会招进来的员工。进入公司以后，由于工作经验不足，表现不很好。有一次给经销商发放证书，她连公章都忘记盖了就寄出去了，结果一份一份又得追回来重新盖章。所以当时很多人反映这个人不行，三个月试用期到了，人事部门建议公司不使用她。但我在蒋文进公司时亲自找她谈过话，三个月下来也看到她其实是很想进步的，只不过每个人的情况有差别，因为这是她大学毕业后的第一份工作，她对这份工作非常看重，但大学生到走入社会每个人的适应快慢不同，没有任何工作经验，她越是想做好工作，越是容易出错。我觉得她认可我们公司，她也在努力把工作做好，我们应当要对她充满信心。因此，我通知人事部门，对蒋文的试用期可以延长到五个月。

后来，蒋文在工作方面进步很快，试用期满后，正式合格加入了绿之韵集体，现在成为我们公司不可多得的一个人才。

在蒋文的成长过程中，我再一次体会到，对人才的培养，包容是最关键的环节。直销行业是一个新兴的行业，很多一开始进入的人有可能都是"菜鸟"，但是我们一定要相信他有一天一定能够成为"凤凰"。所以，你就要以宽容之心，看清楚他，容忍一些你认为是短处、是劣势的东西，然后给他（她）机会，给他（她）培训，然后就可以带动他（她）成为与你一样优秀的团队成员。

愿绿之韵的事业天空，永远有无数"凤凰"在腾飞！

四、心态修炼：生气不如争气

哲学家康德说：生气，是拿别人的错误惩罚自己。

生活是自己创造的，心情是自己营造的。世界上的许多事你都无法改变！能够改变的只有你自己！当你不能改变外部世界和现状时，唯一能改变的是你自己。

改变你的心态也就改变了你看世界的角度，而当你改变看问题的角度时，即使遇到世界上最倒霉、最不幸的事，也不会成为世界上最倒霉、最不幸的人。

乐观的人总是看到生活中好的一面，从不消极埋怨。他们拥有"大难不死，必有后福"的心态，从容面对一切问题。

有一些事当我们无法解决和处理时，不妨坦然接受现实，不要反抗那些不可更改的事实，用节省下来的时间去做一些有意义的事情。

改变自己就是改变自己看世界的一贯角度和心态。你的生活是你一生唯一的创造，不能抹平重建，即使只有一天可活，那一天也要活得优美、高贵。时刻在心中记住：生活是自己创造的。人生是短暂的，生活中不要因一些鸡毛蒜皮、微不足道的小事而耿耿于怀，为这些小事而浪费你的时间、耗费你的精力是不值得的。

和气的人也会有脾气，所不同的是人具有控制脾气、抑制怒火的能力。不要因为一点小事而丢掉了愉悦的心情，不要因为一点小事扰乱了自己生活的步调，更不要因为一点小事损害了健康。

发怒会使人远离真理。常常因为愤怒把事情搞僵、搞糟。《华严经》云："一念嗔心起，百万障门开。"愤怒时，极而言之，极而行之，没了后路，没了回旋余地。本来有理，反而变成了没理，本来小事，结果闹成了大事，甚至不可收拾。

美国研究应激反应的专家理查德·卡乐森说："我们的恼怒有80%是自己造成的。"他把防止激动的方法归结为这样的话："请冷静下来！要承认生活是不公平的。任何人不是完美的，任何事情都是不会按计划进行的。"

俗话说：快乐有人分享是更大的快乐，痛苦有人分担就可以减轻痛苦。因此，当你为小事火上心头时，不妨多向身边的朋友倾诉一下，相信他们能帮助你，开导你的。

英国著名作家迪斯雷利说过："为小事生气的人，生命是短暂的。"

不能改变别人，就改变自己；不能改变事情，就改变对事情的态度。否则，你就属于与自己过不去的人，就属于不聪明的人。

山不过来，我过去。足以让整天抱怨"命运不济、世道不公、怀才不遇"的人们汗颜。

山，如果不过来，那就让我们过去吧。随着外在环境的变异而调整适应能力，要比一厢情愿地抛出自我的呐喊等待回响来得有智慧多了。

有位哲人说得好：如果你不能成为大道，那就当一条小路；如果你不能成为太阳，那就当一颗星星。

第四章

低调实干

地庶成海，人低成王；贵而不显，华而不烨；韬光养晦，深藏不现；路窄留步让人行，滋味浓时减三分。

——子思《中庸》

道虽迩，不行不至；事虽小，不为不成。其为人也多暇日者，其出入不远矣。

——荀子·修身

水利万物而不争，纵是圣贤亦弯腰。
水流昼夜而不舍，人须实干方兴业。

——胡国安《水道箴言录》

水道渠成

第一节　慢发者先至

一、依止正道路宽广

"回首而望，于心有戚戚焉。"

我是一个山里孩子，在走出那个大山之后，能够创立绿之韵这个健康事业平台，并且还能够一步一步平稳地走过来，不偏不倚，基本上按照原有的设想，像打高尔夫一样，将球往"标的洞"准确地推进。这是不是天意的垂青呢？

应当说，过去的绿之韵发展之路，是在无数条道路中，我们选择的最合适的一条。而在这样一条路的路基上，则始终高悬着我们自己为之设置的醒目的警示标志，那就是"行业自律，低调运作"八个大字。

这八字方针，是绿之韵公司市场运营的一条"铁律"，是面向所有员工、所有经销商、所有消费者的共同守则，是向整个市场发出的铿锵之音。

正是因为有"行业自律"的约束，我们在十年历程中从来没有越政策的"雷池"一步，相反，我们主动接受各级政府部门、行业监管部门的指导、监督。在这个过程中，我要衷心感谢各级领导对我们绿之韵的关注、关心和关爱。

十年来，有很多领导亲自走进绿之韵产业园，察看我们的生产环节、管理环节、销售环节，不厌其烦地听取我们的工作汇报，在方向上给予明确指导，在细节上给予科学的指点。在他们辛勤的现场办公中，绿之韵发展过程中众多棘手的问题，都能够迎刃而解。

面对各级领导的慷慨帮扶，我们在感恩的同时，更重要的还是以规范化的自律为准则，不辜负领导的期望。因此，我们的自律，才使各级领导帮助我们时充满底气，才使他们能够一如既往对绿之韵事业倾注他们的爱心。

俗话说："得道多助。"这个道，就是一种正道。这个"正道"，则包括两方面的内容：一是做什么；二是以什么方式做。

绿之韵的发展，走的是为天下人谋健康的正道。

绿之韵事业，是在国家政策前提下的自我规范、低调运作的正道。

我们在发展过程中不断推动所在地产业发展的格局，主动服务于浏阳市、长沙市乃至湖南省的经济发展，更是一种阳光之道！

绿之韵通过设在全国各地的专卖店，解决当地普通百姓的就业创业问题，增加当地的税收，使一个企业的力量融入各地的经济发展和社会发展的洪流之中，这，无疑是正道的扩展。

十年来，绿之韵通过三农产业，带动20多万农户致富；通过健康产业，解决了千万人的就业问题；通过向社会献爱心，先后捐款捐物达6000多万元；向国家纳税超过2.8亿元。这，就是各级领导帮助我们、支持我们的底气。

一个企业也好，一个团队也好，坚持了正道，才是正义之师，才能永远洁身自好，以闪光的品质，树立伟大的商道丰碑！

二、低调本色赢友情

我感到，"自律"和"低调"不仅仅体现在企业经营当中，在为人处世之中，作为个人的品格尤其显得重要。

俗话说："一个篱笆三个桩，一个好汉三个帮。"在社会之中，只有众多朋友的帮助，才能实现自己的事业目标。然而，要得到朋友的帮助，特别是要得到朋友持久不断的帮助，那么个人的为人风格将成为决定性的元素。

为人处世低调、不张扬，彰显的是谦虚谨慎、不骄不躁的人格品质，体现的是求真务实和真抓实干的精神状态，蕴涵的是良好的道德操守。这一点，能够成为拥有朋友、获得朋友助力的关键性前提。

无论是我40多年来的人生经历，还是十年的绿之韵创业历程，我都感到，不是我有什么特别的能耐，而是各界朋友对我的真心实意的助力，使我终于能够让自己的诸多想法，最后化成实实在在的现实。

我清晰地记得，在我传统创业受挫、一贫如洗之时，需要再次创业的资金，是亲戚朋友伸出来援助之手。

当我开始绿之韵的征程，需要人力资源时，是一帮志同道合的朋友，不计待遇、不畏艰苦，加入到绿之韵的行列，在绿之韵奉献了青春岁月。

当绿之韵在风雨中前行的时候，更是有众多的各个领域的朋友，为我们义无反顾地撑起了一把把伞，使我们能够逢凶化吉，使我们风雨之后见阳光！

那么，朋友们凭什么帮我呢？

是因为他们眼中的胡国安，是一个低调实干的人，他们认可我这一个人。

因为别人认为你低调，所以就想到你一定会将主要的时间精力放在干实事方面，而不是拼脑筋、花工夫放在张扬的环节。

因为别人认为你实干，所以就想到你一定能够做事，一定能够成事，跟着你一起干就一定有胜算的概率，帮助你就一定会有好的结果。

人与人之间的关系，有时就很直接地体现为一种"期望值"，哪怕是父母亲与孩子之间，孩子扎实学习、要求进步的倾向就是一种实干进取的表现，就会提升父母亲的期望值，就会使他们对孩子的未来充满信心，就会激发父母亲对孩子更好的关照、更大的感情投入和经济投入。因此，我们原本就生活在外界各种各样的"期望值"当中，我们没有任何理由去破坏他人，尤其是信赖你的朋友对你的"期望值"，而低调实干的表现，则往往是这种"期望值"最能够产生和提升的源泉。

低调的人总是默默无闻、埋头工作。他们常怀平凡之心、常养平静之气、常守平常之情；他们不慕虚名、不争功利；他们不说空话、只做实事；他们任劳任怨、甘于奉献。更重要的是，他们心静如水、身清如风；他们淡泊明志、宁静致远；他们博学多思、才智内敛。

所以，因为低调，反而更能够聚集磁场，产生人际吸引力。让人不知不觉地走近他、接受他、效仿他，从而折射出绚丽的人性色彩，释放出强大的精神能量。

三、行业圈内论快慢

中国的直销行业是一个特殊的行业，它是一个圈子并不大的领域。在这个行业经营企业，基本上是低头不见抬头见，彼此之间比较了解，也自然会得到来自各方面的评价。

在这个行业，监管部门会关注你。

在这个行业，从事直销经营的同行老板、职业经理人、直销商会评价你。

在这个行业，专业媒体会跟踪你、报道你。

在这个行业，专门研究直销的专家们还时不时会点评你。

我自我感觉，运气算好，多年来，来自各个方面的评价还过得去。

如果说，把这些报道也好、评价也好、点评也好，全部搜集起来，拼出一个"胡国安画像"，那基本上是：

第一，低调，不愿意抛头露面，很少出现在行业论坛和会议上。

第二，不喜欢发表言谈，闷头做事，赚了钱就投资，做了比较多的事。

第三，是一个从经销商起步最后成为直销企业家的人。

第四，是中国直销企业最年轻的董事长。

第五，是一个积极参与政府事务的"直销人"，是湖南省政协委员和长沙市人大代表。

第六，是一个热心接待大家、愿意为大家提供最好服务的直销圈里的好朋友。

目前，大家比较关注我们所做的事也集中在以下一些方面：

第一，绿之韵的三农产业定位；

第二，绿之韵的社会责任；

第三，绿之韵是中西部直销领军企业；

第四，绿之韵的多产业和大健康格局。

另一方面，外界对绿之韵的发展节奏有最深刻的印象。

绿之韵不急不躁、不紧不慢的风格可能很多人都领略过，甚至还有一些朋友疑惑过，他们觉得绿之韵原本可以发展得更迅猛，为什么你胡国安要保持这种低调呢？对此也有部分高层经销商想不通，还有一些外来的主，与我交流后，觉得在我这儿找不到"快马加鞭"的感觉，打消了要加入绿之韵的念头，结果去了别的"特别猛"的地方，最终成了"欲速则栽了跟头"的牺牲品。

我后来在接受几家专业媒体的采访时，记者们问我：您做直销企业讲求的是"慢中取胜"，绿之韵如何在您的"慢"中取得如此快速的发展？

针对这一问题，我在2012年6月专门写了一篇博文，题目就叫《慢发者先至》。文中我写道："5月底，绿之韵公司去上海参加由国家工商总局直销监管局组织的全国直销企业工作座谈会，会上，作为十一家发言代表企业之一，我们的发言主题就是最佳回答：慢发展策略指导绿之韵发展。从企业初创时在业界的默默无闻，到2010年获得直销牌照，直至增加直销区域的喜讯传来，许多人说绿之韵是一个高速成长的代表。但这样的快成长，却是建立在公司'慢'发展策略的前提下。这里的慢，并不是指节奏缓慢，效率降低。而是心态更沉着，步伐更稳定，方向更坚定。"

是的，几乎每一个企业都想成为快速发展的公司，快意味着迅速实现规模，抢占市场。但为了尽快达到目的，有些人往往不经过仔细考虑就行动，缺少基本的筹备与谋划；面对变化中的社会，专注度不够。急功近利，为追速度、求效率，不愿意遵守规则，投机取巧。不坚守自己的品牌，不维护自己的诚信，放弃艰苦奋斗、真抓实干的企业精神，那么等待企业的就是被市场淘汰。

所以，我发展企业就是求稳求慢。慢一点，能够更清楚地看见目标，将企业的利润更多地让给营销伙伴，让更多的营销伙伴能跟得上公司发展的脚步，为下一步的提速准备充分的动力。

欲速则不达，慢发而先至。十年来，绿之韵也曾有快与稳的纠结，但我们更坚信稳定的、良性循环的发展是我们所需要的，绿之韵在直销这条路上，依然会坚守自己当初的梦想。我们坚信，有充分的准备、坚定的信念、务实的追求，绿之韵人的飞翔才会更为精彩、持久！

记者们还问过我：相比您"慢发展"的策略，现在很多企业往往谋求高速发展但最终走向衰落，您认为这些企业失败的原因是什么？

我说，急躁、浮躁在直销行业并不鲜见，我们常常听到类似"三年要遍布全球，一夜要成为巨富，每年按200%的速度增长"等豪言壮语。其实无论对企业还是个人来说，如果过分依赖投机取巧而不是踏踏实实做事，不愿意坐下来用功，却在幻想中放大欲望，过分追求速度，就算有一瞬间的辉煌也只是昙花一现，现过之后就会烟消云散。

我记得，在2003年风闻国家直销即将立法的消息后，与绿之韵同步跨进这个行业的企业有许多家，它们当时在短时间内都做得风生水起，相比绿之韵，他们快得像光速！但是，现在在整个行业一扫描，在中国批牌直销企业的俱乐部里，却没有它们半点影子了，个别的老板至今还身陷囹圄。各家专业媒体在评价这个鲜明对比时说了一句话："只有绿之韵修成了正果！"我感觉到这句话是意味深长的。

踏踏实实、认认真真、勤勤恳恳、长长远远，绿之韵就是这样一步一个脚印地、稳健地向前迈进。

四、非名不著，非器不形

这几年在中国人民大学 EMBA 的课程学习让我在工作之余需要花更多的时间和精力进行学习阅读，读到《资治通鉴》，"非名不著，非器不形"这八个充满智慧的字让我细细琢磨，很是赞叹，古人思想之高深独到，令人折服不已。时光荏苒，这句话对现在的人们也有着深刻的现实指导意义，更简单一点理解司马光的这句话，就是做人要低调。人各有所长，当然也就有很多"不长"。因此，在一个企业或团队之中，也许你有所长，也许你的位置超过别人，但根本就没有资格沾沾自喜。

我将"非名不著，非器不形"刻进脑海里，希望和更多的朋友一起分享，让它能时刻克制住浮躁，竭力帮助我们保持真实的自己。

在经营绿之韵事业的过程中，在与同事和员工的关系处理方面，我不可能达到完美的境界，但我认定自己时时、处处、事事一定是从"心"出发的。

因此，在同事眼中，我胡国安至少有以下几点还是得到大家一致的承认。

同事们觉得我是一个特别心细的人。对每一个进入绿之韵的新员工，我都要专门找他们谈话，了解他们全方位的情况。进入公司以后，我会观察他们的表现，会关注他们的发展与岗位的匹配等。员工们有时想不到，他们有一些异常的情绪波动时、有一些不开心时，我怎么观察到了，并要求该员工的主管去找他谈心。

同事们觉得我是一个关心大家的家长。有时，我们的员工很吃惊，我作为董事长怎么知道他们每一个人的生日，并亲自发短信和安排办公室及时送上祝福和鲜花蛋糕。员工的家属遇上生病等情况，我一定会嘱托公司相关部门前去慰问。

同事们感觉到我在很多时候不是喜欢站在台上去发表演讲的人，我不会去发号施令，在许多会议场合，我会坐在他们身后的椅子上，静静地听他们众说纷纭。如果需要有重大问题需要我拍板，我才会从后面走到前台，去简明扼要地说上三两句；如果不需要，那我就是第一个安静退场的听众，因为我坐在最后面，有天然的"地理优势"。

同事们还比较推崇我与大伙的沟通方式，他们起了一个名称叫"胡国安拇指文化"，就是我喜欢给大家发短信。在我看来，现代化的通信工具应当发挥更好的作用，所以在我看来，再先进的手机只有两个功能最常用，一是打电话，二是发短信。而我使用手机，觉得后者的功能更重要，因为我总感到，书面语的交流比口头交流更有效、更有文化内涵。而且，短信不受场所的限制，而接电话，在很多场合下是不方便的。因此，我喜欢编短信，喜欢发短信。

对于领导、对于朋友、对于同事，我觉得拇指上的感情比直白的语言更深、更浓、更值得回味、更适合保存。节假日当然是短信最派上用场之时；朋友同事生日、喜庆，通过短信祝贺也是最佳方式；而每一次到了一个新的地方，包括国外的城市，我会把信息以短信方式第一时间告诉朋友和同事；当我走进一个佛教圣地，在寺院祈祷之后，我会把祈祷的祝福和感受与大家无私地分享。

相比打电话，短信是静的、是低调的，它是借助拇指而不是手掌，但"拇指文化"更加让我们感到世界的温馨！

第二节　水利万物而不争

在谈到低调实干这一主题时，我又再一次联想到了水。

一、水是生命之源

　　世间万物都与水有不解之缘，水是生命之源，没有水就没有生命，没有世间万物生机勃勃的景象。万物之所以繁衍生息，充满生机与活力，靠的是水的滋养哺育；如果没有水，万物就失去了生存的根本。

　　离开水这种特殊的资源，社会生产这架机器根本无法运转。

　　水，是世上最美的东西，是滋润万物生命的源泉。因为有了水，我们才有了长江流域的美丽风光，才有了黄河流域的远古文化，才有了江南水乡的周庄、乌镇……因为有了水，大山才显得有了灵气，树林才青翠欲滴……因为有了水，我们才拥有了绿色，拥有了生命。

　　水，不仅是一种宝贵的自然资源，影响着人类的生存和发展；水，也是一种载体，可以构成十分丰富的文化资源，影响着人们的思想、观念和行为。

　　在中国历史上，黄河流域的人类文明带来很大的影响，是中华民族最主要的发祥地之一，所以被称为中华民族的"母亲河"。

水，以其原始宇宙学的精髓和内涵已渗入人类文化思想的意识深层，在漫漫的历史长河中，伴随着人类的进化以及对自然的认知，由物质层面升华到一种精神的境界。

二、功至伟，行最谦

水对人类有如此巨大的贡献，按理说，它最有骄傲的资本。然而，它却具有最谦逊的品质。

第一，体现在水的"低姿态"。

人们经常说："水往低处流"，因为这已经是一个亘古不变的规律了。水总是从较高的地方向着较低的方向流淌，最终，流向它们的终点站——地势最低的海洋。

世界著名的河流，都基本上是从高山出发奔向大海。

因此，可以看出，在"山"与"海"之间，蕴藏了丰富的哲理：尽管山高，它们却留不住水；尽管海低，千百万条大江大河却向它奔腾而去，最后成为水心甘情愿的归属地。

世界上的水不仅往低处流，而且能够坚持，能够一直保持低流的姿态，我们的长江自沱沱河开始，经青海、西藏、四川、云南、湖北、湖南、江西、安徽、江苏和上海 10 个省、自治区、直辖市，注入东海，全长 6300 公里，真是名副其实的"长途低流"，所以它才能成为世界第三大河。

第二，体现在水的"不争"。

水能遍生万物而不居功，有上善之德而不自以为德。

古语云："水不在五色之列，无水则五色不调。师不在五伦之中，无师则五伦不彰。"世上千变万化的色彩，都离不开水的浸润和协调；水与千千万万种物质融为一体，构成了人们生活中不可缺少的茶水、药水、墨水等物质。在这诸种物质的排名中，水都居于第二位。然而，如果没有了水，这些茶水、药水、墨水等还会存在吗？还有煮咖啡、烧米饭、和面粉，如果水不参与，那是根本不可能完成的动作，然而，在这些动作当中，水连一个名分都没有！

水的这种伟大的不争之德，启迪我们应该不争名、不争利，将个人的价值体现在默默的奉献之中。

第三，水之低调还体现在那种"润物无声"的境界。

唐朝诗人杜甫在《春夜喜雨》中写下了绝世名句："好雨知时节，当春乃发生。随风潜入夜，润物细无声。"

雨是飞上天空的水，但它仍然不张扬，以无声之态滋润着大地。

而且，它知道大地的需求，了解作物的渴望，在别人真正需要的时候立即"出手"相助，这是何等的一种默契呢！

因此，学习水的这种品格，在家庭教育、企业管理和团队管理中，去做到润物细无声，是一门高超的艺术。

第三节　淡泊宁静　远致千里

工作的闲暇，煮一壶好茶，于我是最佳的休闲方式。到过绿之韵集团总部的很多朋友知道，在办公大楼五楼我的办公室，有一间专门的茶室叫"聚贤阁"，很多朋友和我在这里一起喝茶、聊天、谈古论今、探讨事业，品味人生的酸甜苦辣。

古语云："茶里乾坤大，壶中日月长。"茶于我而言，不仅在品味它的过程，更是对故土的深深眷念。在我的老家，世界只有中国有，中国只有湖南有，湖南只有安化有的黑茶千年前就名扬天下。从儿时开始，风清、雨润、草长、莺飞，一抹新绿；枝繁、叶茂、心旷、神怡，一缕茶香的情景就深深刻在我的脑海里。直至后来，喝过很多茶，看过太多人间百态，在多种多样的茶品里，我最倾情的仍是故乡的黑茶，一杯散发着陈香的黑茶能映出千面人生，故乡深处茶马古道上的那些驼铃时时回响在我的人生历程里。

茶通六艺，是我国传统文化艺术的载体，也是我们民族文化的积累和沉淀。黑茶的特性在于越陈越香，像是一位学富五车的智者。在爱茶人眼中，黑茶是采天地之正气，积岁月之磨炼，得自然之造化而成的茶中圣品，它经受了岁月的洗礼，时光的打磨，成为"能喝的古董"。对于倾情黑茶的人和茶迷，这还是一种有着记忆的茶品，它浸润着岁月的秘香，贮藏了时间的重量。那些特级的老茶，在经历了岁月的尘埃和命运的沧桑后，变得老成持重，我每每品饮它们，既像是在品读历史和尘封的往事，又像是与智者进行了一次交谈。

2012年7月，公司推出了源自安化六洞溪的世纪典藏黑茶，奉献给爱茶的朋友、事业伙伴以及消费者，我期待有更多茶的爱好者也能喜欢深朴厚重的黑茶。

人生如茶，惟香自知。喝茶者，品茗人，都该明白这样一个道理。茶用嘴喝，却更需用心去品。喝茶的过程，不仅是身体上的满足，更是精神上的享受，人生境界的修炼。茶是有灵性的，在水中时，茶叶的每一个毛孔都是张开的，释放出的是它生长所在的那片山水和人文景观，品饮落肚自然生出无尽回味，唇齿留香。这些依靠时间的力量修炼成道的黑茶，看似粗笨古朴，但其本身就是一本发黄的历史书，值得我们细细地去珍藏和品味。作为一种能带来味觉享受的古董，黑茶早已超越了"喝"的意义，在它上面更多地负载着人类文化的历史积淀。

"茶中自有天下"，人生滋味尽在其中，茶的味道与人生相近，也与哲学相近。

在我看来，茶文化是宁静文化，是低调文化，是思考文化，更是一种修炼文化。

在茶室，除了品一杯香茗，我还偶尔附庸风雅，耍弄几下墨宝。每次，当宣纸铺开，笔墨调匀，要往纸面即墨时，我脑海里总是浮现出"静水深流"这四个字。

落在纸上的这四个字，仿佛一幅生动的图画，那就是水至静、至美的一个意境。

是的。水的另一个高贵品格——宁静致远，使我们的心灵倍受洗涤。

我们看到的水平面，常常给人以平静的感觉，可这水底下的世界谁也不知有多深？底下有多少东西？或许还真是一片碧绿静水，或许急流向前，或许有许多旋涡，或也许还是一个暗流涌动的世界。一切都不能知晓，都是在我们的一个未知世界里。

静，让水焕发出了生命原初的博大与深邃；静，让我感受到家乡大山深处那安详坦荡的呼吸……

我想起上学时在资江河边，夏季，河水不是很深了，那些有渡河经验的人，在涉水之前，总会习惯地随手抓起一块石头投入水中以测量水深。水花溅得越高，水声越是响亮，河水也就越浅。那溅不起多大水花、听不见多大水声的河水，必定是深不可测的……

淡泊明志，宁静致远。只有在淡泊和宁静的磨砺中，人之心胸才能豁达宽广，它让人潜下心来，腾出时间，检讨自己，思考未来，决策长远；它使人在确定目标之后，心无旁骛，埋头苦干，坚持到底。

历史上的智者代表诸葛亮曾经写给自己的儿子一封信，只有短短86个字，却给人以深刻的启发："夫君子之行，静以修身，俭以养德；非澹泊无以明志，非宁静无以致远。夫学须静也，才须学也；非学无以广才，非志无以成学。怠慢则不能励精，险躁则不能冶性。年与时驰，意与岁去，遂成枯落，多不接世。悲守穷庐，将复何及！"

另一方面，要做到静很不容易，"树欲静而风不止"，因为在这个忙碌的世界，诱惑太多，干扰太多，所以我们几乎总是在动，很难有静下来的宝贵时间。

宁静的心境能够使人耐得住寂寞。经得住几年、十几年乃至几十年的努力拼搏，以时间换空间，以"埋头"达到"出头"。

宁静的心境还能够使人守得住制度和规范的底线，荣辱不惊，一身正气，永远立于不败之地。

一个人学会了宁静，就学会了为人处事的艺术。懂得在心平气和中做出正确的选择，冷静处理一切，化干戈为玉帛。

第四节　绿之韵的弯腰法则

一、绿之韵还很小

在很多场合，我都不加掩饰地宣布："绿之韵企业目前还很小，我们没有太多骄傲的资本。"

与传统的"百年老字号"相比，绿之韵还只有十岁，我们显得幼小；与国际 500 强企业比，我们没有他们雄厚的资本，他们或者雄踞纽约华尔街，或者矗立在伦敦金融城，或者屹立在北京、上海、广州的 CBD 核心区域。

与连锁行业的领军企业相比，我们还没有形成他们那样宏大的格局。他们早已经在全世界领域开疆辟土，他们的品牌如雷贯耳，他们只要悬挂一下企业的 LOGO 和标识，就有成群结队的人等着把大把大把的钞票交给他们以争取加盟的机会。

今年，我踏上了中国人民大学 EMBA 班同学的巡访之旅。在我的这些同学中，绝大部分都是资产几十亿、上百亿的企业家。他们也许名不见经传，但他们在经营企业方面的成功却使我叹为观止。当我在东北沈阳访问同学，看到他收藏的价值 2.5 亿元的皇帝龙床时，我真正感到了我们绿之韵企业之小！

有些朋友会问，你把别人展现得如此强大，岂不是打击自己企业的信心？

我要回答说，这种"自小"的承认，其实是一种清醒的心态。

它可以防止我们出现盲目的"夜郎自大"倾向。如果一个企业或团队本来就"小"，却还要"自大"，那真的就很危险。

我还要回答，这种关注世界级经济大鳄和直销行业大哥大的做法，其实就是为绿之韵的发展树立目标和参考的坐标。

绿之韵一定要在直销行业瞄准第一梯队，不断刷新我们的排名座次；绿之韵也要在未来走向连锁巨头和百年老店的华丽之路！

但是，在目前，我们就别无选择，一定要确立"自小"的观念，每天要在心里默默地说：

我们很小，所以我们一定要努力。

我们很小，所以我们一定要追赶。

我们很小，所以我们一定要谦虚。

我们很小，所以我们更要抱成团、攥紧拳，团结一致，奋勇向前。

我们很小，所以我们更加要珍惜自己的特色、弘扬自己的特色，不人云亦云、不一成不变、不邯郸学步，发扬创新精神、实施"弯道超车"，达到反超越。

因此，"小"是事实，我们不回避；"小"是压力，我们敢于顶；"小"更是动力，我们应当加满油、鼓满帆，大踏步前行！

二、腰可以更弯一些

俗话说："诚于中而形于外。""自小"的意识需要"自小"的外在表现。

仔细观察绿之韵的朋友一定会发现，在绿之韵企业，有三个标准动作我们坚持重复做。那就是：敬礼、弯腰和作揖。

水道渠成

华夏古国，礼仪之邦。谦虚礼貌，是中华民族传统美德的重要组成部分。近年来，国学热在全国掀起了高潮，而以中华五千年文化底蕴为基石的绿之韵事业文化，也时时刻刻将老祖宗的智慧贯彻到行为之中。

所以，我们提倡低调谦虚，认为谦虚是人的高尚品德，属于人的思想修养。所谓谦虚就是虚心，不自满，善于发现自己的短处和别人的长处，乐于以彼之长，补己之短。

有了谦虚的心态，自然也就形成了与谦虚相匹配的礼仪。

我们首先向祖国致敬，在每一次的绿之韵会议上，我们要一起高唱国歌，我们要共同祝福祖国，所以我们会高喊口号："祖国好！绿之韵好！我们更好！"

我们向身边的人、向我们的朋友致礼、弯腰、作揖。

弯腰不仅是我们三大标准动作中最引人注目的一项，而且我们已经形成了成熟的"弯腰理论"。

我们认为："一个人站起来，便成了世界上最高的山；倒下去，便成了世界上最宽的路；弯下了腰，便成了世界上最长的拱桥。"

因此，弯腰，塑造了人生最美的弧度；弯腰，打造了人与人之间沟通最柔软的渠道。

在印度出访的时候，我到了著名的孟买佛学院，那儿有一个极其微小的细节，使我感到受益无穷。

这是一个很简单的细节，只是人们都没在意：该学院在正门一侧，开了一个小门，小门只有一米五高、四十厘米宽，成年人要想过去必须弯腰侧身，不然就只能碰壁。我们当时所有刚来参观人都十分纳闷：那么大的佛学院，有着壮观巍峨的大门可以堂皇出入，还开这个小门做什么？

导游告诉我们：其实，这是孟买佛学院给它的学生上的第一堂课。所有新来的学生，教师都会引导他到这个小门旁，让他进出一次。很显然，所有人都是弯腰侧身进出的，尽管有失礼仪和风度，但却达到了目的。教师说，大门当然出入方便，而且能让人很体面很有风度地出入，但很多时候，我们要出入的地方，并非都有着壮观的大门，或有些大门并不是随便可以出入。这时候，只有学会弯腰和侧身，放下尊贵和体面的人，才能够出入。否则，你就只能被挡在院墙之外。

我当时仿佛一下子顿悟了：佛家的哲学就在这个小门里，人生的哲学也在这个小门里。人生之路，尤其是通向成功的路，几乎没有宽阔的大门，所有的门都需要弯腰侧身才可以进去的。

弓腰弯腰，才能射出更远的射程；稻秸直立，那是它身上还没有长出沉甸甸的谷粒。从前，我们总以为弯腰是退让，是软弱；现在明白，弯腰是为了更笔直地挺立。弯腰，是谦虚，是宽容，是以退为攻。不会弯腰的身体是僵硬的，是顽固，是呆板。

稻腰弯腰，预示着丰收，意味着成熟。一个成熟的人，要懂得适时弯腰。

水不弯腰，就无法波澜壮阔地前行。直立的水只能是凝固的冰。成熟的水在弯腰和挺直中前进，抵达大海；不会弯腰的水滞留下来，变成烂泥坑。一个人成熟的标志，就是会在适当的时候弯腰，以增加自己的活力。仰首是面向天空，弯腰是俯身向地，人生活在天地之间，仰首和弯腰就是将天地融为一体。

弯腰让我们学会变通。只有懂得变通的人才能进取。在我们的人生旅途中，需要我们弯腰侧身，及时变通，坦然面对。昂首挺立，固然是一种让人仰视的人生姿态，但适度的弯腰，更是一种高远的人生态度。很多时候，成功除了勇敢和坚持不懈，更需要我们懂得变通。

弯腰让我们懂得礼仪。那是对每一个身边的人的一种热爱、敬仰和钦佩。在你弯下腰的那一刻，你实际上将自己最美好的人格浓墨重彩地展现给了别人，比一句轻描淡写的话更有深刻的印象，更有视觉的冲击力！

山川有起伏，方显其雄伟；波涛有峰谷，方显其壮丽；歌声有抑扬，才显其动人。人生亦如此，有笑有泪，起起落落，需要我们从容面对。

当我们面临困境时，除了勇往直前，还有可能需要我们弯腰侧身。因为，弯腰也是一种智慧。

弯腰是一种淡定；弯腰是一种自控；弯腰是一种气度；弯腰是一种成熟；弯腰是一种姿态；弯腰是一种城府；弯腰是一种坚忍；弯腰是一种坚守；弯腰是一种策略；弯腰是一种韧性；弯腰是一种舍得；弯腰是一种蓄势；弯腰是一种变通；弯腰是一种隐藏。

在任何时候，我们都要说："我们的腰，可以更弯一点儿！"

三、家乡长辈要我永远不忘本

在我的老家，有一个我一直十分尊重的长辈，他成长的背景当然比我更艰苦，因为他现在已经 60 多岁了。他更是在坚定了要走出大山的决心之后，通过自己的努力，在工作岗位上一步一步往前走。开始他只想到乡里供销社当一个营业员，能够太阳晒不到、雨淋不到就可以了，后来目标越来越大，最终做上了我们县信访局的局长，

现在他已经退休了，但我仍然一直尊称他为"胡局长"。在他担任信访局的领导工作期间，他接待了千千万万的老百姓，要到市里上访的，要到省里上访的，要见县委书记、法院院长的。他总是对他们充满了同情之心，总是与每一个人去交心，以心换心，而不是讲大道理去敷衍了事，更不是靠摆谱、给脸色搞压制。因此，在他手里，化解了许多许多矛盾。

由于他自身的经历，胡局长就经常教育我不要忘本。特别是当我把绿之韵事业搞起来以后，在湖南省有了一点名气，胡局长特意找到我，语重心长地说："国安啊，你现在生意搞得这么好，有一条你一定要记着，就是不要忘本，不要离开党的领导，那是一条红线啊，你越过了轨就不行啊！"

胡局长的话语，我始终记在心里，并且一直不敢忘本，不忘政府

之本，不忘家乡之本，不忘做人之本。

我在老老实实地做人、扎扎实实地做事的同时，始终没有忘记还不富裕的小九溪，没有忘记那儿的父老乡亲。

以前小九溪那条窄小的路，我出了几十万，帮助修成了水泥路。当我看到村民们进出方便的时候，我感到莫大的欣慰。

我虽然已经离开了小九溪，但我的根仍然属于大山，我的血脉仍然与乡亲们相连。我要时时以此勉励自己：成功不能骄傲，成功不能忘本。

四、地低成海，人低为王

在澳大利亚乘直升机俯瞰东部沿海，有一处绵延42公里、由数十个美丽沙滩组成的度假胜地，它就是著名的昆士兰黄金海岸。这里有明媚的阳光、连绵的白色沙滩、湛蓝透明的海水、浪漫的棕榈林，但沉醉其中的同时，海洋的壮阔与博大带给我的震撼比景色本身更意味深长。

我一直希望绿之韵能最终成为像大海一样的事业。在960万平方公里的中国，我们欣喜地看到，今日的绿之韵呈现在大家面前的形象越来越多样化，新成立的事业部，新加盟的绿之韵伙伴，不同的文化、模式、习惯，像溪流、江河一样向绿之韵汇聚而来，作为最终的承载者，我们因此变得更有力量。

但，当固有的局面因此被冲击，被改变，我们用什么样的胸怀与态度去接纳并融合呢？在绿之韵"水"的精神里，有这样一句话告诉我们答案：像水一样，不论来自何处，都能朝向一个既定目标不懈前进，直至汇成江海，实现自我价值。

求同存异，目标一致或许是大发展趋势之下的最好解答。在绿之韵，我最不希望看到的莫过于，一方面人人渴望发展壮大，另一方面

水道渠成

却永远将自己的位置摆得高高在上。试想一下,水怎么能流向高处呢?
只有把自己放低,才能吸纳别人的智慧和经验。

地低为海,人低为王,江海之所以能为百川之王,是因为知道自
己身处低下,所以张开胸怀处下不争。同样,你要想拥有百川般的事
业和辉煌,首先应像百川一样张开自己的心胸和肚量。

山不解释自己的高度,并不影响它耸立云端;海不解释自己的深
度,并不影响它容纳百川。欲成事者必须要宽容于人,进而为人们所
悦纳、所赞赏、所钦佩,才是立世的根基。无论细微如个人的进德修业,
宏大如国家的发展、社会制度的健全,任何事物的发展进步,都是同
样的道理。

中国有句古语:海不辞水,故能成其大;山不辞土石,故能成其
高;明主不厌人,故能成其众;士不厌学,故能成其圣。整个句子合
起来讲的意思就是:大海不拒绝涓涓细流,才成就了自己的浩瀚无际;
高山不拒绝一土一石,才成就了自己的高耸入云;英明的君主因为虚
心纳谏,所以才能得到民众的拥护;学习的人孜孜不倦,永不满足,
才能成为知识渊博德行高尚的人。在绿之韵,虚怀若谷、博采众长才
是我们发展壮大、生生不息的力量之源。

第五节 绿之韵的实干法则

一、低调者实干

子在川上曰："逝者如斯乎！"水以静为美，但在静的姿态下，它昼夜在流淌，在动。

为此可以看出，低调与实干似乎有天然的联系，因为低调，所以务实，更加重视实干；而大凡高调之人，则往往只见其口吐莲花，不见其手脚动弹。实干的人内心深处有着强烈的责任感，有持久的热情和对目标的不懈追求。实干的人有坚强的信念，无论困难再多，阻力再大，压力再重，他们都能力排万难，砥砺前行。

当然，千万不能把"低调"看成是"低沉"，低调的人外表宁静，而内心深处往往燃烧着炽烈的火焰，集聚的是高昂的热情与斗志。

同时，也不能把"实干"看成是低微的"干活"层面。"实干"也是能够升堂入室的，实干而成"家"，就是"实干家"，他深入懂得"巧干"、"快干"的窍门，并且还能把"干"中的感悟，升华为科学的理论。

低调实干是一股源源不断的力量，在低调中，高山行于脚下；在实干中，天堑也能变为通途。

二、实干兴业

2013 年 1 月底，我作为湖南省政协委员出席湖南省的"两会"，并就"实干兴邦"的主题接受了湖南卫视等媒体的专访。我切切实实感到，"实干 2013"已经成为本年度政府决策的一面醒目旗帜。

古语云，"道虽迩，不行不至；事虽小，不为不成。"

历史上有许多空谈误国的教训，比如战国时期的赵括，只会"纸上谈兵"，以至 40 万赵军全军覆没，赵国从此一蹶不振直至灭亡。魏晋时代，风流名士以清谈为风尚，被王羲之贬为"虚谈废务，浮文妨要，恐非当今所宜"，此类误国之鉴，发人深省。正如水在流淌时从不陶醉于已有的"行程"一样，我们干自己的事业，应当以前瞻的眼光和行动的姿态，不断地向下一个目标挺进。对实干者来说，昨天是一张已经作废的支票，明天是一张充满期待的期票，只有今天才是唯一看得见的现金。今天，绿之韵公司所有的总结归纳已成为昨天的成绩，迈向十年，实现绿之韵大跨步飞跃是每一位绿之韵人的梦。但梦想变成现实不是说出来的，我们要深刻领悟"空谈误企，实干兴业"的思想认识，找准方向，奋力拼搏。

在企业中提倡实干兴企，有两层基本含义：第一，有方向，埋头干，想明白的事情，就要认真去做。无谓的争论、浮夸，光拍胸脯、讲空话毫无意义。第二，无论是公司管理层，还是市场领导，身居其位，必须影响一群、带动一方。一定要反对陷入空谈化，防止只会"空谈大义"，而不愿意解决任何具体问题。

实践证明，两军对垒，空谈丧失战机；市场竞争，空谈错失商机；治国理政，空谈贻误时机……倘若空谈成风，危害就会更大。绿之韵的十年发展目标，我们提出了"大健康"产业发展，我们有能力也有信心完成我们的理想和追求。但我们也应该深深地反思：我们更需要实干的管理层、实干的员工、实干的市场领导人、实干的市场伙伴……所有的需要都是因为我们还有太多的不足，还有许多想要实现的目标，我们的荣誉体系，获得的人还太少，我们希望更多的实干家站在绿之韵荣誉殿堂的巅峰。

"实干"二字的深意，既在于"埋头苦干"，更在于"全力以赴，认准了就干"。2013年的目标誓师会已经召开，我们明确了自己的奋斗目标，许下了冲锋与收获的承诺。我坚信，绿之韵的每一个区域市场，在公司新年度的周密计划下，在各市场领导人的带领下，一心一意狠抓落实，一定能取得年度目标胜利大会师。如果有一天，我们将实干兴业的认识，贯彻到我们每一步的工作中，绿之韵，以及绿之韵人都将在市场竞争中不可战胜。

三、大处着眼，小处着手

在绿之韵这个大家庭，我们设定了很多美好的目标，每到一个市场，我也听见许多可敬的伙伴描绘愿景，许下承诺，对明天充满信心。但我觉得基础工作不扎实，单凭空想与喊口号是达不成目标的。《诗经·大雅》的《思齐》篇中有"刑于寡妻，至于兄弟"之语，意思就是先给自己的妻子做榜样，推广到兄弟，再进一步治理好一家一国。"以御于家邦"的鸿鹄之志固然可贵，然而凡事由小至大却是千古至理。如何让绿之韵事业蓬勃持久是个综合繁杂的大课题，从大处着眼，从小处着手才是根本的为企之道。

从大处着眼，是指我们心中要有事业发展蓝图。加快制定与公司目标一致的市场战略，规范、引导和支持所有绿之韵事业伙伴实现梦想，为消费者做好服务，把公司优势与自身能力结合起来，作为市场竞争的核心内容，整体提升绿之韵品牌形象。

从小处着手，即不管是公司还是个人，都要注重一点一滴的工作积累，"敏于行"，付诸行动，主动积极。细节决定成败，做一份事业，好比是在栽种一棵果树，我们每天都要为它剪枝、修叶、浇水、除虫，每天都要关注它的成长，只有这样，在秋天，我们才能收获压弯了枝条的累累果实。

每天都要努力，时刻都要探索，把绿之韵事业机会和优质产品传递给更多的人。

四、从"行动"到"跑动"

最近，我频繁地出现在绿之韵一线的市场，有人对此不解，问我："今天的绿之韵发展得风生水起，你作为董事长还有必要亲自跑市场吗？"

我扪心自问，觉得对我而言，跑市场一直是一种行事风格和习惯，即使是做传统水机生意的阶段，我也是带着队伍，一个个居民小区挨家挨户去跑。绿之韵十年历程，哪一块市场不是跑出来的呢？我们的管理团队在跑，甚至是在 2003 年"非典"戒严的情况下；我们的经销商团队领导人在跑，甚至是在大年的初一、初二。一个个拉杆箱，拖出的是一方市场；一袋袋方便面，吃出的是对梦想的期望！

作为一个实干家，不仅要行动，而且要快速行动；不仅要行动，而且一定要"跑动"！

行动"与"跑动"虽然都是"动"，但节奏不一样，"跑动"是更快节奏的"行动"。

为什么要提倡"跑动"呢，是因为市场是竞争态势的市场，市场经济是竞争态势的经济。竞争有时是残酷无情的。在竞争面前，静而不动等于宣布投降；一般性的行动可能会输给对手；只有"跑动"才能真正赢得时间，把握战机。

在足球场，罗纳尔多的射门需要"跑动"；在篮球场，迈克尔·乔丹的灌篮需要"跑动"；在田径场，短跑、长跑、马拉松跑引起万人关注。胜负之间，可能只差零点几秒。

"跑动"的目的是在任何情况下都快于对手一步。

在战争年代，红军要渡过金沙江，就必须抢在敌人的前面到达泸定桥。于是红军队伍与国民党队伍隔着一条江，平行地往前赶，结果红军穿着草鞋急行军 300 多公里，比敌人快几个小时到达，红军取得了关键胜利。

在今天这个以"买方市场"为特征的营销时代，市场是有限的，因此客户是跑来的，是争来的。没有随时准备去"跑动"的决心，就会被淘汰出局。

我在赞成行动力的同时，更加推崇"跑动理论"。

从实干和跑动的要求出发，绿之韵公司不断派遣员工深入市场，与许多在市场一线辛劳开拓的绿之韵伙伴一样，他们也背井离乡、终日奔波，为绿之韵事业播种耕耘。在他们奔赴市场之前，我都要对他们交代："在市场上，你们若能为市场伙伴扮演好五种'角色'，我相信，就一定能创造独一无二的价值。"

一是服务者：用真诚来打动我们的事业伙伴、消费者，赢得他们的认同。服务体现于细节，细节展示形象。做任何事情，只要用"心"去做，看似不经意的一点小事，也可能会带来意外的大收获。

二是沟通者：深入市场，面对面与客户交流，使对方能及时了解公司的相关信息，同时我们也能了解到客户的想法和要求并根据市场的实际情况，向其宣传公司政策和动态信息，得到理解和认可。同时，正确处理好市场问题，对来自市场的异议和投诉，耐心解答，真诚解决。

三是组织者：统一目标、系统规划，共同学习、共同成就。所谓"无规矩不成方圆"，一个没有系统组织的队伍是成不了气候的，而如何作一个称职的组织者是稳定队伍的关键。

四是管理者：一个成功的管理者能够广泛听取、吸收信息意见，审时度势，从时间、战略和全局上考虑和分析问题，抓住时机，确立目标。同时，力图将目标明确化、愿景化，使我们的合作伙伴能真正理解并建立信心，持久投入，成为组织的信仰和价值观。

五是教育者：作为深入市场一线的成员，必须要有广博的知识面，又要有精深的专业知识，还要有职业精神和良好的素养，能针对市场实际情况进行"传道、授业，解惑"。

早一点出发，在市场四处去跑动，人生的阅历将更加丰富而完善，市场一线是淬炼杰出人才的能量场！

第五章

勇往直前

夫水者，其赴百仞之谷不疑，似勇。

——孔子《论语》

狭路相逢勇者胜；勇气是打开成功大门的爆破器，所有最具震撼力的战役，都是在内心开打的。

——胡国安《水道箴言录》

水道渠成

第一节　走夜路需要勇气

一、黑漆漆的记忆

有句话叫"白天不懂夜的黑"，的确，人的心理，在白天与夜间有巨大的落差：白天阳光明媚，光线通量，似乎没有任何的心理压力；而一旦夜幕降临，周围一片黑漆漆的，你置身其中，会产生无限的不安和恐惧。在大山深处，这种落差还要明显得多。

我上初中是在离家二十多里的羊角塘安化县十中。每到月末回家的时候，放学之后往家里赶就没有班车了，只能和同学们一路走着回来，快到村口的时候，基本上都已经到了晚上，都必须走夜路。

那个时候，沿着弯弯曲曲的羊肠小道，刚到村口的时候，还能够偶尔瞥见几缕煤油灯的灯光，从散落的几处木屋中透出来。过了村口，就开始进山了，那是一段有四华里路程的崎岖山路。在没有月光的晚上，只见整个周边都沉浸在一片厚重的夜色之中，远处的雪峰山，像一道黑色铁幕，横亘在黑色天空的背景下；背着沉重的书包，伸手不见五指，四周死一般寂静，一个人顺着小路往前攀登着走。走得越深，感到越寂静。而一般情况之下，总会感到阴气弥漫，仿佛随时会有一个怪物，从路边的树林中冲出来。

这个时候，最可怕的往往是林中飞鸟突然惊醒，扑踏踏飞过，使人心惊肉跳。或者是从顺着山路蜿蜒的小九溪里，爬上来的一只老鼠，猛然往山林里直窜，又或者从山里边窜出一只野兔什么的，更使人将心悬到了嗓子边。还有好几次，走着走着，突然感到脚下碰到一个软乎乎的东西，低下身子用手一摸，竟然是一条蛇，卷曲在那儿纳凉呢，于是立马惊叫一声，一个劲往前冲。

这些走夜路的经历，我从小就开始了，一直走到高中，直到我走出大山为止。我，就在这夜路的恐惧、惊叫中一天天适应，一天天胆子变得越来越大。

走夜路是需要勇气的，尤其是单枪匹马走夜路。后来我在读中国人民大学EMBA时，特地系统思考了"走夜路"这一案例，得出了一些有启发的结论。为什么人们一般会觉得来自农村的孩子要老实听话但又无比坚强呢，因为与城里的孩子比较，农村孩子面对大山的威严、面对黑夜的笼罩，日积月累，形成了一种对自然界的无比敬畏，同时在与自然界的险恶环境多次交手的体验中得到了历练。譬如，多次走夜路，就会在心灵深处"投射"出一种对"夜路"由恐惧到坦然的变化。因此，个人在成长的历程中走过了夜路、走多了夜路，就会在今后的商海沉浮中，在企业运营与团队管理中，快速适应另一种"夜路"，因为创业有时候就是在黑暗中摸索，在黑暗、孤独甚至压力恐惧中坚守。

二、杉树皮火把照亮前行的路

"魔高一尺道高一丈"，面对夜路，我们小时候也在不断想出一些办法来对付。

有月亮的晚上，天气特别好，月光洒在山间小路，犹如银色的水铺在路上，使我们的放学回家旅途显得特别轻松和愉快。

水道渠成

　　夏天的夜晚，天上星星闪烁，空气中凉风习习，我们有时捉一大把的萤火虫，放在一个玻璃瓶中，晚上在回家的路上，拿着独特的"萤光灯"，我们感到既浪漫，又有趣，于是回家的路途也就显得不那么枯燥，更加没有一丝一毫的害怕。

　　但是，在阴冷的天气，没有月亮和任何星星的夜晚，我们就只有在村口的时候，搜罗一些干的杉树皮，随便在哪个家里的灶火上点燃，然后举着这个火把，踏上高低不平的山路，向着大山深处我们的家里奔去。

　　熊熊燃烧的杉树皮火把，照亮了前行的路，使我们能够及时避开每一个挡在路上的石头或一处深深的烂泥积水，能够清楚地辨认出每一个陡坡。

　　熊熊燃烧的杉树皮火把，其光亮也阻拦了一切试图爬到路面上来的老鼠、蛇和其他的动物，使我们的行程不受任何干扰。

　　熊熊燃烧的火光照耀在我们脸上，还使我们的脸变得通红，即刻感到阵阵的暖意，驱除了阴冷天气山野之中的寒冷。

　　在那个没有任何通信工具的年代，我们高举的火把，就是给在家里守望的父母最清晰的消息。父母亲站在位于高高山坡之上的家门口，俯瞰下面的路，看到那移动的火把光亮，就知道我们回来了，快走到什么地方了，然后，将锅中的饭菜再热一遍，等着我们回去一顿饱餐。有时，最令我感动的，是父亲从远处发现我举的火把光亮不够了，他担心火把熄灭，就在家里点燃一个火把，急速地赶下来接上我，于是，我把快要熄灭的火把扔掉，跟着父亲的火把继续走完回家的路。

　　在那种岁月中，我不知自己点燃过多少个杉树皮火把，但那种熊熊燃烧的氛围却始终萦绕在我的心中，一直到现在，都还感到炽热和暖意。

　　现在，我们的老家早已通上了电，原本狭窄的路面也变成了平整宽敞的水泥公路，我们还有了高亮度的手电筒，但杉树皮的光亮却永远也不会熄灭，我常常回忆起那些燃烧着的杉树皮火把，因为在它的照耀下，我不但找到了回家的路，而且走过了黑暗，走过了恐惧，走过了心灵的一个又一个高坡！

三、从胆大到勇气的升华

2013 年 3 月底，我带着几位行业专家和媒体朋友来到我的老家小九溪。那天清晨，我带上他们，穿上迷彩服，戴着钢盔，坐在我刚刚买的水陆两栖山地车里，我亲自驾驶，在大山深处纵横驰骋。一会儿，我疾驶着冲过狭窄的山间小桥；一会儿，我沿着雨后湿漉漉的泥巴路，冲上陡峭的山顶；一会儿，我又从山顶呼啸而下。坐在车里的各位多少有点紧张，生怕山地车翻下山崖。而我则气定神怡，还感觉玩得不够刺激。因此他们下车后忙不迭地对我说："国安董事长，您可真够胆子大的啊！"

其实，这一丁点的冒险对我来说算得了什么呢？我在这一片山地生活了那么多年，这里的每一个沟沟坎坎我都特别熟悉。

上山砍柴、捡蘑菇、挖竹笋，下到水潭里去摸鱼捞虾，牵着不驯服的牛去犁田……穷人的孩子早当家，在每一样农业劳动的背后，都与胆子直接挂上了钩——没有胆量就根本不敢去做，即使做了，也做不好。

记得烧木炭的那段时间，首先要去深山里砍树，然后将树背回到木炭窑前面，把树木截成段，在炭窑中点燃，烧到一定程度，封闭炭窑空气进入，余热继续加热木材干馏，水分和木焦油被馏出，木材碳化成为木炭，这就是"憋木炭"的过程。然后打开窑，戴上手套将一块块烧好的木炭取出来，用蛇皮袋装好，再扛到镇上去卖。这一个类似"流水线"的过程，对于一个在校的初中学生来说，没有一定的胆大心细肯定是做不好的。

为了家里的生计，我还和大人们一起上山打野猪，拿着鸟枪，从

水到渠成

这个山追到那个山，飞一样奔跑，一天能够跑好几十里路。有一天，我们打了三头野猪，就在我以胜利的姿态兴冲冲地下到山脚以后，在我家里旁边的那个小桥上，被一只狗对着我的脚猛地就咬了一个口，当时鲜血直流。我忍着痛，走到家门口，等我爷爷赶过来，他就挖了一坨泥巴把这个洞一堵，顺手摘了几片苦瓜叶子，送进口里面嚼两下，然后往伤口处一贴，很快就好了。哪像现在，又是挂急诊，又是打狂犬疫苗。我们当时就只有那样了，所以，那才叫胆子大。

当然，在胆子大与勇气、勇敢之间，还是有一个升华的过程。

小时候我爷爷给我讲了许多英雄人物的故事。比如刘胡兰、董存瑞、邱少云等的故事。每次，托着腮帮听到这些故事时，我一方面对敌人充满了仇恨，一方面对英雄人物的勇敢表示敬佩。

那个时候我还特别喜欢看电影，什么《渡江侦察记》啦，《甲午风云》啦，《英雄儿女》啦，给我留下了特别深刻的印象。尤其是看《英雄儿女》的电影，我先后看了好几次。每次看到片尾英雄王成身背步话机，高喊"向我开炮""向我开炮"，拿着爆破筒向敌人跳下去的时候，我是看几次哭几次。

从英雄人物的身上，我真正感悟到了什么是勇气，什么是勇敢。

真正的勇敢，是自告奋勇、一往无前挺身而出、无所畏惧，体现了大义凛然、赴汤蹈火的决心乃至视死如归、慷慨就义的伟大。

有位哲学家曾经说过："人的勇气能承担一切重负；人的耐心能忍受绝大部分痛苦。"

我，就在那种特殊形式的"勇敢教育"磨砺下不断成熟起来。

第二节 水"道"尚勇

　　水与勇也是一脉相承的，因为水始终一往直前，从不回头。所以水"道"也是勇"道"。

一、孔子发现了水的勇敢

　　《论语》记载，孔子尤其高度赞誉了水的勇敢性，他说："其赴百仞之谷不疑，似勇。"就是说水在奔赴万丈深渊的时候，毫不迟疑，有如君子的临事果决和勇毅。

　　我们很容易理解水的这一特性，因为我们仔细观察，发现水在坠入峡谷的时候，没有任何延迟或耽搁，而是毫不迟疑，慷慨以赴。

　　因此，水告诉我们，所谓勇敢，是在特殊的紧急关头，你应当表现出的一种决然。

水道渠成

二、李白讴歌了水的壮烈

唐代大诗人李白在《观庐山瀑布》中写道：

日照香炉生紫烟，遥看瀑布挂前川。

飞流直下三千尺，疑是银河落九天。

从这一首历史经典中，我更感悟到水之魄力，水之壮烈，水之勇敢。

是因为水勇敢地"飞流"和"直下"，才有了"三千尺"的人间壮观景象的诞生，因此，是勇敢和勇气创造了美，创造了"银河落九天"的奇迹。

人，就应当从水的这种大勇中学到更多有益的东西。

三、世上无倒流之水

"黄河之水天上来，奔流到海不复还。"这句话揭示了水的一个特性，就是水不可以倒流。

水的这种特性决定了水流动的方向性，只能是一往无前，只能是朝着奔向大海的既定目标，勇敢地面对任何艰难险阻，挑战一切悬崖峡谷，越过任何的暗洞和急弯。

世上无倒流之水，就像我们眼里流出的泪水不能重新回到眼眶，出发了，就不能够回头；决定了目标，就不能够改变；确立了方针政策，就不能够朝三暮四，犹豫不前。

在现实生活中，水不倒流的解释可以集中在两个成语，一是"覆水难收"，二是"开弓没有回头箭"。

覆水难收说的是倒出去的水再也没有办法收回去了，它告诉我们，在进行人生抉择的时候，需要有在困难时刻坚守的勇气，而缺乏信心的那种恐惧，很有可能让我们产生放弃、撤退的念头，但这种念头很多情况换来的是沉重的代价。

人的一生就如同在打一场持久战，我们每天的工作中都有可能遇到想象不到的困难，这个时候如果你退却了，就有可能失去机会，被淘汰出局。因为在这个不进则退的时代里，你别无选择，只能快步前进。永远不要企盼"龟兔赛跑"的运气，没有第二只贪睡的"兔子"在前面等着你。

如果说"覆水难收"是要求不能因为恐惧而退，那么"开弓没有回头箭"则是要求，拉开弓就要把箭射出去。比喻既然已经开始，就要继续进行下去。这就是要求做事必须具备勇往直前、决不后退的精神。

因为，在实际生活中，当一个事情已经开始做了，就已经没有回头的余地了，就算是回头也会带来大的损失，还不如拼死前进，无论胜败，不去回头。

四、勇敢是一种品质

勇气是人生一切进取行为的开路先锋。缺乏勇气的人只能屈从于命运的安排，听命于他人的驱使，而他自己则注定一事无成。

勇敢是一种智慧，勇敢是一种自信。我在读《三国演义》时，特别敬佩诸葛亮的勇气。在"空城计"中，当司马懿大敌压城的时候，诸葛亮并无一兵一卒，但他敢于端坐城墙之上，悠然自得地弹琴，使司马懿误以为他伏兵百万，在将信将疑中退步而去。这，真是勇敢的经典。

从韶山冲里走出去的毛泽东主席，一生当中就是这种伟岸勇气的承载者。在二万五千里长征中，他领导工农红军，敢于突破敌人的层层封锁和围追堵截，四渡赤水，飞夺泸定桥，强渡大渡河，爬雪山，过草地，最终到达陕北，建立了稳固的革命根据地，实现了北上抗日的目标。1945年，抗战胜利之后，以蒋介石为首的国民党政权采用"假和谈、真内战"的阴谋策略，几次电邀毛主席赴重庆谈判，当时我党从中央到指战员都坚决反对毛主席去重庆，因为那里可能会上演"鸿门宴"，凶多吉少。但毛主席从全中国追求和平的大局出发，将个人安危置之度外，亲自赶赴重庆，与反对派面对面进行周旋，并在那儿写下了"数风流人物还看今朝"的壮丽诗篇！

　　真正的勇气，是人内心的一种坚定的精神信念。它来源于人的正义感、使命感、责任感、尊严感、自信心、坚忍不拔的意志，以及对成功的强烈渴望。

　　英国前首相丘吉尔说："人类最重要的美德就是勇气，因为它使其他的美德在遇到困难时不会退缩。"

第三节　商海泅渡勇者胜

茫茫商海，是社会生活的另一个战场。这个战场尽管没有硝烟，却也充满了白热化竞争所带来的相互搏击、短兵相接、尔虞我诈的凶险。因此，置身其中的每一个人，必须具备勇敢的素质，否则，就可能在这片水域中呛水、沉溺甚至遭遇灭顶之灾。

即使是在看似与勇气不沾边的营销领域，勇气的光辉仍然闪烁。

当你第一次向陌生人推销你的产品时，你可能体会到金口难开的羞怯，你的脑子里可能充满的都是别人对你的拒绝、嘲笑和讥讽，于是，你的手开始发抖，你的嗓子开始发颤，最终，你可能选择了放弃。当然，你也就不可能有成功。

我记得，在我做传统水机生意阶段，当时我们招聘的业务员去到一个个小区大楼推销水机时，往往是从一楼开始，一家一家敲门，问客户需不需要我们这种新式的饮水机。当问到一两个住户并被拒绝以后，这些业务员往往容易受到打击，结果立马就想到撤退，没有继续往二楼、三楼乃至更高楼层的住户去推销的勇气了。看到这个情况，我便要求业务员去到每一栋小区大楼的时候，先乘电梯到达最高的楼层，譬如20层、18层等，然后由上而下，去进行推销。因为反正要从楼上下来，所以业务员就会一层楼一层楼地往下走，一家家敲门询问。在这个过程中,他们就能够经得起被拒绝,从中发现了生意的机会,他们的勇气和自信也得到一步步提升。

一、感谢"幼儿商学院"

在这里,我想和大家分享一下我的商界历程。

应当坦诚地说,我从小就有一定的商业头脑,但这种"商业素质"的培育却是基于家庭的贫穷。因为贫穷,没有钱上学,就要想方设法自己去挣学费。于是就在很小的时候,开始了生意方面的历练。

我第一次懂得"商品交换"的概念不是在书本上,而是当我把从山里采来的蘑菇、抓来的野兔子拿到集市上,卖掉变成了钱,然后买回了油、盐、糖、面条和钢笔、文具盒及崭新的书包。那个时候,我就明白了一个道理,可以用自己的东西换取到自己想要的其他东西,这,就是商品交换。

我第一次懂得"投资"的概念也是在起始的生意当中,当我在学校用省下来的零花钱订阅了报刊,我再从报刊中摘录有用的致富信息卖给别人的时候,我看到十几元的投资换来了几百元的收益。我为这种"小投资、大产出"的模式而激动,并开始醉心其中,一直到现在。

我第一次懂得"价格差"的概念,更是在第一桩冬笋生意中领会的。我和另外两个伙伴在家乡收购冬笋,价格只有八九毛钱一斤,而卖到常德市的西湖农场,价格却是一块二到一块五元一斤,中间有四至六毛钱的差价,因此一车冬笋生意可以赚五六百元钱,所以,这个"差价效应"成为我们做生意的动力。

那个时候,我还较早地懂得了科技与商业的关系,我高中没有毕业就到我们那个镇上做生意,而且是花了千把元的"大投资"购买了当地唯一的一台打字机,结果,高科技的产品吸引了包括镇政府之内的诸多客户,我的打字行生意特别兴隆。

最近与一位国内亲子教育专家在一起交流，他告诉我，一个人的习惯有 60% 是在幼小阶段形成的。从我自身的经历来看，我十分认同他的观点。因此，从商业素质的养成方面，我十分感谢我的家乡那个特殊的背景和氛围，那是一所独特的"幼儿商学院"。我在那里完成了初级商业知识的普及教育，并在这些知识和经验指引下，奔向了更大的商业天地。

于是，在 1992 年，当邓小平同志南方谈话的春风刮来之后，我意识到一个新的商业机会时代到来了，怀揣仅有的 800 元钱南下，在特区深圳，开始了新的商业闯荡。

初到深圳，人生地不熟，最困难时几乎到了身无分文的地步，睡的是 7 元钱一个晚上的通铺，吃的是快餐、方便面。但即使是在面临露宿街头的困境里，我也断然回绝了父母让我回去的要求，并告诉父母说："等我有了自己的公司，有了一笔资本，我再回湖南家乡办企业，为家乡的经济发展出一把力。"也许当时我的父母听这番话时，是又好气又好笑的。

经历最初艰难的三个月后，我借助短期内在深圳获得的人脉资源，用自己的真诚及智慧打动了合作伙伴，与其迅速地组建了一家小规模的房地产公司，真正意义上开始了自己的创业之路。

后来，在广州工作的姑姑到深圳来拓展完美公司的直销。我当时对此根本不屑一顾，但碍于情面，约来生意场上众多的伙伴给姑姑捧点场，再后竟不知不觉被潜移默化了 —— 每逢周末姑姑来深圳，姑姑讲课，我请朋友们吃饭，吃完了饭，朋友们对姑姑介绍的直销产品颇感兴趣，我就替姑姑找"总代理"了。

短短 6 个月，我从最基础的业务员做到了完美公司的最高级别，奖了丰田佳美轿车，建立了自己的团队，后来下属有 600 人奖了车子、奖了房子。

依靠做完美公司的直销生意，我又在短短的时期取得了成功，赚取了 2000 多万元。加上以前赚的钱，总共有五六千万元。

二、平复 5000 万元巨亏之痛

那个时候赚到的钱我后来总结了一下：当你不能驾驭钱财时，那些钱赚回来了也没有用，迟早还会散去，因为那些本来就不属于你的，你的能力、你的人际网络关系、你的年龄、你的经验，都还不足以来守住那个财富。

后来我在武汉投资，先是尝试做过体验式的营销，搞净水器生意。我们那时候组织了 100 多人的浩浩荡荡的服务队伍，屁股后面都插着旗帜啊、扳手啊，挨家挨户到每个小区的居民家里去装净水器，先安装，体验一星期后再去收钱。那场景，成为当年武汉街头的一大景观。可惜，高调和辛苦换来的是失败，因为 20 世纪 90 年代末，老百姓的生活条件还很有限，对健康饮水的意识还没有基础，因此，这个生意没多久就关门大吉，损失惨重。

2001 年，我又斥巨资租赁武汉中心广场的 28 层，进行全国范围的药品保健品招商活动，并以年薪 10 万元高薪聘请了 30 个市场经理。我搞过 3D18 营销模式，在全国各地报纸、电视台播放广告。然而招商活动并未给我们带来好运，各电视台还没有播完我们的广告宣传片，公司的经营就一路亮起了红灯，3000 多万元的投资最终全打了水漂。

接下来，我在长沙进行酒类商品的招商，还创意了一个十分有趣的促销活动：凡持有长沙市身份证的人，只要两个人的身份证号码的后三位数之和是 1000，那么这两个人就可得到 5000 元的奖品；如果三个人的号码后三位数之和是 1000，可得到价值 4000 元的奖品；如果四个身份证的三位尾数加起来之和是 1000，就得价值 3000 元的奖品。结果一些得奖心切的人竟然制作假身份证来换取产品，我当时派工作人员到公安局查了两天，查出了 30 张伪造的身份证！发放奖品的那天，促销现场热闹空前，公安、工商、城管和消费者协会等部门的人员现场助阵，那一天光是赠送的奖品就装满整整两大卡车。五花八门的广告套路都用上了，投资 3000 多万元，收回来的营业额只有600 万。

就这样，当初快速聚集的几千万元资金也在短时间内随风飘散了。当我发现自己账户上的钱空空如也，自己仿佛一夜之间从千万富翁变得一贫如洗之时，我确实陷入了巨大的失落之中。

就在那个当口，我孤身一人悄悄回到了小九溪，在那个大山深处，在那个生我养我的溪边，在那个无比宁静的环境之中，我回忆着自己走过的路。几天之后，我发现自己心里变得坦然了。我对自己说："胡国安，属于你的东西迟早是属于你的，不属于你的再强求也没用，就算暂时得到了也会去。人民币就是这样的，上边写着中国人民银行，今天姓张，明天姓李，后天姓王，大后天又姓张了。"

于是我觉得，我虽然失去了 5000 万元，但没有白白丢失，它是一种公平的交换，没有几千万、几千万的失败上哪去买经验教训？我用 5000 万元换来了对盲目投资的告别，我用 5000 万元换来了对营销模式的探索。

于是我决定，还是要再次奋起，就像当年走出这大山一样，一个人为什么不能够多次走出大山呢？我必须要踩着这 5000 万元重新拼搏，因为这 5000 万元虽然已经覆水难收，但它们似乎正铺在地上，为我崭新的马拉松跑铺就了一道道闪光的指路标签！

人在成功之后会显得更自信，因为那叫作"从成功走向成功"；人在失败后可能变得更加勇敢，因为那叫作"愈挫愈勇"！

三、人生谷底的抗争

一个人要想东山再起，其面临的困境和付出的艰辛是可想而知的。

水道渠成

2003 年，当我从失败的迷雾中走出来，我举起了绿之韵健康产业的旗帜。

当时之所以选择这个行业，是因为我在做传统保健品招商时，就深刻地认识到，亚健康一直是困扰现代人的一个严重问题。西医"头痛医头"的治疗方法根本无法解决亚健康的问题；而中医治疗却是从"治本"入手，以调理身体各方面的均衡为主，是一种科学有效的改善人体状况的治疗方式。我认为中医保健是中华民族和中国文化的宝贵遗产，它们就像活文物，融入了中国古代发达的哲学，具有超时代的内涵。在做产品考察的过程中，我发现中国有许多非常好的产品，但是因为没有好的渠道去销售，一些中医的宝贵财富就此失传了，真的非常可惜！所以，我确定绿之韵公司将学界和中医联手，将科技发明和民间秘方向全世界推广，把中国最好的产品以最快的速度送给最需要的人。

确立了这个方向之后，我就利用传统招商还剩下的两款产品，组建市场团队，并亲自开始跑市场。当时，我从东北出发，一个一个城市跑，一天最多跑过五个城市，哈尔滨、吉林、长春、沈阳、大连，讲了五次课。首先在沈阳，讲完之后赶到大连，在大连赶到最后一班晚上的船，去烟台和威海。之所以选择晚上的船，是为了省晚上的铺位钱，没地方睡我就找一个凳子，坐到那个船上，早上一天亮就到烟台。下了船我就开始讲课，然后再到威海，马不停蹄，再到别的城市。

那个时候我像一个背包族，随时出发，哪个地方有市场我就马上赶过去。

刚刚起步的那会儿，我碰到了严重的经济方面困难。

当时最大的支出项目是员工的工资，每个月发工资要发十几二十万元。所以，每到月底发薪日来临的时候，往往是我最难挨的关口，需要想方设法去筹措资金。有一个月，公司账户上所剩无几，可是发放员工工资迫在眉睫。接到财务人员的告急电话，我已经无计可施，最后被逼到末路时，只好痛下决心，想出了卖房子的计策。我当时共有六处房产，其中五套别墅，一套商品房。最后一套一套地卖，卖一套别墅发一个月的工资。而且都基本上是贱卖，比如在长沙市世界之窗旁边的一套别墅，我是50多万元购买的，为了发员工工资，我当时28万元就紧急出手了。

最后卖来卖去，六套房子卖掉了五套，只剩下最后一套，就是位于长沙赤岗冲华宇大酒店后面的一套商品房。而且这套房子当时是银行按揭买的，只付了一半的钱，直到我在绿之韵赚钱之后，在2005年我才将所有的按揭还清。

值得庆幸的是，在最困难、最黑暗的深刻，我终归没有倒下去。

四、考验的"弹簧"

正如塞缪尔·约翰逊所述："人的勇气能承担一切重负；人的耐心能忍受绝大部分痛苦。"绿之韵事业就是在必胜的勇气和信念中坚持到今天的。

歌德也说过："勇敢里面有天才、力量和魔法。"在十年历程之中，我们深深体会到，只要你像水一样坚守奔向大海的定位，就没有过不了的坎，就没有克服不了的困难。这一点，在我们的实际工作中有太多的印证。

我经常对同事和员工们说："没有什么事情做不到，只要你去做了！"在生活和实际工作中，只要有足够的勇气，敢于挑战自己和外界的条件，就一定会把很多不可能变成可能。

这就好比是一个弹簧，承受的压力越大，它激发的力量也更大。

记得在2010年7月下旬，绿之韵的直销经营许可证进入了商务部的最后审批流程，但还需要进行服务网点的核查之后才能正式批牌并加以公示。

核查服务网点的工作，商务部给的流程时间是六个月。但在那个时候，我一方面想让商务部的批牌和公示时间能够提前，另一方面也想对管理团队进行一次特殊历练，因为即将作为一个中国正式批牌的直销企业管理班子，必须能够超越自己，高水平地应对今后的挑战，于是我做出决定，要求他们三天之内把全省服务网点的批文拿下来。

我们所有的管理班子听了我的决定之后都说不可能办到。他们认为怎么可能呢？我们绿之韵当时申请的直销区域是湖南省的 13 地市的 33 个区县，三天之内要跑完这 33 个区县，而且要盖上当地商务部门的章，在一般情况下，几乎是不可能实现的。

但我当时下了死命令，我说："我不管这么多，我只要求你们必须要在 7 月 31 号的下午 5 点之前，把湖南省 13 个地市 33 个区县的所有的材料都必须全部拿齐。"接下来，我召集了专门会议，进行了科学的分组和人员搭配，把公司几个老总，包括公司的外事全部分配下去做这件事情。我要求大家提前做好方案，把什么时候出发，带足什么东西，到当地找什么样的人，按照一个什么样的程序去做全部都告诉了他们，至于到了具体地方以后怎么办，我说："你们自己去看，你们自己要去找各种关系，把一个个批文都拿下来。"

大家分路出发，都是开着车每天奔行五六百公里。在那三天里，我在办公室坐镇指挥，始终与他们每一组保持紧密的联系，并随时给他们打气说："在当地遇到任何困难请与我及时沟通，一切以按时按质按量完成任务为前提！"同时，对个别地方，可能对我们绿之韵公司比较生疏，我就及时调动相关的资源，请求相关部门帮助进行协调。

大家的辛苦劳动终于取得了预先设定的成果，2010 年 7 月 31 日下午 5 点整，各组人马全部凯旋。我们真的在三天之内，就拿到了全省范围内服务网点的批文。

当天晚上，我设立专门宴会，宴请所有当时参与这个项目的工作人员。在我向大家敬酒时，我说了两点："第一是感谢大家，大家辛苦了！第二是祝贺大家，三天前大家认为根本不可能的事情，你们不是都已经做到了吗？谁说不可能呢？我们绿之韵团队，就是能够将不可能化为可能！"

　　这样，绿之韵按照要求把所有批文全部拿过来，按期报到了省商务厅，商务厅把所有的文件迅速递给了商务部，很快，在当年的 9 月 9 日，我们正式获得了中西部地区第一块直销牌照。

　　有些事情就是这样的，只要有底气，这个事情肯定能办好的，先不要说办不好，没有办不好的事情，只要你去办，一定会办到。

五、"那又有什么关系呢？"

　　绿之韵的同事、员工和高级经销商基本上都知道我的一句口头禅："那又有什么关系呢？"

　　人的一生，一定会面临一些特殊的时刻，那个时刻就在考验我们的灵魂。

　　"那又有什么关系呢"这句话，是在我成长过程和事业生涯中一滴一滴积累、沉淀出来的。可以说，没有这句话，我自己的事业就很可能持续不到今天。

　　上初中时，当有人讥笑我出身贫穷，而别的同学家庭经济条件很好而受到吹捧时，我曾经在心底说："那又有什么关系呢？我就是我，我的父母就是我的父母。只要我努力，我一定会改变家里的现状，改变自己的命运。"

　　1992 年当我去南方闯荡时，我和同伴四处寻找打工机会，受到了很多冷眼和白眼，晚上回到简陋的住宿地，我又对自己说："那又有什么关系呢？他们不是伯乐，他们不识我这匹千里马，但英雄一定会有用武之地，我一定能够找到合适的位置。"

　　所以，正是这一次次对"那又有什么关系呢"这句话的重复、强化，终于使这句话融入了我思维的血液，习惯成自然，以后我也就在许多场合，将这句话以口头禅的方式随口蹦出。

　　总结起来，我觉得"那又有什么关系呢"这句话还具有深刻的哲理。

　　第一，这句话是一种自信和底气的体现。面对强大的竞争对手，面对自己的弱势，没有一定的勇气，就不可能讲出这句话。

　　1947年中共中央主动撤出了革命圣地延安，让国民党的胡宗南率部占领了延安。当时我们的战士有许多人不理解，而毛泽东主席一句话让大家疑云顿消："我们暂时把延安让出来，那又有什么关系呢？我们终究要收复延安，还要解放全中国！"

　　第二，这句话是一种宽容的体现。当别人对你不了解、不理解甚至对你不公平时，说出"那又有什么关系呢"这句话，你自己的心理会舒坦轻松，同时你也是以莫大的宽容给别人一个成长的机会。

　　第三，这句话是对问题有胸有成竹的解决方案的体现。俗话说："办法总比问题多。"在遭遇巨大困难面前，你一定要明确解决问题的三把钥匙：

　　1. 接受；

　　2. 改变；

　　3. 离开。

　　不能接受那就改变，不能改变，那就离开。

　　别问别人为什么，多问自己凭什么。

　　有的人对你好，是因为你对他好，有的人对你好，是因为懂得你的好。

　　不管爱情，还是友情，终极的目的不是归宿，而是理解、包容、默契——是要找一个可以边走边谈的人，无论什么时候，无论怎样的心情。

　　别指望所有的人都能懂你，因为萝卜白菜，各有所爱。

　　很多人都说：我不知道我自己想要什么。其实这句话的真正含义是：我没有勇气面对和足够的努力去争取我想要的。

　　每天醒来都要比前一天更强大，直视自己的畏惧，擦干自己的泪水。

　　生活就像是跟老天对弈，对你而言，你走棋，那叫选择；老天走棋，那叫挑战。

很多人一开始为了梦想而忙，后来忙得忘了梦想。

任何你的不足，在你成功的那刻，都会被人说为特色。所以，坚持做你自己，而不是在路上被别人修改得面目全非。

你要知道，你拥有的，就是最好的。不是因为一件东西好，你才千方百计去拥有它。而是因为你已拥有了它，才一心一意觉得它最好。

少走了弯路，也就错过了风景。只要你记住对自己说："那又有什么关系呢？"一切就能够尽在把握之中。

"那，又有什么关系呢？"

当你说多了这句话，你会发现你的勇气、你的自信在不断提升，你的心胸会变得宽广，你的智慧也会水涨船高！

六、始终做一名勇者

《史记·廉颇蔺相如列传》记载：秦伐韩，军于阏与。王召廉颇而问曰："可救不？"对曰："道远险狭，难救。"又召乐乘而问焉，乐乘对如廉颇言。又召问赵奢，奢对曰："其道远险狭，譬之犹两鼠斗于穴中，将勇者胜。"王乃令赵奢将，救之。这是狭路相逢勇者胜的由来，也是绿之韵人百折不挠水的精神写照。

无论是行业、企业还是个人，每一次在竞争中突围都是勇者间的博弈，成功者之所以身处高地，其勇往直前的拼搏精神是进攻最锋利的武器。

因此，古代剑客们在与对手狭路相逢时，无论对手有多么强大，就算对手是天下第一的剑客，明知不敌，也要亮出自己的宝剑。即使是倒在对手的剑下，也要成为一座山，一道岭！这是何等的凛然，何等的决绝，何等的快意，何等的气魄！这就是我们一度推崇的"亮剑精神"。

亮剑是一种气魄，是一种勇气，是一种敢于战斗、善于战斗的精神，是一种自强不息、主动出击、锲而不舍的行动力，是一种敢于负责、压倒一切的霸气。

作为绿之韵人，真正要成为勇者，首先，要有远大的目标和志向。我们不是行业第一名，这个行业里还有无数高手云集，要走向领奖台绝非易事，这就需要每一位绿之韵人志存高远，有敢为人先的志向。谁不曾在失败中被一次次挫去勇气，谁不曾感受到压力与误解，试想，如果没有远大目标的支撑，这些先行者怎么能吃那么多苦、在生活中受那么多的磨难而不移其志？

要有不畏强手的勇气和胆略。兵法云：夫战，勇气也。市场开拓，不仅是技术、战术的抗衡，也是意志、毅力的较量。面对竞争，我们气势如虹，一拼到底；对阵市场，我们没有胆怯，勇往直前；面对发展过程中的各种困难，我们更是心不慌、脚不乱、阵不散，把不畏强手的勇气发挥得淋漓尽致。

当你愿意挑战自己去直面困难的时候，你就能达到别人无法达到的高度。令人高兴的是挑战困难在任何领域都是有效的，不论你从事什么行业，挑战困难可以使你长久地获得成功而不是暂时的。

市场是残酷的，激烈的竞争下唯有强者才能生存，但只要有付出，它又会真诚地给予你所想要的回报。

但就在我们为事业迎风高歌的时候，我们同样也不难听到许多诸如困难、犹豫之类的字眼。甚至有些伙伴取得一定的成就之后，反而在一些暂时的小困难面前变得患得患失。人其实是很容易生惰性的，而困难则是我们最有力的借口。走路的时候埋怨为什么没人将路修平，过河的时候担忧没有引渡的船，就算先期定下了一个目标并为之拼搏，激情减退之后，目标会发生改变，特别是在遇到困难挫折之后，容易选择放弃。

对此，我觉得我们应该发扬"蹲着走路，站着生活"的风格。在中国人民大学 EMBA 班的学习中，我拍摄了一张珍贵的照片，与我合影的是我的一位学兄，东莞某电脑公司的总裁。我只能坐在地上和他合影，原因是我可以蹲下去，而他却没有办法站起来。因为出身贫寒家庭的他从八岁一场大病之后就永远只能蹲在地上用手支着脚踝一步一个脚印地挪着走路。但这并不妨碍他挑战人生，克服自己，他的自强感动了千千万万人。在做人的精神高度上，他站得比任何人都高！

面对这样身患残疾仍旧自强不息，甚至取得比健全人更高成就的典型例子，我们还能问心无愧地将困难挂在嘴边吗？

所谓困难，解决了就不叫困难，不去解决才是困难。人生其实就是不停地遇到困难，也不停地解决问题，具备了解决问题的能力，才是真正的领导人。困难永远都在，但迈过去了，它就不叫困难，叫光荣记忆。让我们千千万万的绿之韵伙伴携起手来，用"蹲着走路，站着生活"的勇气来面对一切困难，始终做一名坚定坚强的"勇者"，为我们所从事的这一份事业，助威，加油！

第六章

厚积薄发

博观而约取，厚积而薄发，吾告子止于此矣。

——苏轼《杂说送张琥》

故夫河冰结合，非一日之寒；积土成山，非斯须之作。

——王充《论衡·状留篇》

千年的修行只为一时的绽放。

人生厚积的程度决定了事业爆发的力度。

——胡国安《水道箴言录》

水道渠成

第一节　绿之韵的行业惊叹号

一、行业出了一匹黑马

　　从 2003 年开始起步，绿之韵的发展一直体现了十分低调的特点。我本人以及公司也极少在媒体上抛头露面。经过三年的发展，当时间进入到 2006 年之后，绿之韵的发展开始引起广泛的关注，业界对这个由一个原本是直销经销商的人所创办的企业发生了浓厚的兴趣，并纷纷以"行业黑马"的名头来形容绿之韵。

　　2006 年春，《企业家天地》杂志在当年第一期发表了一篇题为《打造世界的"绿之韵"——对话胡国安》的文章，记者写道："绿之韵"最近两年的稳步发展和独特的营销模式让许多业内人士称奇；如今，绿之韵已经步入快速发展的阶段，我们也真切地感觉到"潜龙在渊"的气息。

　　而在 2006 年的岁末，《知识经济》杂志又在第 12 期以醒目的标题《绿之韵，从中国起锚》对绿之韵公司进行了浓墨重彩的报道。记者在文中写道："绿之韵在中国的发展令人惊叹！短短三年时间，绿之韵和绿之韵人，用自己的智慧、信念与耕耘，创造了众多直销企业需要花几十年才能完成的宏伟工程。一个让世人为之瞩目的民族直销企业，仿佛在不经意间，就屹立在了神州大地上。绿之韵，正迅速在众多的民族直销企业中脱颖而出。现在，这艘在中国发展壮大的民族直销巨舰，正凭借中国直销开放的东风，在舵手胡国安总裁的带领下，扬帆出海。一个谋定全球市场的计划正在按部就班地实施着，一个由中国人缔造的世界直销帝国正初见雏形。"

这一前一后、岁初岁末的专题采访与报道，记者们对我及绿之韵公司颇多赞誉和溢美之词，我在感谢之余，也心有惶恐之感，因为我总觉得我们做得还不够，生怕令业界失望。

但客观地说，2006年，我们确实给业界交上了一份自己还满意的答卷。

为了谋划2006年走进直销大舞台的全方位布局，我们早在2005年9月公司国内事业部的注册资金增资到8038万元，完全达到了国家对直销企业注册资金的要求。2005年11月，我们又投资3500万，成功收购了湖南迪博制药有限公司，极大地增强了企业的产品研发和制造能力。至此，我们绿之韵成为当时湖南唯一一家在各项硬件条件上都具备了申请直销牌照的大型企业。2005年12月，在中国《直销管理条例》正式颁布实施之后，我们加快了直销牌照的申请工作，为此专门邀请了相关行业的专家作为绿之韵的申牌智囊团，帮助整理申报材料。

更让我们感动的是，湖南省和浏阳市政府对绿之韵的直销牌照申请工作给予了大力支持。浏阳市政府为此专门成立了一个工作小组，支持和配合绿之韵。绿之韵的牌照申请工作也得到了省级领导的大力扶持，为了尽快将绿之韵的申牌材料上报到商务部，湖南省政府主管相关工作的副省长亲自带领我到北京向商务部的领导汇报绿之韵公司的发展情况。

这一系列有力的背景，为我们打造团结进取的2006年创造了条件。

2006年4月，绿之韵2006年高峰论坛在长沙隆重举行，该峰会为绿之韵未来的战略发展指明了方向，使广大市场精英明确了目标。

水道渠成

2006年6月，绿之韵集团通过五项权威认证，即保健食品GMP认证、药品GMP认证、HACCP食品安全控制体系认证、ISO9001质量管理体系认证、ISO14001环境管理体系认证。

7月，绿之韵公司宣布实施"整合分销"经营战略转型，以"总部＋加盟连锁分销店＋加盟连锁分销店正式分销员＋会员制贵宾顾客"为市场构架，这一全新的商业模式为绿之韵的发展开拓了一条创新的发展之路。

7月，我们还隆重举办了绿之韵集团三周年庆典，在"越飞越高越精彩"的主题下，我们颁发了第二届豪华别墅大奖，七位得主神采奕奕地踏上成功的舞台，掌声欢呼声经久不息，如今仍在耳边回响。同时，绿之韵集团第六届豪华轿车大奖颁奖典礼隆重举行，40位豪华轿车大奖得主笑逐颜开，享受着成功的喜悦和绿之韵伙伴们的祝贺；也是在7月，绿之韵集团新办公大楼顺利落成，为此，我们举办了隆重的仪式，在庆祝的礼炮声中，绿之韵集团真正走入了高雅的殿堂。

2006年，绿之韵的家人们走出了国门。11月，我们组织了环球考察团，踏上了韩国市场考察的征程，参观了韩国排名前五强的直销企业，让绿之韵精英们更加直观和深入地了解韩国直销市场的发展情况和直销事业运作模式；12月，绿之韵集团第四届中国销售精英"相约芭堤雅"泰国旅游活动圆满举行。

2006年11月，绿之韵集团荣获"最值得华商投资的500强企业"称号。

2006年，更是绿之韵集团回报社会、奉献公益的精彩之年。5月，绿之韵集团出资人民币109888元在黑龙江省佳木斯市捐助了第三所绿之韵珠山希望小学，在爱心温暖的捐赠现场，绿之韵人乐善好施的精神感动了珠山小学的师生们；7月，"绿之韵慈善基金"正式成立，绿之韵慈善基金为长沙市慈善会捐赠了人民币10万元现金支票及价值6万元的绿之韵健康食品；8月绿之韵集团发动全国各地分销商开展"情系湘南 韵泽天下"抗洪赈灾募捐活动，将募集到的善款和赈

灾物资捐赠给了抗洪官兵；12 月，绿之韵集团出资人民币 10 万元在
湖南省安化县捐助了第四所绿之韵大桥希望中学。

正是这一系列令人振奋的举措，为我们的 2006 年谱写了华美的
乐章，也使业界第一次以无比清晰的目光，注意到在中国的中西部，
在湖南长沙浏阳市的国家生物医药园里，还有一家一直在默默耕耘的
民族企业。

二、人们惊呼：绿之韵拿牌了

我国对直销企业的审批一直持谨慎的态度，2006 年全年只批准了
雅芳和如新两家公司。那一年我们正好高调宣布去拿牌，这样不免使
我直犯嘀咕："按这样的审批速度，我们绿之韵的牌什么时候才有希
望啊？" 2007 年，共有 17 家企业获得通过，使我感到异常兴奋，特
别是安利公司、完美公司、玫琳凯公司在当年拿到牌照，我认为直销
行业的春天真正要来到了。但接下来，审批还是进入了缓慢的节奏，
2008 年只批准了 3 家，2009 年更是锐减到只有两家。这种情况下，
业界对 2010 年的期望值就再也不敢往高里去看了。进入 2010 年，外
界确实很难将绿之韵与直销拿牌联系到一起。

但在我们公司这方面，我和公司管理层却一步步嗅到了直销牌照
那诱人的香气。到了 2010 年 7 月份，基本上大局已定。

这个时候，直销专业网最先爆料，该网站在 2010 年 7 月 19 日刊
登消息，标题是《绿之韵牌照到手　只待商务部公示》。记者写道："近
日，有关湖南绿之韵获得直销牌照的消息在业内不胫而走。本站记者
也第一时间联系了绿之韵媒体事务相关负责人，该负责人态度谨慎，
对获牌一事尚未明确表态，只称公司目前还未获得确切消息，还在等
商务部最后批复。" 在该报道的末尾，记者还意味深长地说："2010
年 7 月 7 日，商务部公布了葆婴获牌的信息，沉寂半年的直销行业又

一次掀起了牌照热潮。谁会是 2010 第二张？网络有句戏言称：当真相还在穿靴子的时候，谣传早已飞得满世界走了。但我们不曾忘记还有一句古话叫：无风不起浪，或许这正如一位业内人士所言：绿之韵获牌已确认，现在只是待商务部网站公布的时间问题。"

面对这则消息，我只能感叹直销专业网的敏感和"春江水暖鸭先知"般的预见。事实上，这个时候，我们的牌照应该已经是尘埃落定，只是等最后一个环节即服务网点的核查了。但是，正如前文所述，我们在 7 月底仅仅用了三天的时间就拿到了全部服务网点的相关批文，这极大地推动了绿之韵批牌的正式公布。

2010 年 9 月 9 日，绿之韵生物工程集团有限公司终于获得了商务部颁发的第 26 张直销牌照。

消息传来，绿之韵一片欢腾，从管理层、员工、经销商到全国各地、全球各地的消费者，全部以无比的骄傲和无尽的欢呼庆祝这一美好时刻的到来！这一天，绿之韵人整整等了 7 年之久啊！

消息传来，所有关心绿之韵发展的各位领导、各位专家、各位媒体界的朋友纷纷打电话或发短信给我，表达热烈祝贺和衷心的祝福。

绿之韵在 2010 年获得直销牌照，是那一年直销行业的一个重头新闻，因为这大大出乎了很多人的意料，因为大多数人不会把中国第 26 张直销牌照与绿之韵挂上钩，在那个时候，他们觉得还不可能。

但我们，就是再一次把看似不可能的事情办成了可能。

三、好事一个连着一个

俗话说，"喜不单至"，在绿之韵拿到直销牌照之后，我才真正感到上帝是如此地眷顾我们了，绿之韵的好事一个接着一个，使我们应接不暇。

第一，我们获得了众多的社会荣誉，我们的企业品牌不断跃上新台阶。

2010年8月，由中华民营企业联合会举办的第六届中国民营经济高峰会在北京人民大会堂隆重举行。我作为绿之韵集团的董事长，被授予"中国优秀民营企业家"荣誉称号，并荣获"民营企业社会公益事业贡献奖"。

2011年3月，绿之韵集团荣获2010年度利税过千万企业"税收贡献奖"。

2011年4月，绿之韵集团荣获"消费者最满意十大品牌"荣誉称号； 绿之韵集团被评为"全国优质服务公众满意单位"。

2011年5月，绿之韵集团荣获国家科技部"高新技术企业"称号；同月，"绿之韵"商标被国家工商总局评选为"中国驰名商标"，喜获我国商标领域最高荣誉。这使我们的企业品牌跃上了一个闪光的台阶。

2011年7月，我本人荣获"长沙市优秀青年企业家"称号，记长沙市人民政府二等功。

2011年8月，绿之韵集团荣耀晋升"2010湖南省私营企业100强"；同时，绿之韵集团荣获"中国杰出创新企业"荣誉称号。

2011年10月，我应邀出席第二届全国百强民营企业"东湖行"活动，绿之韵成为全国民营企业百强俱乐部的一名成员。

2012年2月，绿之韵集团列入"2012年度长沙工业百户重点调度企业"名单。

2012年4月，绿之韵韵宜生系列产品荣获"湖南名牌"称号。

2012年7月，绿之韵集团荣膺"未来之星中国最具创新力品牌"称号。

2012年11月，第三届中国直销文化论坛在京举行，绿之韵被评为"2012年最受尊敬的直销企业"和"年度优秀党支部"，绿之韵官方网站被授予"最佳网站奖"称号。

2012 年 12 月，中国直销产业发展论坛在京举行，绿之韵获"慈善与公益创新企业"奖……

第二，我们的市场高歌猛进，直销区域不断扩大，产品不断升级。

2012 年 1 月， 绿之韵印度尼西亚分公司正式成立，进军国际大步迈进。

2012 年 5 月， 绿之韵再获商务部批准，直销区域扩增内蒙古、辽宁、吉林、山东四省，绿之韵在全国的燎原之势已经形成。

2012 年 7 月，千年黑茶，品味天下 —— 绿之韵"世纪典藏"安化黑茶新品上市新闻发布会隆重召开。

2012 年 7 月 11 日，"盛世龙江，绿韵飞扬"绿之韵黑龙江分公司盛大开业。这是绿之韵集团第六家分公司，黑龙江分公司正式落户哈尔滨。分公司的成立是市场稳固的保障，是集团总部为经销商、消费者提供全面服务的重要载体。黑龙江分公司的成立标志着绿之韵东北市场已全面覆盖，连接黑龙江、吉林、辽宁的市场布局已全面形成。

2012 年 9 月，绿之韵综合服务中心筹建，斥资 3 亿元助推企业服务升级。绿之韵即将进入下一个十年发展历程，为提升和完善企业价值链，不断增强核心竞争力，绿之韵斥资 3 亿元，在长沙国家产业园区规划了一个以直销为核心的强大产业集群，围绕直销产业核心，逐步完善直销主产业链——绿之韵科技产业园。由绿之韵科技展示中心、保健品生产车间、产品科研中心组成，通过产业配套与延伸进行产业升级，提升企业价值链，强化企业竞争力。

2012 年 10 月，绿之韵集团新增 5 款直销产品获商务部批准，至此，绿之韵集团获批的直销产品已有 54 款，将为广大消费者提供更多选择和服务。

第三，我们积极加入相关国际组织，推动生态与环保建设。

2010 年 8 月，绿之韵日用品生产基地入驻湖南环保科技园，标志着我们打开了绿色环保的大门。

2010 年 9 月，绿之韵集团成立了低碳产业事业部，以专门的低碳小家电产品、专业化的营销团队进行运作；

2011 年 9 月，绿之韵集团积极加入联合国"全球契约"组织，承诺履行相关的义务。

2012 年 5 月，绿之韵又成立了生态纺织科技有限公司，以高科技的力量，促进新型生态纤维面料在人们日常生活中的广泛应用。

2012 年 8 月，绿之韵集团与湖南日报报业集团《大众卫生报》实施战略合作，开启健康产业新格局。

正是因为以上的探索，在 2012 年 6 月，绿之韵集团荣获了"金口碑 2011 亚太区年度绿色直销企业"称号。

第四，我们在履行社会责任、向社会奉献爱心方面迈开了更大的步伐，取得了更大的成果。

2011 年 7 月，爱心建校第八站，绿之韵四子王旗希望小学草原落成。

2012 年 3 月，绿之韵集团捐赠 50 万元爱心善款，助力湖南省"学雷锋光彩慈善"活动；同月，第三届"杜鹃花开　情满星城"大型公益活动举行，绿之韵集团捐资 10 万元定向帮扶孤苦、留守儿童。

2012 年 6 月，我应邀作客湖南卫视《天声一队》栏目，在节目中，我面向电视观众承诺，为绿之韵安化大桥希望学校再次捐资 20 万元送快乐校车。

2012 年 7 月，绿之韵集团与中国光华科技基金会签署 300 万元爱心图书捐赠战略协议。绿之韵将用三年时间，利用"绿韵圆梦·书香助学"主题公益活动，为湖南、黑龙江等省捐赠 20 所爱心图书馆。

2012 年 7 月 9 日，"健康中国　责任有我"绿之韵 2003－2012 企业社会责任报告新闻发布会隆重召开；该报告深入探析民族企业与社会责任的关系，全面诠释绿之韵社会责任价值观，政府领导、行业专家及三十多家媒体现场见证。

2012 年 9 月，"校车传爱，书香助学"——绿之韵安化大桥小学快乐校车暨爱心图书捐赠仪式成功举行。

水道渠成

2012 年 12 月，绿之韵捐款 200 万元助力长沙市光彩事业基金会成立，我本人被任命担任第一届理事会理事长。

2013 年 5 月，绿之韵向中华慈善总会捐赠 100 万元开展中华慈善总会贫困母亲救助绿之韵爱心行动。

……

一路走来，我们在扬帆起航，我们在团结进取，我们在同铸梦想，我们，更是在——绽放精彩！

四、是偶然，还是必然？

面对上述的成绩，我们也会问自己：这一切的到来是不是显得突然？是不是超出了想象？是不是，真的沾了运气的光呢？

对这个问题，我自己的答案是：偶然与运气是存在的，但它只是一丁点儿！绿之韵的存在、发展乃至今后可能的辉煌，不是天注定，而是一个筑梦、逐梦并通过扎扎实实的奋斗美梦成真的过程。

如果说，绿之韵事业是一个梦，那这个梦不是近几年才谋划的，应当说，在小九溪，在我年龄很小的时候，当我有了走出大山的决心之后，我就有了这个梦美丽的前兆！

因为，绿之韵就是一个奋斗梦，就是一个改变的梦，就是一个像小九溪一样一定要奔向大海的梦。

因此，在我看来，在我做绿之韵事业之前，我所有的想法，不管是天真的、幼稚的，还是朦胧的、成熟的，都是在为绿之韵事业做准备；我所有的经历，不管是酸甜苦辣，成功和失败，都是在为绿之韵事业而磨砺！

我准备了好多年，我磨砺了好多次！我曾经摩拳擦掌，我曾经少年得志，我曾经痛心疾首，我曾经鞍马劳顿，我曾经慷慨激昂，我曾经归于安宁……在那个时候，运气在哪里呢？偶然在哪里呢？当初只有试图站起来的渴望，然后是真正站起来的意气风发，接下来却又是轰然倒下的苦涩。在那一刻，在倒下去的那一刻，如果没有再次试图站起来的渴望，而且是更强烈的渴望，那就真正地、永远地趴下了！

回顾一段一段历程，我想明白了：

我在小时候走出大山的那种渴望，是经营绿之韵事业所必须具备的一种心智。因为绿之韵事业就是要引导和帮助各位加盟的朋友，去走出自己的思想大山，去实现更大的人生辉煌！

我在传统生意的历练，是经营绿之韵事业的一项演习，因为今天的绿之韵，需要清醒的经济头脑，需要超强的人际关系和社会关系，还需要简单精细化的管理。

我在完美公司做经销商的经历，更是我今天经营绿之韵的一项资本。媒体人士评价我搞直销企业很"专业"，专业不专业我不敢说，但是我的确是做过一线市场，的确是干过团队管理，因此，我能够更多地从经销商层面去思考问题，去规划设计，去为大家营造一个以经销商为主题思想的家。

就拿现在绿之韵"整合分销"的创新营销模式来看，也是我在经营传统的水机生意和药品招商中积累起来的，因此，它既兼顾了传统渠道的特点，又融合了直销模式的优势，双剑合璧，优势超群。

在绿之韵的发展过程中，包括在直销申牌过程中，始终离不开政府的大力支持和鼎力帮助，但绿之韵与政府的和谐关系，又是如何达到的呢？是我们多年累积对浏阳市经济发展的贡献、多年来对社会责任的担当、多年来我们始终如一的规范，得到了政府的认可。2007年7月17日，湖南省发行量第一位的权威综合类都市日报《潇湘晨报》以《湖南直销申牌从本地起锚布局全国 绿之韵年底有望拿直销牌照》为题，专版报道为绿之韵集团申牌助威，足以可见地方政府对绿之韵申牌之重视。

2009年12月，湖南省委、省政府就《国家工商行政管理总局关

水道渠成

于支持长株潭城市群"两型社会"建设的意见》召开新闻通报会，我作为湖南知名企业代表应邀出席此次会议。通报会后，国家工商总局党组书记、局长周伯华亲切接见了我，就绿之韵集团申办直销牌照事宜听取了相关工作汇报，并表示将大力支持申报工作。

在直销批牌之路上，绿之韵被称作忠诚的牌照守望者，我们盼望了多年、准备了多年。最终，在自己的努力和政府的大力协助下，我们终于实现了美好的愿望。

第二节　蓄势爆发的柔能量

一、沿着黄果树瀑布往回走

积累，然后再爆发，这一厚积薄发的原理，在水的世界，体现得最为明显。

在世界各地的行走中，我最喜欢瀑布的景观，因为瀑布是水的另一种存在形式，而且是蔚为壮观的存在形式。而所有瀑布之中，我又最喜欢中国的黄果树瀑布。贵州的黄果树瀑布大约 30 米宽，从 60 米高处的悬崖上直泻下来。巨大的飞瀑，让人在几里路外就能够听到轰隆隆的声音。走到犀牛潭下看看瀑布，如临万马奔腾中；水拍击石，犹似雷劈山崩，令人惊心动魄。

这时候，我就会问自己，水这么柔的东西，为什么在这里就具备了如此巨大的力量呢？于是，我沿着瀑布旁边的石崖，攀登到了瀑布之上，看到平静的河流，没有任何哗啦啦的声音，而且，越往里走，瀑布的声音也越来越小。往里面走上几公里的时候，瀑布的声音一点也听不到了。这时的河面，则更加平静，而且十分的清澈。

我当时就感到十分的惊诧，这，就是与刚才的瀑布浑然一体的水流，没有丝毫的动感，甚至没有流淌的感觉，仿佛只是静静地躺在那儿的一条水的丝带，在阳光下熠熠闪光。可是，事实上，这，就是瀑布的源头，就是它，制造了黄果树瀑布这天下奇观。

于是，我又顺着刚才来的路，顺着这河流的流向，向着瀑布方向前行。开始是静静的河流，走了一段，有了比较明显的流速，接下来，变得湍急，在瀑布的端口，则变得特别的急速，最后，在山崖的尽头抛洒而下。

黄果树瀑布告诉我们，任何的爆发都经过了长期的准备。准备，是积蓄能量的过程，准备得越充分，能量积蓄越多，爆发力就越强大。

二、海啸之前

水下地震、火山爆发或水下塌陷和滑坡等激起的巨浪，在涌向海湾内和海港时所形成的破坏性的大浪称为海啸。当海底地震导致海底变形时，变形地区附近的水体产生巨大波动，海啸就产生了。海啸的传播速度与它移行的水深成正比。在太平洋，海啸的传播速度一般为每小时两三百公里到 1000 多公里。一旦海啸进入大陆架，由于深度急剧变浅，波高骤增，可达 20 至 30 米，这种巨浪可带来毁灭性灾害。

那么，为什么人类往往对海啸不能够及时躲避呢？因为海啸的源头是在深海，海底的地震、山崩或火山爆发是其成为灾难的根本动力。而这一切，恰恰发生在深不见底的海底，在海洋之上，一切仍然还是那样平静，人类根本无法准确判断某次海啸的到来。

故此，就在印度尼西亚地震发生前几天，在海上打鱼的渔民每天打的鱼数量剧增，卖的价钱是平日的数十倍，而他们自己浑然不觉这是海洋地震，也是发生大海啸的前兆。而此时，海底的地震已经发生，暗流已经形成，巨大的波涛正在以每小时几千公里的速度急速运行，而当这些波浪运行到海边的时候，则立马掀起几十米高的巨浪，像一只凶残的老虎，向城市和生灵张开了它的血盆大口。

所以，在海啸发生前，往往是海滩上平静得出奇，人们还在尽情地戏水，悠闲地散步；但是，可能仅仅是十几分钟以后，一个黑云压境、排山倒海的灾难剧就即刻上演，所有的宁静被狂扫一切的吞噬取代！

三、一切力量的爆发都源于前期的积累

无论是瀑布还是海啸，水，以壮观甚至壮烈的方式，向人类真正展现出了它无与伦比的力量。

那这种力量的根本源泉是什么呢？我认为是它自身能量的累积，通过累积，最终爆发出来。

水，真是不可思议的一种存在。

古语云："天下莫柔弱于水，而攻坚强者莫之能胜，以其无以易之。"

看似柔弱的水，汇聚而成江海，浩浩渺渺，荡今涤古；浩浩汤汤，奔腾不息，蓄积力量，冲破千阻万挡。恣意横流、水漫金山，能载舟亦能覆舟。

世界上一切力量的爆发都源于前期的积累。

人类的知识力、思维力、创造力也是这样。

中国古人很早就提出了"博观而约取，厚积而薄发"的观点。

博观：指大量看书，多多阅读，了解事物；约取：指少量地慢慢地拿出来。

厚积：指大量地、充分地积蓄；薄发：指少量地、慢慢地放出。

一句话，厚积薄发，只有准备充分才能办好事情，要经过长时间有准备的积累才能大有可为，施展作为。

因此，从读书的角度，我们需要首先博览群书，才能累积精华，才能取其精华，才能有最终闪光思维的爆发。

读书如此，做人、做事业更是如此。"十年树木，百年树人"就

是这样一个道理。

因此，从成才角度来看，没有经过多年的深入积累，就不可能有才华横溢的爆发。

做企业、做团队、干事业的道理不也一样吗？就拿绿之韵来说，没有多年的历练，没有人脉资源的累积，没有公共关系的扩展，没有失败和成功的考验，我们就不可能有今天在行业的爆发。

所以，厚积薄发，我们不能将眼光聚焦在"爆发"的那一刻，那只是果；我们一定要将更多的注意力，集中在"厚积"的方面，那才是因。没有因，怎么可能有果？没有拼搏的过程，怎么可能有你期望的结果呢？

莫问收获，只问耕耘吧！因为只要辛苦耕耘，必有沉甸甸的果实满坑满谷！

第三节　有一种力量叫突破

"冰冻三尺，非一日之寒。"在绿之韵发展历程中，突破，是我们唯一的铭记。

2003年，绿之韵进入国内市场，从150多平方米的办公室起步；2004年，入驻长沙国家生物产业基地，只见50多亩黄土荒地；2009年，形成十大下属子公司、五大生产基地的格局，产品销往十几个国家；2010年9月，正式获得商务部颁发的直销牌照，成为当时中西部第一家直销企业；2011年，绿之韵集团荣获国家科技部"高新技术企业"称号，"绿之韵"商标被国家工商总局评选为"中国驰名商标"；2012年，绿之韵被评为"中国杰出创新企业"……一个个闪光足迹，这是绿之韵的突破实录。从四款产品到三大系列一百多个品种，从零起点到全国7000多家加盟分销店，十年发展，绿之韵的成长一路与突破伴随。秉承着"把中国最好的产品，以最快的速度，传递给最需要的人，为解决人类亚健康服务"的使命，我们拥有一种永不言败的力量——突破。

这种突破，犹如瀑布之壮怀，飞流直下三千尺。

这种突破，犹如海啸之震撼，排山倒海，摧枯拉朽。

而在突破的背后，则是我们默默无闻的"厚积"。

水道渠成

在绿之韵，每一位加盟者都是从最基层起步，然后，他们仿佛一只只辛勤的蜜蜂，采集花蜜，播撒健康，在每一天拖着拉杆箱天南海北的奔波中，在挥汗如雨的讲解沟通中，在披星戴月的归途中，一步一步，编织着他们的消费之网、事业之网、梦想之网！当有一天，他们中的许多人终于成为绿之韵精英，他们在掌声与鲜花中，回身而望的却是别人没有看到的奋斗细节！

时刻准备，谁拥有了持续突破的力量，谁就能够成为今后的赢家。

一、成功者应当习惯默默无闻

小时候，我看到爷爷在地里同时种了两棵一样大小的果树苗。第一棵树拼命地从地下吸收养料，储备起来，滋润每一个枝干，积蓄力量，默默地盘算着怎样完善自身，向上生长。另一棵树也拼命地从地下吸收养料，凝聚起来，开始盘算着开花结果。第二年春，第一棵树便吐出了嫩芽，憋着劲向上长。另一棵树刚吐出嫩叶，便迫不及待地挤出花蕾。第一棵树目标明确，忍耐力强，很快就长得结实茁壮。另一棵树每年都要开花结果。刚开始，着实让爷爷吃了一惊，非常欣赏它。但由于这棵树还未成熟，便承担开花结果的责任，累得弯了腰，结的果实也酸涩难吃，还时常招来一群孩子石头的袭击。甚至，孩子会攀上它那羸弱的身体，在掠夺果子的同时，损伤着它的自尊心和肢体。

时光飞转，终于有一天，那棵久不开花的树轻松地吐出花蕾，由于养分充足、身材强壮，结出了又大又甜的果实。而此时那棵急于开花结果的树却成了枯木。

这件事我一直记忆犹新，并且使我深深地认识到：有时，不急于表现自己的人，恰恰正是最富有竞争力、生命力最强、最有前途的人。积累不够，就急于表现，只能是昙花一现，甚至会给自身带来伤害；而厚积薄发、水到渠成的人则会长久地享受成功的愉悦。

　　在创业过程中，有些人急于出成果，因而不愿意在默默无闻的状态下待得太久，好大喜功，拔苗助长。殊不知，世间的万物，都有自己的发展规律与步骤，不能为了快速炫耀，跃过或者忽略掉其中的某一步，甚至是最关键的一步，这样只能招致不健全的结果。面包没有烤熟便出笼，就不能吃；米饭不到火候就揭锅盖，只能得到夹生饭。

　　为了获得伟大的成果，就必须甘愿忍受寂寞，甘愿长时间默默无闻。

　　我在中国航天工程院参观时，特别感叹中国火箭技术与载人航天技术在世界的后来居上。今天，我们的长征火箭不但能够发射卫星，而且能够将载人飞船准确推入太空。但在这些成就的背后，有多少航天人默默无闻地奋战了几十年。我们也许只看到火箭腾空而起的那一刹那的爆发，却往往忽视了中国航天领域几代人薪火相传、克己奉献的"厚积"过程。

　　今天，我们做绿之韵事业，一定要有这种先积累、后收获的耐心。我们需要积累客户资源，需要积累市场拓展的方法，需要积累团队创业的氛围，需要积累有效的文化模式、教育培训模式，更重要的，如果你是一位团队领导人，你必须通过长期的积累，才能创出自己的人格魅力与品牌影响力。

　　一个人的影响力不是靠三两句豪言壮语就能够实现的，一个人的品牌也不是靠在网站上、杂志上放几幅巨大照片就能够达到的。扎扎实实为别人多做一些事，持续不断在别人面前体现你的智慧、勇气、大度，你的口碑才能树立，你的品牌才能闪光。

　　要做到默默无闻，要经得起寂寞，要有巨大的耐心去等待。千万不要为眼前的小利而失去长远的大利，只要你以默默无闻的心态去耕耘，你最终就不会默默无闻，你一定能够收获更大更好的"果实"。

二、挫折也是一种"厚积"

在我们一心一意、默默无闻地辛勤耕耘的过程中，我们向既定的目标冲刺，在路上，有时不一定一帆风顺，可能有阶段性成功，但也可能会有阶段性失败。因此，在我们心里，就必须有一种良好的心态来应对失败或者成功。

古哲云："顺境不贪，逆境不瞋。"这才是智者的风范。既要能够书写"成功学"，又要敢于阅读"失败学"，随时摆正"输赢"的正确位置。

在这一点上，我们就需要一种"围棋战略"，就是不在意眼前一兵一卒的失利，而要看整盘的布局，看最终的输赢。在通往最终的目标路上，有时丢失几个子，只是暂时的，小输是为大赢做准备。

小时候在农村，我们经常听到一句话："初生之犊十八跌"，就是说初生的牛要经过十八次的摔跤才能站起来学会走路，也就是要经过十八次的失败才能成功。

经一番挫折，长一番见识；不磕不碰，骨头不硬；流水碰到抵触的地方，才把它的活力释放。

人生中谁也不可能总是赢家，谁也不可能老是输家。在人生的道路上要经得起大风浪，我们只有在惊涛骇浪中，才能认清自我。如果说立志是播下种子，工作是辛勤的浇灌，那成功就是结下的果实。

2002年，当我投资不顺，将5000万元亏得精光的时候，我没有选择放弃，我只是认为，我交了5000万元的学费。小时候读书时，我连500元、50元的学费都交不起，现在能够交5000万元的学费，应当感到自豪。并且，我进一步想，既然交了5000万元，就应该从中学得更多，如果交了这么多学费，却放弃了，那这笔昂贵的学费就真正打了水漂啦。

由此，我也一直敬佩那些从不幸和失败中站起来的人，因为他们有宽阔的心境和坚强的意志。就像一位失败者曾说的："难道有永远的失败吗？不！我宁可一千次跌倒，一千零一次爬起来，也不向失败低一次头。"我相信抱有这种想法的人一定不会永远与失败相伴。

不错，事业不会一帆风顺，通往成功的大道上会遇到许多"绊脚石"，但只要正确对待，不气馁，持之以恒，始终坚定如一，成功是会有希望的。这也是"失败是成功之母"的内涵！

我们可以从成功走向成功，我们更应该能够从失败走向成功！

人生就是一个伟大的大学，所有的经历都是一本好书。

种子深埋在泥土里，泥土既是它发芽的障碍，更是它生长的基础和源泉。成功就像深埋在泥土里的种子，在失败中孕育而生，在失败中磨炼成长。

今天，走进绿之韵事业天地的许多人都是 80 后、90 后的年轻人，甚至还有 00 后的新一代。你们拥有的是我们最羡慕的青春。青春是什么？是资本、是美丽、是活力、是财富……

青春时期能够做到"无畏"，凡事都敢想、敢做。所谓初生牛犊不怕虎。敢想、敢做、敢赔，这正是年轻的优势。这是立身在天地之间，立身在他人之中的第一步。不管这一步站不站得稳，不迈出这一步，此后成家立业便无从谈起。

趁着青春、趁着年轻，闯一闯有什么不好呢？挑战自己，挑战人生，又有什么不利呢？

倒是不应该像一潭死水，一动也不动，那将永远没有活力。"死水不藏龙。"

现在年轻人有一种倾向，羡慕别人的成功结果，但却不愿意复制别人的奋斗过程。因为他们不想付出，不想接受磨难，不敢面对一定存在的曲折。如此，不经过日日夜夜的奔腾不息，如何能够一步到位就进入浩荡的大海呢？

三、深耕文化，厚积能量

据说自然界万物的生长都有一个规律，长得越快，寿命越短，长得越慢，寿命越长。在我看来，万事万物都有其共通之处。2011 年，借学习和工作的机会，我先后顺道去了武夷山、五台山、普陀山，遍访名山大川，品赏珍稀古木，品鉴古道名茶。在零距离感受举世闻名的武夷山岩茶和千年珍贵古木红豆杉之时，我深刻感受到，做企业同样有自然规律，根基扎实，稳固发展，方有千百年基业长存。

始于明朝、盛于清代、17 世纪远销西欧，蜚声四海的武夷岩茶，从采摘到粗制再到精制、贮藏，甚至它的冲泡这一道工序，从"恭请上座、焚香静气、丝竹和鸣到欣赏茶歌、游龙戏水、尽杯谢茶"，就有 27 个流程。原始森林生长的名贵古木红豆杉，是第四纪冰川遗留下来的古老树种，在地球上已有 250 万年的历史，历经万年雪辱霜欺，依然根深叶茂。沉浸其中，感受到的不仅是时光流逝，更是中华五千华文化精髓："根，比表面的东西更有价值。"正因如此，它们的生命力才会在世事跌宕中，始终蓬勃鲜活。

"创建一家恒久的伟大公司，一个真正千百年长青的基业，乃是崇高的使命。"作为绿之韵人来说，我们将携手打造"世界的民族企业和民族的世界品牌"作为企业永续目标，但如果要真正实现这一伟大目标，我们必须先把它与公司企业文化融为一体。因此，无论是我们企业，还是各个市场团队，都应当有一种"蹲下来、放下去、钻进去"的心态，投入时间、投入精力、投入专注，钻研品牌之真谛，沉淀文化之厚实，着力打造个人品牌、团队品牌和企业品牌。

在日益浮躁的今天，我们听过无数关于打造企业文化、打造品牌的口号，但招牌挂着、文宣做着、图腾摆着、氛围炒着而就是不能落地去真正实现的反面教材我们看过更多。今天的绿之韵已经成为湖南最受尊敬的企业，但什么时候成为全国乃至全世界最受消费者信任、最受社会敬仰的企业，我们路漫漫其修远。所以，我们要旗帜鲜明地反对浮躁、拒绝走过场，而要投入到扎扎实实、默默无闻的耕耘之中。

"厚积薄发"就是一种企业文化。深耕企业文化，助力企业腾飞，需要每一位绿之韵人始终坚持并为之奋斗。

第七章

团队制胜

上下同欲者胜；将能而君不御者胜。

——《孙子·谋攻》

二人同心，其利断金；同心之言，其嗅如兰。

——《周易》

团队是一种资源，是一种精神，是一种力量，是一种情感。

众志成城，坚不可摧，齐心协力，共享成功。

——胡国安《水道箴言录》

第一节　和而不同，各擅其美

一、穿越千年的团队颤音

孔子在《论语》中提出"君子和而不同，小人同而不和"的概念，在当今时代似应超越"义""利"的道德范畴，而上升到思维方式和处世哲学的高度加以阐释。

在我看来，"和而不同"是一种最鲜明的"团队机制"。"和"是阐述一种思想，颂扬一种精神，它从尘封千年的历史深处走来，顺应社会文化的发展趋势，挺立在现代人性的高峰，为我们的成长、成功、成事乃至日常生活指引方向。

"和而不同"是世界多元文化共同繁荣发展的必由之路；反之，"同而不和"就必然引发不和谐的纷争。

联想集团有一个"项链理论"，就很好地诠释了团队精神，他们认为：企业之间的竞争最终是对人才的竞争。对企业而言，一个个人才就像一颗颗晶莹圆润的珍珠，企业不但要把最大最好的珍珠买回来，而且要有自己的"一条线"，能够把这一颗颗零散的珍珠串起来，共同串成一条精美的项链。如果没有这条线，珍珠再大、再多，还是一盘散沙。这条线是什么呢？就是能把众多珍珠凝聚在一起，步调一致，为了共同目标而努力的团队精神。

审视今天的绿之韵事业，我们是一个大团队的海洋。除了员工团队，我们还有不断庞大起来的经销商团队、分布在世界各地的绿之韵产品爱用者团队，还有时时给我们的事业以强大支撑的研发团队、科学家团队和专家顾问团队等。

在祖国的大江南北，每天奔忙着成千上万的绿之韵事业伙伴，他们都有不同的经历，有不同的性格，有不同的为人处事的风格，我们尊重这些"不同"，这些"不同"各擅其美，使我们绿之韵大家庭变得十分丰富多彩。但在所有这些"不同"的深处，则有一种超越一切的最高境界，那就是"和"。因为"和"，大家就能够彼此"兼容"；因为"和"，就能够彼此协作；因为"和"，大家更加能够互相关爱、相互支撑，肩并肩、手挽手，为实现共同的梦想走到一起，用无比宽广的胸怀去面对各自的成长，用勤奋开启健康之门，以智慧开启财富之门。而这个"和"字的目标始终只有一个，那就是：传承中华五千年养生文化。这是绿之韵作为民族企业的使命，更是每一位绿之韵人心中不变的追求。

读史使人明智，近读《楚汉之争》，有一情节令人深思，催人警醒。楚霸王项羽与刘邦之争最后以项羽的失败告终。但项羽在临死时仍不醒悟，还自言："此天亡我也，非战之罪也。"而刘邦在悠闲地登上皇帝宝座之后，则科学地总结出了他的胜出之道，在于对谋略大师张良、管理专家萧何、军事天才韩信等人才进行科学合理的架构与组合。他说："夫运筹帷幄之中，决胜千里之外，吾不如子房（张良）；镇国家，抚百姓，给馈饷，不绝粮道，吾不如萧何；连百万之众，战必胜，攻必取，吾不如韩信。三者皆人杰，吾能用之，此吾所以取天下者也。项羽有一范增而不能用，此所以为吾擒也。"

由此可见，楚汉之争刘邦的胜出，是团队精神的胜利，是合作团队战胜个人英雄的胜利；而项羽虽然"力拔山，气盖世"，但他不重视"组织建设"，没有建立起一个人才各得其用的团队，他的叔父项伯在"鸿门宴"的关键时刻背叛了他，他的智囊人物范增也离他而去，项羽集团的"一盘散沙"终究难敌刘邦的团队之师，所以失败也是预料之中。

君王之德在于知人，为政之要在于用人。作为团队的领导者，关键要抓好组织、带好队伍、知人善任。要积极营造一种人性化、和谐化、自然化的内部氛围，打造一支有团队合作精神的队伍。

团队精神是任何一个组织都不可缺少的精髓。大到一个国家，一个政党，小到一个地方，一个集体，要想更好地生存与发展，都离不开高效团队活力的发挥。微软董事长比尔·盖茨在谈到成功之道时说："团队合作是企业成功的保证。"众人划桨开大船，人乃是万物之灵。任何事业的兴旺发达，都需要大家团结力量、凝聚智慧。

"和而不同，各擅其美"，我认为，个人有智商即 IQ，团队也应该有 IQ。

团队的 IQ 是怎么计算的呢，我认为不能是个人 IQ 的简单相加。一个理想有效的团队应该是团队 IQ 永远大于个人 IQ 之和，这是高效团队；否则就是等效团队、低效团队。

因此，高效团队不是要求每个个人相同，而是追求大家的互补。性格互补、知识互补、经验背景互补。

二、艰难创业时的团队感悟

绿之韵 2003 年正式创立，我们不占天时。

众所周知，那个时候，对于直销这个行业来说，可以说就是黎明前最艰难的那一个时段。因此，那个时候的老百姓对直销基本上是戴着有色眼镜来看待的。我记得，在那时，人们对穿西装、打领带的人特别在意，因为总把他们与从事直销的人等同起来，所以立即投以鄙视的目光。试想，在那种绝大部分人都误解直销、鄙视直销的氛围中，当时从事这一行业的难度系数有多大，是可想而知的。绿之韵，面临的就是这样一种尴尬的局面。

靠 50 万元起家，折腾不了几下。

在绿之韵最初开盘的时候，我们还面临严重的资金压力。2000 年我从深圳返回到湖南，因为前面赚了一大笔钱，所以难免心高气傲，以为任何生意对自己来说都是手到擒来。因此，完全按照沿海的思维来布局内陆的市场，在湖南湖北"激情挥洒"，用砸钱的策略来推动 3D18 模式。最终，资金链出现了断裂。

因此，在我决定做直销公司的那个时刻，正是我生意方面的"滑铁卢"之时，在资金方面基本上是山穷水尽。当时，我们公司的注册资本是 50 万元人民币，但在实际运作中，还没有这么多钱，因此我作为一个董事长，大部分时间与精力都要花在四处筹措资金方面。

最后，钱是借来了一些，但还是杯水车薪，应对不了多久。

而且，当时我的经济状况对家庭也产生了极大的负面影响，那个时候，我的夫人带着两个小孩子，生活也比较艰难。有时，在没有办法的情况下，只有变卖一些家里的资产，包括金银首饰。

梦想的种子播在东塘，遇到的多是水泥地。

在搞传统招商的那会儿，我搞的是大资金战略，每个项目都是一掷千金，因而就连我们的办公场所，都讲究豪华气派。在武汉洪山广场那个著名大厦的 28 层，整个都是我们的地盘，每每在办公室里往下俯瞰那些个车水马龙，就有一种"我在云中笑，世界在脚下"的得意之感。

而当我来选择绿之韵的办公场所时，我摸一摸自己几乎空空如也的口袋，知道 3D18 的风光已经离我远去了。我想都不敢想长沙五一路那些高楼大厦的奢华，更不愿意正眼去看一看华天酒店等星级宾馆的豪华，我只能狠心让自己从过去的光环中走出来，从以前的高台上走下来，我清楚自己要适应档次、规格的天壤之别。所以，对办公地点选来选去，最后不得不选在了长沙市东塘的一处民宅里面，那里只有 150 平方米左右，是一个两室一厅的住房。

水道渠成

绿之韵梦想的种子便播撒在了那里。

后来，有一位经销商在跟我交流的时候说，"董事长，我看您创业过程真与水有缘，在老家有小九溪，有资江，到了长沙又是东塘，最后又是浏阳河，整个的就没有离开过水。"

我想了一下，好像觉得有道理，但是，我立刻意识到，东塘，东塘有水吗？这个毗邻赤岗冲的地方，历史上也许真有水，所以才叫作"塘"，但我们去那里的时候，早已经是一个干枯之处，有的只是柏油路和水泥地。

在那里，我们确实显得有点羞涩。租定办公室后接下来要招聘员工，虽然我们打出了很多招聘广告，有的人也来公司面试了，但最后因为这棵梧桐树太小、太不起眼，有的人上了几天班，就走了。

既没有"天时"，也没有"地利"，那我们还有什么呢？

我们唯一拥有的就是第三个因素，那就是"人和"。

我那个时候深深体会到的"和"，一是来自于亲情方面的支持。当时，在我最困难的时候，两个弟弟无条件地来支援我，我夫人尽最大的努力支持我，并在她姐姐那里替我借了第一笔启动资金5万元。当发现这笔款项远远不够后，又立即向她的一个同学再借了5万元。

第二方面，我体味到的"和"，就是绿之韵那种朴素而原始的家的氛围。跟随我一起创业奋斗的几个人，包括劳嘉女士，大家都拿着最低的薪水，毫无怨言，一心一意，相信我，理解我，支持我，把希望和未来寄托在我身上。当时，我在深深感动之余，唯一能够做的，就是尽力将绿之韵这一片刚刚开始的天地，打扮得像一个亲情之家，把这儿的每一个人，视为情同手足的亲人、家人。因为我觉得，有他们的存在，就是我最大的福气，就是我能够东山再起的保障，就是我未来梦想成真的条件。

因此，"岁月惨淡人有情"，那一段时间，我们的起步很艰难，我们的硬件表现是囊中羞涩，但是，我们拥有自豪的"和"记软件！

那个时候，绿之韵这个工作团队的人数是少而精，从2002年年底到 2003 年 6 月，整个大半年的时间，基本上都是十来个人。就是这十几个人，挤在那个 100 多平方米的办公室里，也许就是因为空间的"窄"而导致了彼此的"亲近"，用现在的话来说叫作"零距离"。空间的零距离塑造了心理方面的"零距离"。在那个时代，在那个空间，绿之韵的原始创业团队其乐融融，彼此信任，相互鼓励。

那时，尽管困难，公司还是请了一个阿姨来专门做饭，所有员工统一就餐。大家吃饭的时候，就好像在自己的家里，那种温馨的感觉，是特别美好的。

为了工作方便，我们还为一些家里离公司比较远的员工租了住房，于是这些同事们就有机会一起住，因而更加增添了相处的友谊，也提升了交流的深度，相互学习到了双方身上的闪光长处。

那个时候的公司，规矩与制度不可能像今天如此完善，但是大家都很自觉地去做好本职的工作。

"战地黄花分外香"，在"和"的氛围中，我们始终保持了一种乐观主义的心态。记得在天气好的时候，我有时就带着所有员工去郊外摘草莓，走到外面的天空，享受阳光，花的钱很少很少，但大家的心凝聚得越来越紧。

那个时候唯一雷打不动的一项制度就是学习。由于当时刚刚开始，几乎没什么业务，我规定每天下午都安排全体员工进行培训学习。我亲自上台做教员，给大家讲成功学的内容，讲做生意的技巧，讲人际沟通的艺术。更重要的是，我给他们描述绿之韵未来发展的蓝图。也许，那个时候，我好像是带领大家在"沙滩"上描画美丽的图案，但实际上，很多跟随绿之韵一路同行到今天的伙伴，他们都感悟到当时我"灌输"的"梦想"与"蓝图"是多么有意义，因为是那些目标使他们看到了希望，使他们得以坚持下来，不离不弃地走到成功的现在。

那个时候，我在公司注册登记上是"董事长兼总裁"，但由于那个时候我们人手不多，因此每一个人都是身兼数职，什么事情都做，没有像现在这样分工比较明确。我作为总裁，也随时可能开着车，承担发货员的职责去车站发货。

有时候在下午下班之前，只要听说哪位员工晚上要在办公室加班，我就会记着这个事，到了晚上九十点钟，就到小区外边东塘百货大楼边上的麦当劳、肯德基买一些宵夜过来给员工吃。次日早餐的时候，我也记得给员工带早餐。

所以，在那个时候，员工们就觉得他们身边的这个"胡总"，很细致，很关心员工。

就是这样，在一点一滴之中，我们绿之韵的"家文化"概念从那个时候慢慢沉淀，一直积累到今天。

在家的氛围中，我也感到了家的力量，那就是"大家齐心，其利断金"的境界。

在我们初期的经销商那边，也同样体现出"共赴时艰"的决心和共同创业打拼的姿态。这些经销商，后来成为在绿之韵事业体系中一个个拥有如雷贯耳声名的主帅，但在当初，他们是单凭一份对我的信任而毅然选择了绿之韵。事业启动时，面对公司的一穷二白，他们没有任何怨言，没有提任何条件，在与我一道打市场时，有时为了节省费用，几个人就挤在宾馆的一个房间，有的睡地铺。

2002年12月，我们计划召开第一次培训招商会。我当时通过以前的业务关系找到了北方的一些朋友，邀约了差不多五十个人，确定第一次会议去广州召开。当时的形势是：如果广州会议成功，那我们就能够很顺利地发展，如果广州会议不成功，那我们就还会继续过更加艰苦的日子。也就是说，广州会议十分关键。但是召开这样一个会议，也是需要很大投入的，当时公司资金已经非常紧张了。于是我就找到劳嘉，问她能不能来做一些这方面的参与，就是垫出一些钱来，以投资入股方式也好，以借的方式也行。

没想到劳嘉当时二话不说，带着一张银行卡就与大家一起去了广州，使公司的费用开支有了保障。

我十分感谢劳嘉的这种信任。她当时的举动，不是一个普通员工的举动，是基于对公司、对我充分的信任，是基于对公司未来发展前景百分之百的信心，是基于把公司当成了自己的家！所以，我一直都比较佩服劳嘉这种独特的信心指数，我经常对员工们说，劳总看问题的目光是敏锐的，眼光是独到的。

在广州会议筹备和进行当中，我们的工作团队更体现了家人的精神。他们尽管对会议举办很陌生，极不专业，但他们个个尽心尽力。经销商从北方而来，我们的工作人员在广州火车站一个一个把他们接到会场，虽然环境和条件不是太理想，但是尽可能做到让他们满意。当时，经销商代表曹凤华女士在参加会议期间还输着液，我们的工作人员无微不至地照顾她。

广州会议的初战告捷，是绿之韵家文化与团队力量的第一次展示，在朴素与率真的外表下，却包裹着最坦荡的真诚，交织着最浓烈的热情，因而，取得了绿之韵发展史上不可磨灭的标志性成果。

第二节 水携万物而向前

静静流淌的水，从小到大，点滴联合，共同向前，在团队制胜方面，给了我们无尽的启迪。

学过化学的人都知道，水是氢原子和氧原子的紧密结合体，这种结合使它创造了神奇的力量；因此，水的构成就是一个组合的结果，是氧原子和氢原子互相结合、彼此依存的结果，这种"1+1"的"团队结构"创造了大于100的力量。

一、在流动中壮大自身实力

仔细观察，水在运动过程中，就是一个团队不断壮大的过程，因为它不拒绝任何细流，不拒绝任何其他的事物，它是携万物而前行。因此，在流淌的过程中，它的队伍越来越强大，最终汇聚成为浩瀚的大海、大洋。

就拿我家乡的小九溪来说，它发自雪峰山麓，开始只是一股极小极小的水流，慢慢地，接纳了诸多细流，流量就越来越大，走到响水洞的时候，它已经具备了较大的流量。然后，它一路高歌，继续接纳着各个细流，还有比它更小的溪流，于是，它的容量越来越大。当它走到资江入口的时候，它已经完全不是雪峰山麓的那条小九溪了，因为它的规模和内涵，都发生了深刻的变化。

而资江的容量更大，年平均径流量达 217 亿立方米。在它那深厚的腹部，有丰富的水产、河沙、石头甚至黄金等资源，更容纳了上下游人们生活、工业生产、农业生产的各类相关物质。接下来，到了长江，长江口平均流量约为 33 980 立方米／秒，而年注入大海的总水量为 1 072 立方公里（244 立方英里），使长江流量在世界河流中位居第三。这些数据足以引起我们的震动！

那么，到了东海，到了太平洋，其容量又怎么能够统计呢？那是多么博大的一个世界啊，这个规模足以引起我们的震撼！

所以，在水的流淌轨迹中，它是从细流出发，沿途以极强的吸纳力，不断吸收，然后，它一步一步，由小到大，直至变成江河湖海，不断修炼成浩大、宏大、伟大的规模和格局。

今天，我们来开创绿之韵事业，当你踏进这个平台，你首先是一条小小的溪流。这个时候，你也许激动、感动、震动，但是最关键的是你不能够"一动也不动"！你一定要"流动"，要立即去行动。这样，你就能够不断吸纳更多的事业伙伴，成为你的结盟之"水源"，打造属于你自己的营销团队。那么，一步一步，你就会成为"河团队""江团队""海团队"，直至成为浩瀚的"洋团队"。

没有完美的个人，只有完美的团队。在社会分工越来越细致的今天，个人英雄主义已经成为历史，团队精神正在引领未来。人间从来就没有"世外桃源"，人的社会属性，决定了一个人不可能脱离周围的环境而孤立地生存，他必须不断地与周围的人物、周边的环境发生联系。个体的生存与发展离不开组织和团队的关爱和帮助，离开团队的个体是软弱无力的，就像漂流的鲁滨逊一样，只有同别人合作，才能完成辉煌的事业。灿烂星空源于群星闪耀，辉煌事业需要团队打造。

水道渠成

我觉得，绿之韵事业体系的每一个人必须自觉养成团队精神，主动融入集体，融入团队，在工作中同心、同德、同力，共同成长，共同进步。佛祖释迦牟尼说，每个人都是一滴水，只有无条件投身大海，才能永不干涸。

因此，"和"境界就是一种融入团队、发展团队、扩大团队的境界。在有团队精神的组织，个人的才情、工作的热情、生命的激情，才不会干涸；个人也才会拥有更宽、更广的发展空间，才会拥抱成功、成就事业，收获最大的人生快乐和幸福。

二、带动的力量：源清则流清

打开中国的地图，有两条河流，就像中华民族的脊梁，自西而东，纵情流淌，它们就是令我们骄傲的长江、黄河。

两条河流都是世界上闻名的大江大河。但在我们每一个人的印象中，二者的区别也是十分显著的：长江给我们的是水源丰富、水质清纯的印象，而黄河则给我们的是却水源稀疏、水质黄色泛滥的印象。

造成这一反差的原因在哪里呢？

主要是因为：黄河上游荒漠化严重，中游流经黄土高原，水土流失严重，支流带入大量泥沙，使黄河成为世界上含沙量最多的河流。其河水的颜色自然也就以黄色为主了。

而相反，长江流域的大部分地区属于暖湿的亚热带，降水丰沛，水量特别丰富。

它们二者的差别，乃是因为源头的不同所致。

黄河的水浊，是因为它的源头水土流失严重；长江的水清，是因为它的源头植被丰富，水流清澈。

源头的水清，下游的水自然就清。这一个最简单的哲理，站在团队管理与发展的角度，则深刻说明了团队负责人的重要性。

俗话说："兵熊一个，将熊一窝。"士兵无能，只是他一个；将领无能，会影响整个部队。两军交战，主帅的才能是决定战争胜负的关键因素。如果主将领军有方、赏胜惩败、治军严明，且军事眼光独到，对战场上瞬息万变的情况分析正确，策略果断英明，命令决绝，则可激励全军士气，使全军上下一心，奋力抗敌。若主将无能，朝令夕改，军纪松散，毫无军事才能，则令全军受累，不知所以，上下异志，无心对敌。这样的主帅将把军队带进连连战败、溃不成军的境地。所以一将无能，累及全军。

因此，要达到团队制胜的目标，首先你这个团队长必须要过硬，思维要超前，品德要高尚，方法要对路，管理要科学。

因此，心如水之源，人正则事正。能不能形成团队，能不能凝聚团队，能不能扩大团队，关键看我们自身的功夫。

一个团队领导人至少要做到有两个前提条件，一是要有巨大的包容心，树立"携万物"的心态；第二要具备像水一样超强的携带能力，能够随时形成一股巨大的吸纳力量，带动一切，负重前行。

企业负责人也好，团队领导人也罢，你的责任与任务就是传道、授业、解惑。如果你真的爱你的员工，就考核他、要求他，逼他成长；而相反，如果你碍于情面，低目标、低要求，就等于养了一群小绵羊，虽然什么都听你的，但也会形成什么都指望你的习惯，工作上没有什么主动性，更不要谈什么创造性。在处理事情的紧急关头，不会给你添彩，只会给你添乱。

我最近在微信里转载了一篇《九段经理的带队阶梯》，现在将其要点分享给大家。

第一篇：让士兵会打仗——辅导。

第1段：新兵入营——让他知道来干什么的（三天左右）。

第2段：新兵训练——让他知道如何能干好（三周左右）。

第3段：适者生存——让他知道干不好就消失（三个月左右）。

第二篇：让士兵爱打仗——激励。

第4段：掌声响起——要说"我的眼里只有你"。

第5段：感到常在——要表达"我心中，你最重"。

第6段：献计献策——工作用心更要用脑。

第三篇：让士兵打胜仗——规划。

第7段：心中有神——赋予他神圣的使命。

第8段：血浓与水——不抛弃不放弃。

第9段：更上一层楼——会当凌绝顶，一览众山小。

三、流动中洗污去垢，刷旧布新

水在流动的过程中，要接纳万物，包括要藏污纳垢。然而到了大江大河，它却不会臭气熏天，而是越来越纯净。中间的原因是什么呢？是因为它强大的去污能力。水，只要是流动的水，它就始终在洗污去垢，在不断刷旧布新。

因此，水在带动一切的时候，还是会通过其特殊的"淘汰"机制，将优秀优质的东西保留，将不适合的、落后的东西进行扬弃。

水的这种"洗"机制，使我们在进行市场团队的建设和管理时，受到巨大启发。

最近，我转发了一个微信《公司必须淘汰的6种人》，就是：

1. 吃里扒外的人。

2. 不爱学习的人。

3. 斤斤计较的人。

4. 过多心机的人。

5. 太势利眼的人。

6. 缺乏激情的人。

十年来，绿之韵的市场团队实际上是一个不断"洗牌"的过程。

　　那些坚持以产品为导向、以健康为使命、以真诚服务消费者为理念的市场团队，不断得到发展，获得新的资源，产生全新活力，规模不断壮大，团队文化不断得到张扬，他们的成员一次次走上公司荣誉的殿堂。

　　以规范为经纬，以制度做保障，我们要对那些影响团队团结、影响团队健康发展的思想、行为做坚决的斗争，始终保持团队的先进性和纯洁性，因为只有这样的团队，才能够团结一心，才能够形成合力，才能够培育超强的战斗力。

　　只有这样，我们的团队才能壮大，我们个人才能够得到历练与成长。

四、离开团队，你什么都不是

　　台湾作家柏杨曾说过："一个中国人是条龙，三个中国人是条虫。"不善协作的确是我们民族的一个弱点。近两年，一种"狼性文化"大受欢迎。所谓"狼性文化"就是体现了"敏锐的嗅觉，不屈不挠、奋不顾身的进攻精神，协同作战的团队精神"。独狼并不是最强大的，但狼群的力量则是空前强大的，所以有"猛虎也怕狼"之说。

　　在我们这个时代，单打独斗已经成为"过去时"，团队合作则是永远的"现在时"和"将来时"。据统计，在诺贝尔获奖项目中，因协作获奖的占 2/3 以上。在诺贝尔奖设立的前 25 年，合作奖占 41%，而现在则跃居 80%。

　　因此，可以说，一个人，如果离开了团队，你会什么都不是！

　　1. 不要老想着做不顺就放弃，哪个团队都有问题，哪个团队都有优点。

　　2. 跟对领导很重要，愿意教你的，放手让你做的领导，绝对要珍惜。

　　3. 团队的问题就是你脱颖而出的机会，抱怨和埋怨团队就是打自己耳光，说自己无能，更是在放弃机会！

4．心怀感恩之心，感谢系统给你平台，感谢伙伴给你配合。

5．创造利润是你存在的核心价值，创业不是做慈善。

6．遇到问题请先思考，只反映问题是初级水平，思考并解决问题才是高级水平。

谁能最后享受到胜利成果？

第一，能始终跟着团队一起成长的人。

第二，对团队的前景始终看好的人。

第三，在团队不断的探索中能找到自己位置的人。

第四，为了团队新的目标不断学习新东西的人。

第五，抗压能力强且有耐性的人。

第六，与团队同心同德，同舟共济，同甘共苦的人。

第七，不计较个人得失，顾全大局的人。

第八，雄心博大，德才兼备，有奉献的人！

一个人如果没有团队精神将难成大事，一个企业如果没有团队精神将成为一盘散沙；一个民族如果没有团队精神也将难以强大。

第三节　绿之韵的团队法则

一、从不放弃每一个人

"进入绿之韵的门，就是绿之韵的人"。在我们企业，"家人"的概念特别温馨，也是一种莫大的荣誉。对我这个大家长来说，面对所有的家人，我更感到一份沉甸甸的责任。因为，无论是员工团队，还是经销商团队，我必须将"家文化"的特征贯彻到底，其中最核心的追求，就是为每一个人搭建一个成长与发展的平台。

数年之前，我曾经流着泪看过张艺谋导演的一个电影，叫作《一个也不能少》，说的是一个名叫魏敏芝的农村代课老师，为了使班级里的学生不流失，想尽办法，受到了巨大委屈，但她不顾这些，心中只有一个信念：一个也不能少！

绿之韵的团队管理思维，就是"一个也不能少"的思维。我们真诚地希望每一个进入绿之韵大门的人，与公司一道成长，一起进步。为此，我们在人才招聘、培养、晋升、待遇等各个环节，都出台了相关的人性化的政策。

为了深入了解每一个进入公司的员工，我们确立了"董事长面试制度"，就是针对招聘任何一个职级的员工，最后一道环节都要由我这个董事长进行亲自面试。在该环节，我要全面了解该"准员工"的工作经历、教育背景、性格与心态等，因为在日后的管理当中，我要向人事部门提出对其使用、培养的建议。

从"一个也不能少"的要求出发，我们对部分员工还采取特殊的对待。比如前面章节谈到的，对员工破天荒采用"五个月实习期"的做法。因为我们相信每一个人都是有潜力的，我们做领导的，就是去挖掘和发现员工们的潜力。给对方一个机会，同时也是给企业一个机会，一个留住真正人才的机会，一个壮大家园力量的机会。因此，在这方面，我们确立了一种"凤凰思维"，通过发现、培育，每个人都能够成为凤凰，即使一开始她可能是一只"菜鸟"。

从"一个也不能少"的原则出发，绿之韵在员工队伍中实施"岗位调整制度"。在绿之韵的人事管理中，没有实行淘汰制，我们不开除任何一位员工。但是我们实行岗位调整，每年的3月底之前公司人事部门要完成全员的定编、定岗、定责、定级的工作。就是说所有人员的岗位，我们会根据前一年度的情况、结合他的一个发展，每年会进行一次调整。其实是需要一个变动，但是我们不是想把他变出去，我们是在内部变动，把他从这个部门调到另外一个更适合他发展的部门，而且让他又去学习，不断提升。这个年度岗位调整已经形成一个制度了，就是一年一调，给每个人都有发展的机会和历练的空间。

所以，在绿之韵事业天地里，很多年轻人，感到通过这个平台，从一个没有任何工作经验的人，能够蜕变成为一个有管理经验，或者说有一定资历的人，因而感到这是一个无法用金钱来衡量的自身价值提升的过程。

二、从"心"出发，沟通无限

独特的行业需要独特的沟通。今天的绿之韵直销事业，大门一打开，迎来的必然是来自五湖四海的朋友，有的不远千里，有的还来自海外。大家出门在外，需要一种关怀，需要一种理解，更需要一种信任和默契。在这种背景下，只有心与心的交流，彼此才不会有距离感；只有真与诚的碰撞，大家才不会有孤独感。

绿之韵集团总部位于浏阳生物医药园，这个地方在长沙市以东几十公里，员工基本上住在市区，因此每天都要经过"长途跋涉"上下班，加上在途时间，每人每天为公司付出的时间是十多个小时。大家都开玩笑说我们是追赶太阳的人，早上向东追着太阳去公司上班，下午下班后又往西追着太阳回家。很多员工，都是年纪轻轻就进入绿之韵的大门，可以说是把宝贵的青春都挥洒在绿之韵事业之中。特别是跟随了绿之韵十年的员工和经销商，尤其值得我感动，一个人一辈子能够有几个十年啊？

"一己是人，众人是天"，谋事在人成事在天。所以，作为绿之韵的当家人，我没有任何理由，不把这个工作环境打造成为大家可以信赖、可以依靠的团队家园。

我力所能及地为大家去做一些实实在在的事。为方便员工上下班，我们配备了班车；为了方便员工就餐，我们建立了专门的员工食堂，大家免费用餐。作为我个人，虽然在工作上严格要求大家，但是私底下，把我所有员工当成自己的兄弟姐妹这种关系来相处，我和很多员工关系都很好。所以，我们很多员工都很信任我，当他们有困难的时候，首先想到的也是我。我不能说自己有什么个人魅力，我只是觉得我在用心。我认为，公司也就是一个家庭，所有的员工、经销商都是我的家人。那么我们怎样去对待家人呢，正如我们怎么去对待父母、长辈，怎样去对待自己的兄弟姊妹？这个其实是没标准的，往往没有标准的标准就是最高的标准。因此，把员工和经销商看成自己的家人，关键在于一个"心"字，真心、用心，才能心心相印。

所以，我对自己的要求就是要始终与员工们打成一片。包括平时在食堂一起吃饭，和员工一起聊天、散步、打球，我要使员工感觉到，这个董事长不是说大话的，而是实实在在的。

我把大家当作家人，也以分享的方式与大家进行沟通交流。所以，只要有什么新情况、碰到什么好事，我就总是在第一时间与大家分享。

每次出国，或者出差，我都有一个习惯，就是给每个员工带来礼物，十年来，我一直坚持这样做，不管礼物价值多少，反正我的目标是一定要带给大家，哪怕是不远万里，大老远从国外带回来。

每次出席重要的论坛、会议，包括我在中国人民大学学习EMBA时，只要我自己有什么心得体会，我就会编成短信，发给我们公司的高管和核心员工、高级经销商，让他们与我一起分享。

每次当我走进寺院，偶有心得和感悟，我也必定会以短信方式与大家联络分享，我愿意把我的福德回向给每一个我的家人！

三、同享成果，激励出彩

在绿之韵十年发展过程中，我多次表述过一个观点："绿之韵小的时候是我的，大了的时候是大家的，是社会的。"这就等于宣布，绿之韵是一个共享平台。对员工也好，对经销商也好，共同有出彩的机会，共同享受绿之韵发展的成果，这是我们的"发展定律"。

我深深懂得，激励使团队更出色，共享使团队更凝聚。在蒙牛集团考察时，我对牛根生的名言记忆犹新："财聚人散，财散人聚。"在绿之韵的团队法则中，对团队的激励共享方面的投入永远是毫不吝啬、毫不犹豫。

"水激石则鸣，人激志则宏。"十年来，绿之韵在不断探索中形成了科学系统的激励模式，我们根据激励的性质，将激励分为物质激励（包括工资、奖金和各种福利），环境激励（包括单位良好的规章制度、和谐、积极的文化氛围、优越的办公环境等），成就激励（包括荣誉激励、榜样激励、目标激励、绩效激励等），能力激励（包括给员工提供培训的机会、适合自身发展的工作岗位等，以满足员工发展自己能力的需求）四种形式。

1. 荣誉激励奏出激越乐章

马斯洛的需求理论说明，人最高层次的需要是自我实现和被尊重的需要，以此来指导企业和团队管理，荣誉激励永远是可行的激励途径。在绿之韵，我们通过荣誉激励，使被激励的员工和经销商达到一种激越状态，腾升一种精神，启发一种斗志。

在经销商序列，我们设置了完善的奖衔制度，随着市场业绩的不断提升，经销商会获得奖衔的晋级。每一次晋级，都是他们莫大的一种荣誉洗礼。对于豪车豪宅的得主，我们还将他们每个人的宣传照片挂在绿之韵星级酒店的房间，此举更使他们的荣誉进一步得到彰显。他们就像一个个电影明星，受到入住该房间的每位宾客的羡慕与赞赏。

在员工团队，月度、季度、年度优秀员工和管理精英的评选一直吸引着大家的眼球，因为每个人都十分渴望这一荣誉。在绿之韵总部办公大楼的大厅里，醒目地陈列着这些优秀人士的照片，聚集了每个参观者的注意力。

另外，绿之韵公司特设服务英才奖。针对加入公司满五周年的职员，公司在每年第三季度员工大会上进行公开表彰，并发放千足金的荣誉徽章，同时按该员工当年基本工资的五倍发放现金奖励。要特别补充的是，员工荣誉徽章是专门在香港周大福定做，并篆刻员工名字，可作为至高荣誉用于永久珍藏。

2. 旅游激励挥洒团队激情

在绿之韵，无论是员工团队还是经销商团队，公司的旅游奖励一直是大家印象极为深刻的盛事。

每年，我们对员工的旅游预算都是 30 多万元。因为比如到澳大利亚旅游，一个人的花费就是 1.9 万元，如果去迪拜游的话，一个人的费用就是 1.8 万元。

从 2003 年 11 月绿之韵集团举行首届中国销售精英新马泰豪华旅游，以后从未间断地如期举行；2005 年 8 月第二届，2005 年 12 月第三届，2006 年 12 月第四届……2011 年 11 月，第十一届……

2006 年 11 月，绿之韵集团环球考察团踏上了韩国市场考察的征程，参观了韩国排名前五强的直销企业，让绿之韵精英们更加直观和深入地了解韩国直销市场的发展情况和直销事业运作模式。

2010 年 6 月，绿之韵精英"欧洲浪漫七国"快乐豪华游举行。

2010 年 8 月，绿之韵国际市场韩国浪漫之旅举行。

2011 年 6 月，梦想没有极限 —— 绿之韵 2011 欧洲七国豪华之旅隆重举行。

2012 年 9 月，北欧·穿越时光的童话 —— 绿之韵精英 2012 北欧四国梦幻之旅精彩开幕。

2012 年 10 月，中国心，台湾情 —— 绿之韵营销精英 2012 台湾宝岛之旅盛大起航。

2013 年，绿之韵集团安排了韶山游、张家界游等国内旅游活动，还安排了奔赴港澳、泰国、巴厘岛以及迪拜、澳大利亚的旅游活动。

无论是国外风情还是国内的名山大川，绿之韵人在系列旅游活动中，感受到了团队大家庭的温馨，开阔了视野，提升了素养。

当我与大家一起在迪拜、塞班岛旅游的时候，我忍不住对着大海高喊："我们是中国绿之韵人，我们来了！"那种感觉，是何等的惬意与满足啊！

而每一次旅游，更是团队的一次动力加油站。当他们旅游归来的时候，他们的工作干劲越来越大，他们的境界越来越高。

3. 能力激励引发"充电"热潮

绿之韵的人事管理按照科学化思路，不断推出全新的举措。

我们在公司实行"职务制"加"职级制"的晋升"双通道"。就是说，也许你不是总裁职务，但是你可以拿到总裁职级的工资。

与此相匹配，公司还设立了一个"专业资格证书奖励计划"。

就是说，针对所有员工和管理干部，如果你想去进修获得与你工作相关的资格证书，公司给你假期，在拿到了这些证书、取得这些文凭之后，每个月公司还可以给你补贴。

例如，注册会计师每月就有 400 元补贴，一年就是 5000 元。

从讲师序列看，每年都有一个讲师考评，你可以从初级、中级、高级去不断地去考评，你考到哪个级别我们就相应给哪个级别的奖励。

我们这样做，目的就是要给每个员工机会，让每个员工能够赶上公司发展步伐和时代要求的步伐。

在这个"教育津贴"制度的激励下，全体员工积极充电，根据自身情况参加各种专业化学习班，获取各种文凭和专业资格。一个自觉的学习型企业，就这样形成了氛围和气候。

4. 福利激励关怀备至

为了惠及每一位员工，绿之韵公司制定了"十二大福利政策"。其中包括劳动保险福利、年终奖金福利、年终双薪福利、车、房福利政策、国内外旅游福利、公费体检、员工关怀慰问金、进修及培训津贴。

我们还为公司员工特设了"产品消费津贴"。就是在员工的工资结构中，每人每月都有额外的 200 元钱，用来消费绿之韵的系列产品。通过这一方式，使员工成为绿之韵健康产品、美容产品的受益者、爱用者。

此外，为了使每位员工享受到绿之韵事业发展的"红利"，公司特别推出三大措施，即岗位业绩全员分红、劳动股份期权（含股票期权）以及退休养老计划。

我们根据公司实际情况，将原"管理层级核心岗位职员净利润分红"制度升级。

为"岗位业绩全员分红"，使每一位员工都有共享公司发展成果的机会。

而针对加入公司满 5 年以上的中、高层管理岗职员和关键、核心岗员工，我们的劳动股份期权奖励金额起点为 30 万元，兑现时间为 1～5 年不等，兑现方式分逐年兑付和一次性兑付。对公司做出贡献的资深员工和管理层职员，我们还启动股份期权制度，我们相应的上市规划也已经出台。

另外，针对加入公司满 20 年及以上的老员工且已经达退休年龄者，我们制定了详尽的退休养老制度，让他们在绿之韵老有所养。

四、生日蛋糕里的团队因子

绿之韵从原来 150 多平方米的办公室，到现在的占地 200 多亩的一个工业园区，从原来我们什么东西都没有，到现在自主开发产品，在全国各地设立分支机构；从原来七八个人，到现在，绿之韵公司总部的员工就有 160 多人，这一数字还不包括工厂、酒店及分公司的工作人员。如果加上那些，绿之韵的员工总数就差不多有 500 多人了。

这么多的员工队伍，就组成了一个大家庭。作为家长，我觉得自己责任重大，因此除了善待自己以外更要善待他人，要使每个人在这个家里感到他是幸福的。

每个人都很在意自己的生日，一般来说，过生日是每个人的一个幸福日子。对于 100 多个员工的生日，我特别在意，也比一般人要用心。首先，我让秘书把每个员工的生日时间都列出来，做了一个详细的表格，然后，按照月份进行分类。这样，在每个月的 1 号，我就把那个月过生日的人全都记住了，提前给每个人准备好生日贺卡，我在每个月 1 号提前亲笔签名。然后呢，我要求秘书在每个人过生日的前两天提醒我，我好编一个生日祝福的短信发给这个人。短信都是一对一定制的，绝对不是简单的一句群发性的"祝你生日快乐"，而是每个人都要不同。因为，对发短信我有自己的观点，凡是群发的就没有必要格外理会，只有一对一发的，并写上接收人抬头的才是用心发的，因此才值得重视。所以，我发给每个人的生日祝福也一定是一对一的，有时自己实在太忙，就麻烦秘书拟定两条三条，我从中选择一条发出去。发了短信之后，我还要办公室精心挑选礼物，送给当月的"生日达人"。

有一次，我们一位员工小高出差在外地，突然接到礼仪公司打来的电话，说有一个蛋糕要签收，小高由于忙于工作，忘记了那天是她的生日。所以，她"哎哟"一声，终于想到自己的生日到了，但是，是谁寄送的蛋糕呢？她马上想到是自己的老公，于是立即拨通老公的电话，老公很吃惊地回答："我没有寄蛋糕啊，我都忘记你的生日了，很对不起！"到底是谁寄的啊？就在她还在不断猜测的时候，快递把蛋糕送到了，她签收以后，一打开包装，一张精美的生日贺卡展现在她眼前，贺卡里是我亲笔写的祝福信："小高你好！在你生日的时候，你还在为绿之韵工作奔忙，我代表绿之韵公司感谢你，并祝你生日快乐！胡国安。"那个小丫头一看，立马跳了起来："天那，胡董事长送了我生日蛋糕！"她当时意外的表情和激动的心情就可想而知了。

后来，她总是把这一幕说给她的家人、亲戚朋友乃至大学同学。特别是引来了同学们对她的工作单位即绿之韵公司的羡慕。

我们的员工是多么真诚，多么可爱啊，公司只是对她多了一份牵挂，她却为公司四处去做"形象广告"，团队中这种互动的格局真是具有不可思议的力量！

五、慰问金与家情感的延伸

如果说关心员工本人那是一家企业的本分，那么，推而广之，将关爱的触角延伸到他的家人、亲戚乃至朋友，是不是超越了"本分"呢？

在绿之韵，我们认为这种做法是一种自然的延伸，还是在本分之中。

前面说过，对这一百多人的大家庭，我对自己的基本要求是做到了解每一个人的详细情况，包括他们家庭的情况。所以，凡是有未成家的员工在外面租房子住的，我一律要行政部门掌握他们的居住信息，要求细节到住在什么小区、多少号楼、多少单元、多少门牌号，以方便彼此的沟通，应对可能的突发事件。在这一点上，我不赞成国外的所谓保护"隐私"的做法，对员工了解得越多，你对他们的关心可能就越深入。

因此，凡是员工或者员工的家人生病了，或者有什么意外需要，公司都及时掌握了一手信息，并及时将公司的关怀和照顾传递过去。

绿之韵把员工看成自己的家人，自然也把员工的亲属看成是绿之韵家人的一部分，因此，我们公司对他们也是开放的。在绿之韵，我们的"开放日"（open day）给大家留下了深刻的印象。凡是在节庆日或大型会议，我们要求员工尽量把自己的家人带来，与员工们一起参加活动。在现场，员工的亲属就亲眼见证了公司，也见证了自己的亲人在这儿工作的荣誉，从而更加支持员工的工作。

每到岁末，我们就通过各种方式向员工的亲属表达我们的牵挂和慰问。多年来，我们形成了"慰问信制"和"慰问金制"。给员工的家属一份我亲笔签名的慰问信，感谢他们支持员工的工作，祝福他们的家庭幸福安详，征求他们对绿之韵工作的意见，这已经形成了一种习惯。

我们公司的华南市场总监刚刚进入公司不久时，他的父亲一直对他从事直销很反感。有一年快到春节了，他接到父亲的电话，父亲问他什么时间回家过年，并说："你代我谢谢你们老板啊，就是胡国安董事长！"他就很吃惊地问："您怎么知道我们董事长的名字啊？您要我谢什么呢？"他父亲回答说："你们董事长给我寄来了500元慰问金，还亲笔写了慰问信呢！"这个总监当时十分感动，因为公司对他父母的慰问，连他自己都不知道。而且，就是打那之后，他父亲对他的工作也开始理解并认同了。

所以，我们的员工家属是多么可敬，我们仅仅是牵挂了他们一点点，他们却给我们奉献了海阔天空般的理解。我深深体味到，家情感的延伸就是绿之韵团队的扩大。

六、教练式成长——独具特色的"师傅制"

小时候记得大人们经常对我们讲一句话，叫作"师傅领进门，修行在个人"。在我们绿之韵，则有一个独特的"师傅带徒弟"制度，讲的文雅一点就是"指导老师制度"。也就是说，对每一个刚刚进入绿之韵的新人，我们都要指派一个或多个有工作经验的老员工带着他，帮助他成长，指导他的工作，甚至还要关心的他的生活。

这种"传帮带"方式在我们绿之韵已经形成了一种气候，沉淀成了一种文化，"师傅"这个古老的称呼在绿之韵获得了最有价值的现代意义。我们对新人不但要"领进门"，而且要帮助他"修行"，不能只靠他个人。

通过这一"教练式成长"体制，融洽了公司团队成员之间的相互关系。在一声声"敬爱的师傅""亲爱的徒弟"等亲热的叫声中，彼此之间的感情在潜移默化地升温。同时，这一体制是一种十分科学的企业育人机制，能够加速人才对岗位的适应，促进新人全面能力的提升。

有人就多次问我："你们这种机制是怎么来的？是不是拷贝了大学的博导制度？"

我说不是的，我们的灵感就源于实实在在的工作实践。

我在工作中发现，每个新人都有潜能，关键是要有人去挖掘他们，去指导他们，去培养他们。

另一方面，这种体制也形成了一种有效的"倒逼机制"，就是说，做"师傅"的"老人"也必须要及时成长、不断充电，否则岂有资格去做新人的教练？因此，在绿之韵，"新人"与"老人"的互动，学习型组织的打造，就从"师傅制"水到渠成地延伸开来了。

水道渠成

这样有人会问我："那你作为董事长，是否也把自己当作一个师傅呢？"我当然是从我自己开始，在意识上深深地烙印着做"大师傅"的痕迹，而且恨不得每时每刻都告诉大家怎么去做好自己的工作。

为了当好大家的师傅，我比较注意引导员工们读书学习。包括我们企业提倡这个水文化精神，最早应该是在 2006 年的时候，当时有一本日本人写的书，叫《水知道答案》，说的是水也有情感，也有喜怒哀乐，十分畅销。我自己读了那本书以后，的确觉得很不错，我没有用说教的方式说那本书怎么怎么好，而是吩咐办公室买了一大堆，然后发给每个高管和员工自己去读，读了之后大家再来结合绿之韵的实际、结合每个人的工作，来谈体会，写读后感。后来，每一年推荐两本书让员工去看，在我这儿形成了一条不成文的规矩，包括《细节决定成败》《弟子规》《没有任何借口》等。凡是我觉得有助于大家成长提升的，我就不厌其烦地推荐，并引导大家写读书心得。通过这种方式，我们绿之韵形成了真正意义上的学习型组织，为企业的前行塑造了强大的文化动力。

我这几年感到最欣慰的，不是绿之韵的业绩增长和品牌的传播，而确确实实是绿之韵人的成长与进步。而我个人，如果对他们成长的推动起到了一定的作用，我也会为自己感到自豪。

这里我想告诉大家我与司机小文的故事。

早在 2004 年 7 月份的时候，当时我随省军区的首长去沅江靶场，偶然发现了这个开军车的部队小伙子，觉得他人特别实在，就很欣赏他，邀请他到我公司工作，并主动记下了他的电话。接下来，只要是每到过节时间，我都会主动给他发信息保持联系，一直到第三年，也就是 2007 年的 10 月，才想方设法得到部队批准进入绿之韵工作，前面两年做专职司机，后面两年做我的助理，但是平常也是兼着做司机，一起度过了四年的时光。

在四年时间里，我十分欣赏小文的敬业精神，因而也像带自己的小弟弟一样，特别关心他的成长。因此，考虑到他的发展，我感觉到不能让他老是定位做一个司机，于是，当我把长沙市朝晖路口一个楼盘的 15 层以下的楼层全部买下之后，我就说服他利用这个现成的场地开设宾馆，自己做老板。他觉得自己资金实力不够，我就拿出资金给他，并对他说什么时候赚钱了再考虑还。于是，他利用起现成的场地，开起了现在的绿之韵盛悦酒店，包括餐饮、茶楼、宾馆住宿及休闲。

后来事实证明，小文发挥了他的特长，将宾馆生意经营得红红火火。

在他经营酒店风生水起的时候，我又担心他被眼前的成功冲昏了头脑，就多次找他谈话说："小文啊，你千万不要自我膨胀，不能膨胀得太快，我曾经赚了比你多得多的钱，但最终败得一塌糊涂，甚至到了在长沙把别墅全部卖掉发工资的地步。那个从天上摔到地下的滋味你根本体会不到，因此，做人一定要警惕、警醒啊！"

我还经常对他说："一百个人里面垮了的，能够爬上来的也就是十个人，还能够像我这样从低谷再做大做强的也就是十个人，我为什么给你讲那么多，就是不希望看到你绊倒，你一旦绊倒了，你成为那九十个人的可能性很大，不一定还能够站起来。"

小文是一个聪明而有灵性的小伙子，我的这些话他全部听进去了。他的进步和一步步的成功使我始终感到莫大的欣慰，因为，我在他面前，至少扮演了一个比较称职的师傅角色。

即使到了今天，我还十分关注他的动态，包括有时需要协调一些外围关系，我仍然鼎力给予帮助。我还特别提醒他，事业成功了，更要懂得珍惜自己的一些东西，比如说家庭、朋友，做好一个老板的同时也要做好一个爸爸，也要做好一个儿子。我特别讲到，家庭是一个男人很重要的方面。所以我有时候在他的宾馆谈了事情到晚上 12 点，下去看到他的车还在，我都会打个电话给他，嘱咐说："小文总，小文总，你今天不会又不回家吧？忙完工作马上回去，你老婆、孩子在等着你呢！"

一对一、手把手、传帮带这种教练式成长不仅在员工管理方面适用，对经销商团队，我们也十分注重。我在每次召集团队领导人开会时都要强调，一个团队进人重要，留人更重要。从公司层面来说，一个新经销商踏进公司大门的那一刻，就是公司对他进行系统服务的开始而不是终结。团队领导人更要注意，新人进来了，成为你的事业伙伴，你就应当立即思考他的培训、成长问题，要把你所有优秀的素质、运作市场的方法和技巧全部复制给他，使他尽快从一名"新兵"成为克敌制胜的"战士"。

七、"梦想工程"离不开"梦幻团队"

绿之韵十年的成长与发展可以说是一个不断放大的"梦想工程"，而支撑这个"梦想工程"的，是一支"信梦""织梦""扩梦""践行梦"的坚实团队，因而，他们是当之无愧的"梦幻团队"！

走到今天，与我一起拼搏十年以上的，有众多绿之韵"元老"们。他们既有管理团队的成员，也有经销商团队的精英。我作为这项梦想工程的第一个编织者，时时把我的梦想内容第一时间传达分享给他们，而他们，最可贵的，是信任我的梦，是鼓励我的梦，是丰富我的梦，是参与我的梦，是不离不弃、扎扎实实投入到"圆梦"的行动之中去！

我记得，当公司在长沙市东塘的民居楼里刚刚起步的时候，我就多次跟大家说："请诸位相信我，三年之后我们就会有自己的工业园。"结果，在2005年，我们就在浏阳国家级生物医药园购买了人家的一块厂区，作为绿之韵总部的规划场所。

当我带领高管们和经销商领导人走进厂区时，那里当时杂草丛生，整个厂区只有唯一的一栋低矮的两层小楼和一个残旧的水塔。我就率领大家登上了水塔，望着几乎空白的厂区，再远一点望着周边当时毫无生气的村落，我信誓旦旦地指给大家说："那边，将是我们的新办公大楼；这边，是我们的GMP车间；那里是员工宿舍，那里是集体大餐厅；最外边的那一块地，我准备盖一个四星级的绿之韵大酒店。"同时，我又告诉他们，将来，随着绿之韵事业的蓬勃发展，全国各地几万人、几十万人会来到这个地方，因此周边的村落一定会在短时期变得房屋一栋接一栋，迅速变成一个繁华的市镇。当时，我们这些可爱的家人们一个个面面相觑地听着我的话，基本上是似信非信的样子。但是，就在几年之后，这一切都变成了活生生的现实。

而这一切的到来，真的是源于绿之韵团队对我的信任。因为有这么一个团队存在，因为这个团队信任我，所以我们才能够同心同力，把无数的不可能化为可能，把更多的可能做到完美与极致。

离开了我们的员工团队、管理团队、经销商团队，我纵使有三头六臂，也绝对实现不了这一切。

我多次在微信上与大家交流"什么叫团队？"的话题。我认为，一起经历过风雨洗礼、跌宕起伏、浴血奋战、荣辱与共、艰难困境，依然迎难而上，创造奇迹，那才叫团队！

以劳嘉女士为代表的一班管理英才，在绿之韵奉献了整整十年，这十年，在她们的人生岁月当中占据了很重的比例，一个人一生能够有几个十年呢？需要投入的时候她们在投入，需要智慧的时候她们在思考，需要抉择的时候她们当机立断，需要配合的时候她们在执行……

近几年来，劳嘉女士多次被评为直销行业卓越管理人物，并成为浏阳市政协委员，湖南省工商联女商会副会长，这是绿之韵管理团队的骄傲！

以徐华、曹凤华等为代表的经销商团队领导人，跟随公司，不离不弃，无论外界环境如何变化，她们坚持绿之韵事业毫不动摇。随着她们市场业绩的提升和市场团队的扩大，她们个人的品牌也在行业中不断得到传播，多次被评为行业的品牌领袖。这，是绿之韵经销商团队的荣耀！

未来的绿之韵，就是要依靠以上所有团队的力量，"和而不同"，

水道渠成

大家协同一心，肩并肩、手挽手，高擎旗帜，同唱进行曲，向着大洋彼岸奔去，向着世界健康产业的高峰攀登。面对未来，我们将以团队制胜的法则进一步推动绿之韵"家文化"建设，将更加强调奉献与成长的关系，呼唤全体绿之韵人在 "建家""爱家""兴家"的过程中，不断付出自己的劳动、汗水和感情，汲取经验，不断成长，使"家"成为群贤毕至、精英辈出之所。

第八章

坚持到底

泰山之霤穿石，单极之绠断干。水非石之钻，索非木之锯，渐靡使之然也。

——《汉书·枚乘传》

锲而舍之，朽木不折；锲而不舍，金石可镂。

——荀子《劝学篇》

比赛的终点是评判选手座次的唯一场所。

在通往目标的过程中，一切懈怠与撤退既是遗憾，又是危机和风险。

成功的秘诀就是五个字：坚持，再坚持！

——胡国安《水道箴言录》

水道渠成

第一节　剩者为王

一、42 公里的马拉松，到底在比什么

"剩者为王"，一个崭新的词汇，逐渐流行开来，它的意思很明显，就是好比在一个比赛的赛局中，剩下来的才是胜利者。因为，这里的所谓"剩者"是指没有中途退出的、没有被淘汰掉的、一直坚持到底的人。

记得荀子在《劝学篇》中说："锲而不舍，金石可镂。"说的是只有坚持到底，才能看到最终的结果，才能冲刺一切挑战。这一点，在马拉松比赛中体现得淋漓尽致。

马拉松赛的缘起便是为了纪念一种锲而不舍、坚持到底的精神。今天，它作为奥运会的一个热点项目，更体现出一种一脉相承的体育精神。

每当我们置身国际马拉松赛的赛场，我们就会发现，在发令枪一响的瞬间，往往是数百人从起跑线一齐倾巢而出，奔向目的地。但是，很快，我们就会进一步发现，在这 42 公里的路途上，这些参与者慢慢在拉开距离，逐渐有人落在了后面，逐渐有人坐在地上不动了，逐渐有人摔倒了，逐渐有人受伤了，逐渐有人坚持不住了，逐渐有人退出比赛了……

而在终点附近，则看到只有极少数的人能够冲刺到最后，而金牌、

银牌、铜牌的得主，便也在这少数人中产生。

42公里的比赛历程，选手们比的就是耐力，就是坚持力。也许你的速度很快，但如果只能够维持10来公里又有何用呢？也许你跑得姿势特别漂亮，但是还没有接近终点你就倒下去了，那种漂亮就根本进入不了设在终点的摄像机的视野之中，是没有人为你喝彩的。而只有一路坚持，冲刺到最后终点的人，才能够获得鲜花、掌声和奖牌。

另一方面，在国际马拉松比赛的赛场上，如果能够坚持到终点，即使你没有获得名次，也会迎来观众如潮的赞誉。

二、人生的起点给我的是一副差牌

人生，何尝不是一场马拉松赛呢？而且，这场马拉松赛跑更要复杂，更加充满风险。因为，人生的赛跑没有规定的标准距离，更没有清晰的竞争对手。作为个人，你既是比赛的选手，又是比赛路线的规划者，另外，你还要自己去发现潜在的竞争对手，了解他们的情况，然后，与他们一比高下。

由于没有规定的标准距离，有些人可能在人生的起点就因为看不到目标而被自我淘汰，或者在半路就稀里糊涂地弃权。而真正能够一开始就看清跑道、看清竞争对手并能够坚持到底的那些人，那些少数的人，他们的名字就叫作"成功者"，他们用事业的辉煌、人生的价值和家庭的幸福作为他们的金牌和铜牌。

因此，在人生的马拉松赛场，输与赢，同样不在于比赛的客观因素的对比，而关键在于你能不能坚持，能不能坚持到最后。

回顾我四十余年的人生经历，确实没有任何优越的条件。

第一，论家庭出身，我出生在贫穷的山村农民家庭，如果说现在流行"官二代""富二代"，那我当时就是彻头彻尾的"穷二代"。"穷二代"就意味着父母亲只是把你生下来，不可能有任何的经济基础和发展条件。

第二，论资源，我们也是一穷二白。我们那个山村，既没有临海、临边的优势，也没有经济特区的优势，更没有开放搞活的优势。地下无煤矿石油，地上无珍稀物种。周围的山上，在父辈一代还有几棵树，到了我们这一辈就连山上的树木都被砍伐得所剩无几了。而且，那个地方位置偏僻，交通是个老大难，也没有哪个投资商会把钱撒在那里，因此，我们就不可能有工厂招工的机会，更不可能有拆迁补偿一夜暴富的机会。

第三，论人脉关系，丝毫没有。我的父亲是四代单传，传到他这一代仍然是个修理地球的农民。除了认识村子里与他一样的人，就是认识自己的牛啊、鸡啊。所谓"脸朝黄土背朝天"，就是抬起头认识天老爷，低下头认识土地爷，没有任何一条人脉关系能够向外延伸。

因此，走入人生的跑道，我首先面临的就是每天待在学校，小小年纪却要考虑，我上学的学费从哪里来？

三、坚持使我成为幸运的"剩者"

"莫嫌海角天涯远，但肯摇鞭有到时。"

面对人生的差牌，如何打？现在回想起来，实际上我是一直用了两个字的一个特别方法，那就是"坚持"。

这两个字看似简单，但并非人人都能够用，更不是每个人都用得得心应手。

一次，音乐家贝多芬结束了精彩绝伦的演奏后，身旁围绕着赞美音乐奇才的人群。有个女乐迷冲上前呼喊："哦！先生，如果上帝赐给我如你一般的天赋，那该有多好！"贝多芬答道："不是天赋，女士，也不是奇迹。只要你每天练习 8 小时钢琴，连续 40 年，你也可以做得像我一样好。"

每个人都能够坚持每天练习 8 小时吗？每个人都能够坚持 40 年吗？答案显然是否定的！

这就是说，坚持与毅力虽然是一种最笨的方法，但是却是一种少数人才能坚持采用的宝贵方法。

那么为什么又说它是一种"笨方法"呢？因为它简单，不要去东想西想，反正就这样子了，不管天塌下来，不管是来了地震，我反正坚持这么做了，而且一定要做到底了。"我铁了心了，我不管三七二十一了，我雷打不动了，我傻到底了，怎么着吧？"……这个牛脾气的态势，不就是一种笨的样子吗？

然而，"笨"有"笨"的可爱，"笨"有"笨"的价值。就像打牌一样，我就坚持这么出牌了，怎么着吧？结果还真的赢了。

我的生意与事业发展到今天，不能说已经"赢了"，还只能说"在路上"，"走在成功的路上"，但至少可以说，在创业的马拉松赛场，我是个幸运的"剩者"，不敢说横刀立马，但的的确确扛着绿之韵的大旗，真真切切地立在那里。而这种格局，与当初的人生开局诸项条件一对照，几乎是不可能实现的。那么到今天我之所以还能够突破重围，实现反转，将一副差牌打出了一个好结果，就源于我的"坚持"。

第一是坚持走出大山、坚持不断改变的梦想。

第二是坚持在困难面前永不抱怨的心态，在失败面前永不低头的意志。

第三是坚持从一个胜利走向另一个胜利的持之以恒的发展。

第四是坚持慈悲为怀、与人为善、济世利人的厚德和责任。

美国发明家爱迪生曾经说过："当你希望成功，当以恒心为良友。"

袁了凡先生提倡"命自我立"，是啊，命运是掌握在自己手中的。

成功与失败只有一小步，却又是一大步，那就是看你有没有毅力向目标一步步靠近。鸟能飞过太平洋，靠的全是它坚强不屈的毅力。

很多人都知道，我有个晚饭后散步的习惯。七年来，我每天晚上坚持走两小时路锻炼身体。哪怕是出差、出国也从未间断，如果下雨就在跑步机上坚持。虽然每天晚上有很多事情要处理，但锻炼的时间一定会留出来，我就是这样一个人，一旦给自己定下了目标就一定能坚持下来。这样，现在这已经成了一种习惯，并且能够在这一时间里一个人思考很多事情。

可能由于在同一条事业的道路上，别的人放弃了，才成就了我们。

就拿直销来说，在我们湖南，20世纪90年代有很多人做得比我要出色，但是后来他们却都从这个行业淡出了，因此，绿之韵才能在没有多少竞争对手的情况下，成为湖南省乃至整个中西部第一家直销批牌企业。

第二节　岩洞里的成功密码

一、钟乳石源于亿万年的水滴石穿

与我们湖南省一山之隔的广西桂林，真是山清水秀甲天下。每次到桂林去旅游，我都要醉情于那因独特典型的喀斯特地形而构成的溶洞景观。

洞幽景奇，瑰丽壮观。洞中钟乳石，鬼斧神工，琳琅满目，栩栩如生，千姿百态，美如画卷。

形形色色的钟乳石，有的像玉柱从顶垂直到地，有的像雨云倒悬空中，有的像白浪滔滔，波涌连天。

这是大自然的力量，是大自然的鬼斧神工。美丽的钟乳石给我们塑造了一个人间水晶宫啊！让人感觉仿佛置身于世外桃源，会让你有种不真实感。

在旅游的过程中，讲解员给我们讲了钟乳石的形成原因。钟乳石，又称石钟乳，是指碳酸盐岩地区洞穴内在漫长地质历史中和特定地质条件下形成的石钟乳、石笋、石柱等不同形态碳酸钙沉淀物的总称，钟乳石的形成往往需要上万年、几十万年甚至亿万年的时间。

钟乳石和石笋每年只增长 1 毫米左右。随着时间的推移，这些沉积物就会形成千姿百态、十分壮观的天然建筑物。钟乳石多色泽美丽，晶莹剔透，观赏价值高，可做上等观赏石。

你听，"1毫米""亿万年"，谁有这么大的耐心？只有伟大的自然界！谁在那里坚守？就是伟大无比的水。水，在一丝一毫地累积，一丝一毫地穿透。

我后来翻阅了有关钟乳石的文献资料。得知每一个钟乳石开始于一滴载有矿物的水滴。当水滴落下，留下了很薄的一点方解石圈。接下来的水滴继续留下新的方解石圈。最终，形成锥形的钟乳石和圆形或圆锥形的石笋。

大自然的鬼斧神工，就是源于小小的一滴水！源于它亿万年重复地去做一件事，尽管单调，它却乐此不疲；尽管遥遥无期，但是它年复一年地辛勤劳动，最终能够修成正果，完成了自己最伟大最美丽的作品。

二、时间见证坚持的力量

在我看来，钟乳石的确是一种自然界传奇。这种由亿万年的水滴滴成的石头，给了我们深刻的启迪。站在钟乳石面前，个人的百年人生真是微不足道。后来我领悟到，钟乳石的名称中这个"钟"字的深意和分量。

旅游地的讲解员说："这个水滴，它滴下来，嘀嗒嘀嗒，就像钟的声音一样呢！所以，科学家把它起名叫钟乳石。"

其实，我觉得还应当有另外一层寓意，就是说，这个"钟"呐，它就代表时间，钟乳石是时间的产物，没有千万年乃至亿万年的积淀，就没有钟乳石的存在。是时间，见证了坚持的力量，见证了成果的诞生！

这个世界，很多事物都体现了时间的价值。

著名直销专家胡远江教授经常到我们绿之韵公司讲课，他在讲课时举的一个例子我印象十分深刻。他说，"如果你把手举起来维持这个姿势3分钟不动，你这个只是一种姿态而已；如果3个小时不动，那就成了行为艺术；如果30年不动，那就是雕塑；如果3000年不动，那你就是一尊价值连城的文物了。"

联想起钟乳石来，我则要替远江教授补充了，"如果1亿年不动，那你就成为最伟大的钟乳石了！"因为，在大千世界，没有哪一款产品，其生产周期有钟乳石这么长，在它的面前，"只要工夫深，铁杵磨成针"的谚语都要黯然失色。因为，相比钟乳石的形成，拿铁棒去磨针只是一个太小儿科的事情了。

时间，见证坚持的力量；没有足够时间的磨砺，很多东西只能是空谈。

没有足够的时间，生米就煮不成熟饭；没有春天的播种，就没有秋天的收获！没有十月的怀胎，哪有人类生命的降临？

没有十年以上的生长，哪有树木的成材？

我们为孩子起一个"人名"，可能只要一分钟，但我们要把这个"人名"培养成一个"名人"，却是几十年、上百年的工夫，因为"十年树木，百年树人"。

百年老店之所以叫百年老店，它是实实在在要经过百年的风雨。人们常说，"姜还是老的辣"，人们信赖"老中医"，合作需要"老客户"，都意味着，时间，是价值的一种存在形式。

事业团队需要信念的坚持。"麋鹿成群，虎豹避之；飞鸟成列，鹰鹫不击。"这句话充分说明事业团队的重要性。

有人说，信念的力量是伟大的，因为你抱有什么样的信念，就会出现什么样的现实。

马云的核心团队，从阿里巴巴创建以来，一直跟了他十多年，怀抱着阿里巴巴必胜的信念。

牛根生的核心团队，从伊利出来创建蒙牛，一跟也是近十年，坚持着一定成功的信念。

水道渠成

大凡能最后取得重大成功的企业和企业家，其背后都必然拥有勇于坚持信念的团队，所有的企业和企业家以拥有这样的团队而骄傲，在绿之韵，我也一直以拥有这样的团队而骄傲。

我一直记得在内蒙古市场考察时，看到的号称3000年不死，3000年不倒，3000年不腐的胡杨。那是我平生所见最坚忍的树，能在零上40度的烈日中娇艳，能在零下40度的严寒中挺拔，不怕侵入骨髓的盐碱，不怕铺天盖地的风沙，那种勇猛刚强，逆境奋起，一息尚存，绝不放弃的精神，使所有真正的男儿血脉贲张。

我也一直记得，2003年，就是我与来自内蒙古的王大姐在北京的一次会面，竟开启了绿之韵人在草原书写大漠传奇的历程。这一份坚韧，总让我想到大漠里的胡杨精神，事实上，这也是我一直倡导的绿之韵精神，无论顺境逆流，为自己的选择，坚持，坚持，再坚持！

时至今日，内蒙古市场的绿之韵人所表现出来的坚韧与顽强，热情乐观与快乐，不但让我，也让所有绿之韵精英感慨万千。人与人之间，弱者与强者之间、大人物与小人物之间最大的差异就在于坚持意志的力量，这一点，包括内蒙古市场在内的全国各地绿之韵团队已经向我们证明了。

第三节　坚持方能辉煌

一、赚了 5000 万元时其实可以放弃

正如上文所述，在成长与创业的道路上，我感到自己是一个非常幸运的"剩者"。"剩"是一种结果，表明你没有消失，意味着你还HOLD 得住！但对每个人来说，不是想"剩"就能"剩下来"的，在一路的驰骋中，面临着一路的考验。任何时候都不能停留、止步，更不能产生中途放弃的行为，否则，就有可能马失前蹄，甚至折乾沉沙。

我的创业历程，总结起来可以分为以下几个阶段：

1．上学做生意阶段，体验了商业的神奇规律；

2．辞职下海闯特区阶段，饱尝了"海水"的苦涩；

3．背靠合作伙伴搞房地产炒地皮生意阶段，见证了用蛇皮袋子装钱的暴发户，赚到了人生的第一个 3000 万元；

4．做完美公司当经销商阶段，体验之第一波直销的风生水起，又赚到了 2000 多万元；

5．传统生意大投入阶段，体味了大起大落的"过山车效应"，亏掉了五六千万元；

6．一心一意做绿之韵健康事业阶段，从零起步，再创辉煌。

仔细看上面的过程，有人就会问："当第三、第四阶段完成的时候，你已经有了 5000 多万元，干吗不停下来呢？"

水道渠成

这一个问题，有很多人问过我，特别是当到了第五阶段结束，我亏掉了五六千万元、一贫如洗的时候，他们一个劲地问我："你还是有点头脑发热啊，当初，守住这几千万多好，现在亏得干干净净，你不心痛吗？你不后悔吗？"

现在回过头来看历史，5000万元，在中国20世纪末，毫无疑问是一笔巨大的财富，因此，对于这笔财富的处理，当时也有多种选择：可以存在银行吃利息；可以全部用来购买房子、买地，等着升值；也可以投入到股市，看准机会，赚取一把更大的钱。这几种处理方式不管选择哪一种，都意味着我从此可以高枕无忧，两耳不闻窗外事，做一个无比休闲、海阔天空的年轻大佬了。

但是，当时我没有这么做，是因为每个人的目标是不一样的。对我来说，5000万元只是钱而已，从数额方面它还不足以成为我的终极目标，从内容方面来讲它更不可能覆盖我全部的人生目标，我的目标是要干出自己的事业，而不是挣多少钱。因此，我不可能停下来，也停不下来。那种将钱揣起来、锁起来、供起来的做法，完全不合乎我的性格。在我眼里，钱永远只是工具、道具，人必须能够驾驭钱，花掉钱，花出更大的价值。所以当我五六千万打了水漂，摸一摸空空如也的口袋难免比较失落，但我的确从来没有后悔过。

一个人如果在某一个发展高峰的时候放弃，只能说明，他的目标就止于那个暂时的高峰了，他对近在眼前的珠穆朗玛峰，已经没有丝毫兴趣了。或者说，他的人生价值也就在那个水平、那个位置上定格了！

在读初中时，我通过自己做生意不仅交了学费，而且买了一台永久牌的自行车，当别人羡慕我的自行车时，我已经在做摩托车的梦了；到了高中，我成了"万元户"，买了一台摩托车，滋滋地冒着烟到处跑，别人觉得能够有辆摩托车就不错了，我却在勾画小汽车的梦想了；当别人想小汽车的时候，我已经在勾画更大的事业梦想了……

二、口袋里只有 200 元时同样可以另寻出路

2000 年一直到 2002 年这一段时期，是我人生中最灰暗的时段。

我与同窗好友周正开先生有一次一起从武汉坐火车回长沙，那是在绿之韵已经搞得比较红火的时候了，我们在车上聊天，我就跟他讲："正开，你晓不晓得，在搞绿之韵之前，我最困难的时候，搞得身上只有 200 块钱了！"

周正开当时就很吃惊："兄弟，真的吗，那我当时从没有听你提起过啊，你怎么也没有开口问我们借钱周转一下呢？"

是的，那段时间我的确到了山穷水尽的地步，由于传统生意的亏空，家里面也是弹尽粮绝，连孩子读书的学费都有困难。但是当时我在所有的朋友面前都没有表现出来，我也不好意思麻烦朋友们去借钱。因此，在他们眼里，包括在周正开先生眼里，我似乎始终还是以前那样风光呢。因为，我从来就没有表现出愁眉苦脸，或者萎靡不振，我在他们面前始终还是保持着积极乐观的样子。

即使在那种状况下，我还是梦想着要干一番大的事业，所以我想方设法，将绿之韵的摊子支撑了起来。

那么，当时口袋里只有 200 元钱的时候，难道一定要创业吗，不能够走走其他的路吗？

的确，那个时候，是有人苦口婆心地劝过我："国安，你是大起大落啊，也折腾了这么久，折腾得一干二净了，就别死心眼了，创一番事业不容易，趁现在还有几套房子，卖了做别的事吧，或者，到别的单位为哪个老板去当经理人，每个月挣个万把块的工资，对家庭生活也稳定，对孩子读书也有保障　。"

但是我当时是不可能听进去这些善良的建议的。我认为必须按照自己既定的方向往前走。

因为，一个人如果在低谷的状态下选择放弃，为自己的事业目标画上句号，那从此以后，他那些原本美好的目标就会在他一辈子的哀

叹中烟消云散！

三、成功的"五字秘诀"：坚持，再坚持！

"事垂立而辄废，功未成而旋去。"苏洵所描述的是一种功败垂成的遗憾境界。

我现在经常给我们的员工与经销商分享一句话："一个人要获得成功，就是五个字：坚持，再坚持！"

美国总统约翰逊说过："伟大的作品不是靠力量，而是靠坚持来完成的。"

成功的秘诀就在于永不改变既定的目标，咬着牙关，克服一切困难，坚持到底地走下去。宝剑锋从磨砺出，梅花香自苦寒来。不是一番寒彻骨，怎得梅花扑鼻香？

坚持，是对耐心的考验。

忍耐和坚持虽是痛苦的事情，但却能渐渐地为你带来好处。看日出必须守到拂晓，耐心和恒心总会得到报酬的。

坚持，是对信心的考验。

没有信心，你坚持不了，可能你坚持了一时半会儿，但最终还是会放弃。因此，信心是坚持到底的保障。这种信心，就是对自己的自信，对企业的相信，对团队成员的笃信。一句话，是要对你的目标，充满百分百的坚定的信念。只要持续地努力，不懈地奋斗，就没有征服不了的东西。要在这个世界上获得成功，就必须坚持到底，至死都不能放手。

坚持，能够让人的智慧和潜能得到最大程度的发挥。

有人说，成功是逼出来的，是的，只要你能够坚持到底，你的智慧就会在一刹那点燃它奇异的火光，使你能够化腐朽为神奇，能够逢凶化吉，能够"柳暗花明又一村"，能够实现逆转，能够达到"弯道超车"。

今天，我们在绿之韵的事业进程中已经坚持了十年，我们还需要"再坚持"。有时，坚持容易，再坚持则更难。因此，我提倡：坚持，再坚持。过去坚持了自然值得肯定，但如果就此自满，今后不再坚持了，那前面的坚持也就付之东流，太可惜了。

正如小九溪的一滴滴水，我们相拥在一起，坚定目标，才能够一路欢歌向大海。在未来绿之韵伟大蓝图实现之时，我也许会在绿之韵"一览众山小"的境界下问大家："你们还在吗？"那个时候，我希望听到你们响亮而自豪的回答："董事长，我们在，我们一直在！"

十年时光，一句经典，那就是：坚定不移，一心一意向前奔！

第九章

整合资源

海不择细流，故能成其大；山不拒细壤，方能就其高。

——秦·李斯《谏逐客书》

整合力是21世纪最大的生产力。善用彼此资源，创造共同利益。

绿之韵创造的是一个最大的资源舞台，任何人都可以在这个舞台上分享。

——胡国安《水道箴言录》

水道渠成

第一节 绿之韵的朋友遍天下

一、茫茫人海，朋友几何

在地球上，有另一片海，它的名字叫"人海"。

每天，我们生活在浩瀚的人海之中，与各种不同的人擦肩而过，经历过不同的面孔，不同的性格，不同的言语。我们很容易在人海之中迷惑，也很容易在人海之中彷徨。

在这片海上，不知上演过多少的人间正剧、喜剧和悲剧！因为在这片海洋里，就像真正的海洋一样，既有善意满满的"七彩鱼"，也有阴险的"大鳄"，更有凶残的"鲨鱼"。在这片海里，同样有阳光普照的区域，同样有深不可测的暗流。

在这个世界上，没有朋友，你就寸步难行；朋友资源不丰富，你就难成大事；如果你的圈子只是狐朋狗友，那你就会坏事！

"衣莫若新，人莫若故。"真正的、有价值的、靠得住的朋友，方才构成了我们每个人的优质人脉圈。

俗话说："海内存知己，天涯若比邻。"这个"海"，把它理解为"人海"才是准确的。"高山流水觅知音""飞蓬各自远，且尽手中杯"等一系列故事则是历史人物歌颂友情的深刻表现。

我特别喜欢听一首流行歌曲，它的名字叫《朋友别哭》，它优美的歌词、委婉的曲调，让唱过或者听过这首歌的人不由得从心底涌起阵阵暖意。

"朋友别哭／我依然是你心灵的归宿／要相信自己的路／红尘中有太多茫然痴心的追逐／你的苦／我也有感触／我一直在你心灵最深处／我陪你就不孤独／人海中／难得有几个真正的朋友／这份情／请你不要不在乎……"

"嘤其鸣矣，求其友声。"朋友是人生道路上的一盏明灯。在你最无助、最彷徨的时候，如果有朋友说"我一直在你心灵的最深处，给你沿着人生的道路继续走下去的勇气"。有这样的朋友，吾复何求？

所以，朋友是你高兴时与你分享快乐、是你幸福时使幸福倍增、是你困难时使困难分解、是你孤单时帮你赶走它、是你落魄时给你鼓励的那个人。

但是，茫茫人海，你的朋友到底有多少呢？万千人类，又有哪些人会成为你的朋友呢？人生路上，你又有什么方法秘诀建立你越来越多的朋友磁场呢？

在这个世界上，为什么有些人"朋友遍天下"，而另一些人却是"形单影只？"

如何挖掘朋友，如何扩大朋友圈，如何稳固朋友关系，这是一门艺术，更是个人品格的大成。要让大家成为朋友，使朋友的关系不断巩固，需要用心去经营。

二、铭记交往圈的恩情

如果你有机会来到位于浏阳国家级生物医药园内的绿之韵产业园，走进我们的办公大楼，你一定会注意到，在每一个楼层的墙壁上，都醒目地挂着各级领导视察绿之韵的照片，还有相关领导接见我时的照片，或是我出席政府会议时与有关领导的合影。

这些照片，组成了一个十分珍贵的特殊画廊，远远看去，各位领导的闪光形象确实使绿之韵蓬荜生辉。

这时，也有人一定会问："你为什么要把这么多照片挂在那么显眼的地方？"

我会很直率地告诉你，这是出于两个原因：

一是对相关领导支持我们绿之韵发展的一个忠实记录；二是对他们的深情感恩。

"饮水者怀其源。"在这些照片中，有绝大部分的领导都曾经不辞辛劳，亲自来到我们的产业园区，给以慰问、关怀，并在听取我们工作汇报的基础上给予无私的指导。他们中的一些人已经离休，有的人已经退居二线，另一些人则走上了更高的领导岗位。但我们对他们，都是一视同仁的感谢、感恩。他们对绿之韵的付出以照片为证，我们对他们的铭记，同样以照片为证。

在这些照片中，也有一部分领导从没有来过绿之韵，但是，当他们接见我时，我向他们简短汇报绿之韵的发展情况，他们听得十分仔细，并一再嘱托，一定要把绿之韵事业干得更好。我还记得，领导们那亲切而铿锵有力的话语："企业发展过程中遇到什么困难，需要什么政策支持，尽管向我们反映。"这些照片，正是领导们谆谆教诲的生动记录。

因此，悬挂这些照片，对我们的员工，对我们的经销商，是一种直观的企业历史教育方式。不管未来绿之韵的发展有多么辉煌，我们都应当始终铭记，绿之韵以前就是一个孩子，她是在各级领导的关心、爱护下一步步成长起来、发展壮大的。

而这些照片对我自己则具有更大的作用。每一天早晨，我走进办公楼，看到这些照片时，我就鞭策自己，有这么多领导在看着你啊，不把绿之韵搞好，你愧对各级领导啊。每一天晚上，我离开办公楼，再一次深情注视这些照片时，就会促使我总结反省：今天有没有完成该完成的事？还有哪几件事需要改进？

润物细无声，这些照片是一种气氛的烘托，是绿之韵强大磁场的重要组成部分。

三、突破人脉的弱势

"相知无远近，万里尚为邻。"看到各级领导们对绿之韵的关怀，看到我带领绿之韵团队在社会交往中如鱼得水，也有人向我们投来羡慕的眼光，我常常听到一些人感叹地说："胡国安的朋友真多！"

我深深知道，作为一个山里出生山里长大的孩子，在人脉方面，几乎没有任何的优势。正如前面所述，在小九溪村，从小的生活圈子就十分的窄，信息闭塞，与外界交往甚少，往往认识的动物啊、植物啊，比认识的人还要多。

但是，在那个时候，与世隔绝的处境也催生了自己一种对外拓展、对外交往的欲望。例如，我常常对着高高的雪峰自言自语："山那边是什么呢？要是能够认识那边的人该多好啊！"看着大山的无情阻拦，我有时甚至幻想着，山被凿穿了一个隧道，山那边的小朋友伸过来手与我紧紧地握在一起。

回顾起来，我觉得当初的这种欲望与我后来的珍惜友谊、与人为善是一脉相承的。淳朴的环境打造了淳朴的愿望，淳朴的愿望则打造了开放的人格。

"相识满天下，知心能几人？"

我常常记得文化学者余秋雨先生的一句话："来一次世间，容易吗？有一次相遇，容易吗？　叫一声朋友，容易吗？"因此，在人际交往的道路上，我始终对认识的人珍惜。人生相逢便是缘。珍惜缘分便是珍惜生命。

我经常喜欢与同事、经销商分享"泥鳅和鲤鱼"的故事。讲的是

水道渠成

在昔日的上海滩，有一个跟上海非常有名的大亨黄金荣资产差不多的人，但是他的出身非常的不好，有一天黄金荣问他："你为什么那么努力那么执着啊？"那个人说："老板唉，我跟你不相同啊，我过去就是一条泥鳅，我修炼了五百年才变成一条鲤鱼，又修炼了一千年才到这个样子。可是您不同，您过去就是一条鲤鱼啊，您只修炼了一千年就到这个样子，但如果我不努力的话，我很快就会变成一条泥鳅，您不努力还是一条鲤鱼。"

作为一个乡下孩子，我明白自己就是一条泥鳅。泥鳅能够见过多少世面呢，如果没有建立好自己的资源与关系，将来随时就要回到那个地方去种田了。

俗话说得好："在家靠父母，出门靠朋友。"

这句话要我来解读，实际上就是一个古老的人脉法则，它告诉人们要学会利用身边的一切资源。

一个人，始终处在人际关系之中，不管面对哪一种人际关系，你都应当以"资源观"为指导，去挖掘人际关系的价值。

"在家靠父母"，就是说，当你在家里的时候，你的主要人际圈就是你的父母、长辈、兄弟姐妹还有乡里乡亲。怎么开拓这些资源，也是一门艺术。

记得小时候，我喜欢拉着爷爷讲故事给我听，现在回想起来，当时我的这种做法，实际上就是千方百计地在挖掘爷爷的"知识资源"，只不过还是朦胧的，不是有意识的。

后来，我在读初中时养兔子，可就有点主动整合资源的味道了。我主动找到舅舅说："舅舅，舅舅，您给我做几个竹笼子。"舅舅问，"做笼子干什么啊？"我说您只管做就是，我要笼子来养兔子。舅舅一听，立即动手给我做了好几个笼子。然后我又央求奶奶给我割兔子吃的草，要母亲帮我给兔子喂喂水，扫一扫兔子粪便。等兔子长大，挑到集市去卖的还是我的老爸呢。我当时就是用"养兔子"这样一个项目，把家里人都整合到一起了，而我，则怡然自得地成为一个穿针引线的"资源管理者"，养兔子的最终成果属于我。

后来我做了完美公司的经销商，我又第一时间把我父母亲发展起来，跟着我一起做完美营销事业。我母亲这个人本来就心直口快，喜欢与人沟通，特别是与陌生人沟通她没有任何心理障碍。因此，我发展她做完美营销工作，真的是发挥了她的"资源长处"，她噼里啪啦一折腾，给我折腾出一片很大的市场。有时，我邀请了许多做完美的朋友一起回家，她还主动帮我们做饭，对我的事业起到了很大的帮助。

家是一个人的港湾，但你不可能永远停留在那儿不动，你得远航，你得走出家门，那么这个时候，面对外面的世界，你就需要建立朋友关系，去促进你的发展。因此，朋友是家的延伸，如果能够在朋友关系中找到家的关系的感觉，那你就绝对拥有了同甘苦、共患难的真心朋友。

在离开家里读寄宿的时候，我就开始把周正开同学圈定为自己最要好的朋友与合作者。当时我们两个人在学校都很调皮，但学习成绩又都很优秀，两个人心有灵犀一点通，在很多方面都互相"打配合"。比如，别的宿舍都住十几个人，很拥挤，我们两个就出主意，跟老师搞好关系，拿到了一个四人间。做信息生意时我们也是配合默契，既赚到了钱，又躲过了班主任的批评，还得到了校长的支持。后来，做冬笋的生意，我也联合了他，一起做了好多回。直到今天，我与周正开先生还有很多项目合作。

在社会上，多一个朋友多一条路。后来我辞职去深圳闯荡的时候，在茫茫人海之中，正是依靠了湖南老乡的朋友关系，才找到了生意项目。

朋友的作用在于依靠，更在于相互依靠。朋友的存在，使我们独而不孤，使生活变得更加温暖、更加自在。"诚""信""仁""忠"这四个字，应当成为我们交友的准则，渗透进我们的生活，影响着我们的行为。

在做完美直销的时候，我每次去广州进货，都背着我最小的弟弟胡德安的书包，没有东西，就搁了两件衣服，然后就住在广州的姑姑家里，整整住了三个多月。他们客厅有个沙发，我就每晚睡在那个沙发上。因此都必须等他们家所有人睡了以后我才能睡，每天早晨又都必须比他们先起床。

我那个姑父是开火车的，既会开火车又会开汽车，他当时每次从广州分公司把我订购的完美公司的产品给拉到花都，为了省几个钱，我从广州的花都车站（就是现在的北站）上车。最多的时候，一个人带过去17箱子货回长沙，但是上火车没办法上啊，我就请当时在广州打工的几位老乡，找了六七个伢子，给他们每人三块钱，一个人给我拉一箱，小的箱子就一个人扛两箱，沿着铁路走四五里地，然后帮我送上火车，找其他的行李搬运工每人要花几十元啊。最让我一直感到内疚的是，当这些老乡帮我把货送上火车之后，他们再返回去时因为没有进站的票又不能走出站口，就只得沿着铁轨走回去，结果被铁路管理处当作盗窃犯打了一顿。

多年来，我一直为那一个镜头而感动流泪。

人生在世，有什么比患难之中见真情更值得你尊重的呢？

友情，在淬炼中不断得到提炼和升华。它需要用心浇灌，用生命来培养，才能开出灿烂的花朵。

第二节　不拒点滴，方成江海

一、不积小流，无以成大海

其实，我们应当向水学习如何整合资源。

水作为世界上最柔弱的东西，却始终让人无比敬畏，是因为它有"资源整合"的基因。一滴水也许不会让你太多去注意，但一滴一滴水叠加在一起，组成水柱、水扇、水枪、水墙，却能够创造出排山倒海、摧枯拉朽的力量。佛教里有个故事，佛祖释迦牟尼问弟子：一滴水怎么能够不干涸呢？弟子们都答不出来。

佛祖说：把它放到江、河、湖、海里去。

一滴水只要放到大海里去，就永远不会干枯，其含义十分深刻，大海是怎么形成的？就是许许多多的河流、溪流、湖泊、江流而不断注入而成的，所以，我们经常说"地低为海，人低为王"，大海整合资源的方式就是以低姿态欢迎各路豪杰统统"加盟"自己，使自己变得浩大无边。

水流最能够摆正各自的位置，我是你的支流，但相对于别的小溪小河，我又肩负干流的责任。

流经我家乡的资江，它是长江中游南岸重要的一条支流，是"湘资沅澧"四大家族的骨干成员。但是相对于小九溪等，它又是非常庞大的干流。它的干流全长 653 公里，流域面积 282 142 平方公里，沿

水道渠成

途接纳了大小支流1 300多条，资江干流两源逶迤，支派纵横，自西南向东北呈"Y"字形在邵阳境内交汇，浩浩北去，流入八百里洞庭，最后注入长江。

因此，水在资源整合时可以说能够摆正位置、分工明确。

水除了进行"同质整合"，还十分善于与别的事物进行整合。

水与泥相遇就变成泥水；与糖相加，就是糖水、甜水；与盐碱相溶，就是咸水；与温度相配，就是热水、温水、凉水、冰水，还有茶水、墨水；我们人体就是一个大的"水体"，当水与我们的情感互相整合的时候，就催生了最宝贵的一种水——泪水……

种种现象，看似水成为别人的工具，实际上却是水在不断整合别的资源，并在整合中实现华丽转身，创造自身更大的价值。

二、天池年龄的学问

在整合资源的过程中，有时需要时间的考验。

在我国的新疆有一个非常著名的景点叫天山天池。我曾经去天山天池游览，然而，真正吸引我的还不是天山天池的魅力，而是对其水源的考察。

应当说，与中国境内其他湖泊相比，天山天池在成湖方面是处于绝对劣势的。因为这一带干旱少雨，没有任何河流供给。那么，水从何来？是从高山的融雪汇集而成。试想，一点一滴的雪水，要汇成一个这么巨大无比的湖泊，其历程可以说是亿万年之久。

因此，天山天池的美是"钻石恒久远"的美，天山天池在整合高峰雪水的过程中经得起亿万年的考验。

如果我们在整合资源的过程中，有类似的耐心，有这样的坚持，又何愁自己资源不丰富呢？

在绿之韵事业体系中，我经常听说类似这样的案例。一个经销商沟通他的一个朋友，从 2006 年开始，一直到了 2010 年年底，等绿之韵拿到直销牌照了，他的这位朋友才最终主动要求加盟。这样一个沟通的过程，其时间整整用了五年！

五年的耐心换来了一片崭新的市场，值不值？当然值。"好事多磨"，很多美好的东西不是不会来，而是需要历经时间的考验。爱情如此，友谊如此，商界的合作之情亦往往如此。

然而，很多人恰恰在整合资源方面缺乏必要的耐心，他们往往表现出急躁和浮光掠影，结果一事无成。

三、千岛湖的成湖之道

与天山天池形成鲜明对比的，是浙江的千岛湖。千岛湖水在中国大江大湖中位居优质水之首，属国家一级水体，被赞誉为"天下第一秀水"。

而千岛湖实际上是一个人工湖。1959 年因为要建造新安江水力发电站，就在距浙江建德市新安江镇以上 4000 米处建坝蓄水，拦坝而形成了这个巨大的人工湖。所以，千岛湖的成因是外力使然。

这样一个案例对我们的启迪是什么呢？就是资源整合需要主动进取，按照自己的目标，利用已有的条件，科学规划并实施干预措施，从而创造崭新的资源链。就像千岛湖，不是被动地等大自然的施舍，不是等火山爆发给我们堰塞出一个湖，也不是靠宇宙飞来的陨石给我们炸出一个坑，靠的是自己动手，以比大自然更快的速度"造湖"。

在绿之韵营销事业拓展过程中，我发现许多优秀的经销商主动出击，充分利用当地的资源优势，借助妇联、团委、老年协会、医师协会、教育系统等机构的力量，开展健康科普讲座，进行健康检测、健康咨询等服务，赠送绿之韵产品，传达绿之韵爱心责任形象，不仅取得了良好的品牌效益，也直接推动了市场的发展，拓展了许多新消费者、新事业伙伴。

在教师节来临之际，有一个团队与当地教育局合作，推出"呵护女教师美丽的手"的献爱心活动，向辖区女教师赠送绿之韵蓝茜护肤品100多套。后来，这些女教师都成为这个产品的长期爱用者。

还有生态纺织的团队，针对生态纺织产品的特点，到一些大的单位联系团购业务，一次性销售就达数百万元。

另一方面，环境的推动、外力的推动则可能使自身的价值得到有力的提升。新安江因为被拦断，活生生创造了一个湖泊，还因为蓄水发电，产生了源源不断的新价值。

第三节　绿之韵是整合资源的事业

一、初来乍到，两眼一抹黑

"泰山不让土壤，故能成其大；河海不择细流，故能就其深。"今回首绿之韵的发展历程，我深深感到，绿之韵事业就像水一样，在整合资源当中不断壮大。

绿之韵创办之初，这样条件差、底子薄的公司之所以能够维持下来，是因为我成功地整合了我们的员工队伍，成功地整合了像劳嘉这样的合作伙伴，成功整合了像徐华、曹凤华这样的事业伙伴。他们的加入和加盟使绿之韵事业有了第一道人才基石；他们的不离不弃使绿之韵能够号召更多的人、能够整合更多的人才资源。

2006年，在绿之韵成立三年之际，我们就从长沙市东塘那个弹丸之地搬到了国家浏阳生物医药园。

然而，作为一个"外来户"，初来乍到之时，我们对此地的人员关系可以说完全是一片空白，什么都没有，两眼一抹黑。那个情形，就好比一个中国乡村小孩突然来到花花世界的美国，环境——陌生；语言——不通；氛围——不适应；熟人——一个也没有。

要知道，经营企业也好，经营团队也好，绝对不是在"真空"中生存。特别是经营企业，与企业关联的单位多如牛毛，企业要面对、要妥善处理的关系千头万绪。

水道渠成

如果看了本书以后你想经营企业，那么我会忠实地告诉你：做一个企业家，很难；做一个民营企业家，更难；做一个直销行业的民营企业家，难上加难！

二、主动出击

对一个企业来说，其关系数量达几十种之多，涉及的具体部门有上百个。

面对这么多的关系门类，如何去处理？怎样才能处理好？这就是作为一个企业家所不得不面对的问题。

"聪者听于无声，明者见于无形。"我们生活在一个"大关系时代"，处理关系不是俗气的请客送礼，今天，即使你只是搞系统、带团队，也要对方方面面的关系维护足够重视。人脉资源是企业成功的基本条件。要在竞争中求生存、求发展，企业只有有效整合好资源，特别是对于我们中小型企业来说，资金、技术、实力都无法与大型企业相比，但同样要生存，要发展，要效益。脚下的路也许有千万条，但最根本的一条应该是：尽自己最大的能力"整合自身资源"，并根据增值、扩张后的资源，积极寻求企业发展的扩张之路。

所以，我主张以"资源观"来看待企业与外界的关系。那就是，我们企业与外界的一切单位，都是一个个资源的承载者，关系是相互的，我们需要外界，外界也同样需要我们。例如，我们绿之韵公司在浏阳市安家落户后，在企业发展方面需要浏阳市相关部门的支持、帮助、协助，但从另一个角度看，浏阳市它也需要像我们绿之韵这样高速发展的企业为其经济发展服务、为其税收服务、为其劳动力就业服务等。因此，关系的处理就不是一种单向的谁"求"谁的概念，而是要双方或多方都珍惜关系、维护关系，都懂得如何去协调。

树立了这种"资源观"，我们就克服了拓展外界关系的心理障碍，就能够轻松上阵，以十分主动的姿态去扫描企业周边的资源。

那时候，我就像当初做经销商一样，站在企业的角度，认认真真列了一份"大名单"，详细地绘就了一个"绿之韵企业关系图谱"，并按照这一"研究成果"，有条不紊地部署相关的工作，主动去拜访，主动去认识别人。一个人在没有谁能够帮助你的时候，你自己的主动性、耐性和智慧就显示出价值了。通过我本人及企业相关部门的员工四处真诚的拜访、见缝插针的汇报交流，我们绿之韵一步步融洽了外围关系，让生物医药园园区与政府相关机构知道了绿之韵的存在，了解了绿之韵的发展思路，理解了我们对健康产业、三农产业的责任定位。因此，从浏阳市到长沙市、省政府，各级部门的领导慢慢关注我们、关心我们，并积极支持我们的发展。

在处理外围关系、整合各方面资源的过程中，我确立了几大原则，并要求相关办事人员严格遵守。

第一，公司与政府职能部门沟通，务求全面细致、真实透明。绿之韵公司是一家什么样的公司？我们主要从事什么行业？这个行业对当地经济发展、对扩大就业、对三农产业有什么贡献？等等，需要做详细的汇报，不掺假，不粉饰，一就是一，丁是丁卯是卯。

第二，经销商与外界的沟通，不能够诋毁别的任何公司，不能讲其他公司的坏话，而且不能刻意或有意去挖别的公司的团队。我原来是做完美公司的，而且是有影响力的成功的经销商，但我在创立绿之韵前面的三年，我没有找过任何一个完美的人。如果我要是刻意地去找，肯定能够找一些，但是我一个都没找。我始终认为，是完美让我认识了这个行业，完美，是我这个行业的老师，是我学习的榜样。

三、学习蒙牛的整合之道

为了寻找整合资源之道，我还特地去了内蒙古蒙牛集团，专门去进行学习。我记得当时看到在中国企业中，在整合资源方面可以学习的典范，除了马云阿里巴巴以外可能就是蒙牛了，于是毫不犹豫地花了几万块钱，赶到内蒙古呼和浩特，在蒙牛集团进行考察学习。在那里，我参观了蒙牛的无菌生产车间，包括从牛进去到挤奶，它自己很胀之后就自己走进去，奶就挤出来了。在那里，蒙牛创始人牛根生亲自给我们讲课，谈蒙牛的整个发展历程，使我深深感到他是整合资源的高手。

当时内蒙古草原有很多沙漠，而政府鼓励对沙漠进行改造，你如果把沙漠变成绿洲，政府就给你资金补助。牛根生以敏锐的眼光发现了这个商机，于是，他就借用了政府的这个资源，就向国务院申请改造沙漠的项目。他从国外用飞机把草皮运过来，然后种在内蒙古的草原，当时政府给了十几个亿的补助，他开发了十万亩沙漠。一方面，种上草改造沙漠；一方面，种的草可以喂奶牛，发展他的乳业。

这就是老牛的资源整合之道啊！学习的时候我的第一感悟就是，在中国，不管发展任何产业，首先要符合国家的政策，按照政策的方向去组合你的资源体系，去调整企业的发展方向。

因此，当时从蒙牛回来之后，我就立刻写作出版《整合分销》这本书，将绿之韵的发展方向建立在资源整合的模式之上。

去年，我听了"十八大"的报告之后，立即感到绿之韵要赶紧开发电子商务，于是制定了全新的战略。因为，这是一个既合乎趋势，又受国家政策鼓励的项目。

四、君子之交淡如水

我曾经多次聆听著名国学大师吴言生教授的演讲，他说过"一杯禅茶，二两银子，三重境界，四季风光"参禅开智慧之道。

而在绿之韵创业初期，在整合专家资源方面，我可能有的只是"一杯禅茶"，连"二两银子"都没有。

大家都知道，从 2003 年下半年开始，在绿之韵的讲台上同时出现了两位行业专家的身影，一个是胡远江教授，一个是禹路先生。他们两人作为享有盛誉的直销行业专家，能够同时被我邀请成为绿之韵发展顾问，并且多次莅临公司，为我们进行演讲、授课，这样的专家格局好像只有我们绿之韵一家公司拥有。

也正因为这样，外界很多人就会打听我给他们的"专家待遇"。其实，我与他们两人的交往，纯粹是因为私交很好，都是老乡，都谈得来，十几年前就认识。他们两人人都很好，当时我们很小，他们也愿意不计报酬地支持我们，是我们不花钱的战略顾问。至于说一年固定给他们多少钱，当时没有讲过，后来也从来没有探讨。我当时唯一的付出，就是他们来了以后，我给他们每人送了一双布鞋，加起来就是送了两双布鞋，然后，他们就主动愿意来了。

这布鞋的故事一直令我感动。

这种交往，真正是"君子之交淡如水"啊！

同样的事情还发生在我们对螺旋藻产品的引进方面。

当时在我们的经销商队伍中，有一个来自中科院的老人，她介绍我去了南京，拜访南京大学的曾昭琪教授和他的爱人张媛贞教授。曾教授是国际蓝藻协会的常务理事，也是中国螺旋藻之父。在南京，我跟他们两个交流。曾教授说他一生的想法就是希望这个螺旋藻能够造福人类。但做了那么多年呢，他的女婿建了工厂以后就一直没做大，一直就是吃一点啊剩一点啊，这么慢慢慢慢搞，中间搞过几次销售都没有搞起来，搞了一二十年了。当时他女婿就要求我拿 200 万元来与他们合作，可是我哪有那么多的钱呢？后来在曾教授夫妇的支持下，没向我要一分钱，合作经营他们的螺旋藻产品，还让我控股了 51%！为了向绿之韵消费者讲授螺旋藻的科普知识，当时两个教授是每个月都坐火车，转道株洲到长沙，为店长培训和高级经理培训讲课。每次都是两口子讲课，讲得很有激情，讲螺旋藻对人类的贡献。现在，曾教授已经 90 岁高龄了，都讲不出话来了，我每年都至少去看他一次。

现在，螺旋藻产品在绿之韵销售市场中已经深入人心，但当时，却真正是在"君子之交淡如水"的境界下我们开始合作这一项目的！

五、只要有时间，来者都是客

我珍惜关系，也善待朋友。绿之韵同样打开大门，欢迎一切来考察、看望、了解我们的人士。有个别人，他来绿之韵摆明的就是以一种看不起、不服气的心态来的，我们也从来没有拒绝过。

因此，针对外面来的人士，我的基本态度是"来者都是客，相逢便是缘"，不要问其来路，也不必要探究其来的真实目的，来到了绿之韵领地，我们都应当对其持热烈的欢迎姿态。而我本人，很多人都有这个印象，只要时间允许，一定会出来接待，甚至全程陪同。

煮一壶茶是一个礼，吃一顿饭也是一道情。

绿之韵有自己的宾馆酒店，还有大大小小的茶室。只要来到绿之韵，一切好商量。绿之韵的茶道是专门款待朋友的，在三十九铺，各种茶品应有尽有。

在我接待的各路市场朋友中，有的原来有上百万团队，有的刚刚从海外归来，有的刚从高位离休，有的才高八斗，有的语惊四座。可谓英雄豪杰，八面来风。

有很多人，在我们飘逸的茶香中了解了真实的绿之韵，发现了我们的优势，看到了我们的潜力，最后，认可了我们，加盟了我们的团队。

还有一些人，住进了绿之韵大酒店，看到了每个房间里都挂着一幅幅豪车得主的照片，感到特别的感动和兴奋，也加盟了我们。

所以，资源整合，体现在每一个时段，体现在每一道细节。有时，有心栽花花不开，无心插柳柳成荫，不要操之过急，一切顺其自然。

我认为，关系是一种缘分。这种缘分又分为两种，一是人与人之间的缘，叫人缘；二是人与地之间的缘，叫地缘。与绿之韵的合作，既需要人缘又需要地缘，第一是志同道合之人，第二必须认同绿之韵这个平台。有人虽然醉情于直销，但不能够接受绿之韵的法则，也还是与我们没有缘分。

十年绿之韵历程，我站在办公室俯瞰绿之韵大门，观人流熙熙攘攘，有缘者，踏入大门成为我们的事业伙伴；无缘者，转身而走消失在遥远的地平线。这个世界就是如此，资源整合也是这个规律，没有必要去强求。

而我们所要做的，就是针对所有的人，不管是"千里能相会"的有缘之士，还是"对面手难牵"的无缘之人，我们都大门广开，笑脸迎送。

六、有朋自远方来，不亦乐乎

在绿之韵的资源整合中，我们特别重视与媒体的关系。

绿之韵刚刚起步不久的时候，在业界的动作轻微，基本上没有泛起什么涟漪，因此，媒体关注的也特别少，与我们打交道的大多是湖南省本土的媒体。

2005年以后，绿之韵慢慢在业界划动出一些响声，特别是当我们投资3600多万元的绿之韵国际大酒店开业，《颠覆神话 —— 绿之韵飞天之旅》新书公开出版发行以及连续几届进行豪车豪宅大奖发布，业界开始注视我们了。于是，各级媒体，包括直销行业的专业媒体，都纷纷进驻绿之韵公司进行参观考察、采访报道。

这些媒体来自全国各地，有北京的、广东的、重庆的，还有上海、海南的。他们不辞辛劳，远道而来，我们自然是"有朋自远方来，不亦乐乎"，以百分百的热情欢迎他们，并在采访方面积极配合他们。

当今社会，传媒业的发展越来越快，传媒的方式已经不局限于传统的电视、报纸、杂志、广播，随着网络媒体及其他新兴媒体的出现与发展，使新闻传播的速度能一夜之间，传遍全球。可以说，网络媒体的出现改变了我们的生存方式，使企业处于全球新闻透明化的包围中。因此，无论我们是否愿意，媒体都已经成为企业发展中不可缺少的一部分。

在做传统生意的时候，我就与很多著名的电视媒体和报纸媒体打交道。在绿之韵事业的每一个发展阶段，我更是站在企业战略高度看我们与媒体的关系。

企业与媒体的关系，决不仅是广告和宣传那样简单。有时，媒体并不能对企业帮什么忙，但关键的时候，如果你不重视媒体关系处理或者没有应对媒体关系的经验、策略，媒体很可能给你帮倒忙。中国有句古话："好事不出门，坏事传千里。"一个负面新闻处理不当，一次危机事件处理不好，就会倒掉一个企业。

因此，在我看来，媒体也是生产力，我们应当把媒体当作我们企业内部的客户，我们要学会和媒体打交道，熟悉媒体内部运营规律和潜规则，与各种媒体包括传播快捷的网络媒体保持和谐紧密的关系。

所以，我常常告诫我们的外事部门和新闻部门，要像了解客户一样了解媒体，尤其要深入了解业界专业媒体。同时，我要求公司相关部门及时搜集媒体报道的信息，凡是涉及绿之韵的文章，一定要了解其标题是什么，作者是谁，对我们提出了什么好建议等。如果企业对媒体不做深入研究，就不可能了解媒体、把握媒体、运用媒体。更谈不上有效的媒体传播。

七、在整合中壮大力量

媒体也好，政府部门也好，行业研究机构也好，都是绿之韵外部最宝贵的资源体系。

十年来，绿之韵广开大门，时刻欢迎新朋友、新力量的加盟，由此，我们的资源体系"为有源头活水来"，一路高歌，不断吸纳大江大河，汇聚成为汪洋大海。我们不断扩充产业半径，不断实施华丽转身。

今天，通过不断的整合，绿之韵已经形成了一个"多元化产业"并行发展的宏大格局。

我们形成了清晰的绿之韵抗衰老产业线。

绿之韵抗衰老领域研究主要针对细胞抗衰老领域，以"内调外养"的方式使人体恢复年轻光彩。产品通过高科技手段达到营养、活化细胞的效果。"内调"通过补充细胞微量元素与矿物质，催化、激活细胞，提高免疫力，增强体质、健康身体。"外养"从 EGF 包裹技术与小分子胶原蛋白相结合补充细胞营养，促进细胞的新陈代谢，活化表皮细胞，使细胞呈现年轻状态。我们把帮助别人放在第一位，致力于创立国际化和谐、创新、创富平台，帮助有梦想、有爱心的人实现丰盛人生。

客户满意是我们不懈的追求，我们把帮助别人放在第一位，致力于创立国际化和谐、创新、创富平台，帮助有梦想、有爱心的人实现丰盛人生。让我们一起携手，共创辉煌！

我们打造了绿之韵低碳生活产业线。

绿之韵低碳事业部是绿之韵集团旗下、适应世界低碳潮流而设置的一个新兴产业。低碳产业以国家相关产业政策为指针，以科技、环保、民生、时尚为产品开发原则，致力于低碳健康生活电器的研发、生产与营销，以"提升中国家庭幸福指数"的理念为宗旨，以"时尚科技、创新科技"为产品研发的方向，引领中国家庭"绿色厨卫革命"新潮流，倡导"环保、健康、享乐"家庭生活新理念。

我们构筑了绿之韵"生态纺织"产业线。

水道渠成

　　绿之韵生态纺织事业部组建于 2012 年，是绿之韵集团旗下一家立足生态纺织领域的新兴企业，致力于全球领先的生态纺织和生态健康产业系列产品的研发、生产、推广与销售。

　　绿之韵生态纺织事业部把"绿色、健康、环保、时尚"作为绿之韵生态纺织产品理念，以"缔造健康优雅生活"作为品牌诉求，用"显著差异化"和"巨大市场潜力"作为衡量标准，不断拓宽和优化企业产品线，从而在产品领域建立核心竞争力。

　　绿之韵生态纺织事业部坚持两条腿走路的发展模式：一方面，事业部坚持走产业化发展之路，努力在生态纺织产业领域和健康产业领域做大、做强、做精、做专；另一方面，在总公司的要求下，事业部还将全力推进资本化运营之路，通过资源整合，在未来十年内建立全球范围深具生产力和竞争力的"生态纺织与生态健康"科技交流、产品营销与服务、个人与组织创业、投资增值的卓越平台与品牌。

　　当前，在绿之韵整体的"大健康"产业格局中，这几大产业线是既有分工，又相互支撑、相得益彰。可以说，每一条产业线就是一条专业线，就是绿之韵对健康理念的精细化研究的一条特别的触角。它们更是直销行业全新的题材，刷新了此前人们对健康产品和健康观念的固有理解，在生命健康、低碳健康、生态健康方面给了业界崭新的亮点，使我们绿之韵广大的消费者朋友及其家庭，可以享受更多更丰富的消费选项，做到吃出健康、喝出健康、用出健康、穿出健康、睡出健康。

　　特别是，按照绿之韵未来的资本战略规划，以上每条产业线都可以构成单独的上市题材。目前，生态纺织产业的上市已经导入了正式流程，深圳君安投资有限公司已经为我们制定了详细的上市路径，绿之韵集团将全力支持这一计划，争取早日实现绿之韵生态纺织股票在相关证券交易所敲钟！

　　资源整合，使绿之韵从一滴水变成了大江、大河、大海；资源整合，使我们的力量越来越强大。在资源整合的道路上，绿之韵将走得越来越远，越来越强大！

第十章

改变自我

苟能审势而行,因器而变,因机而动,则敌焉能乘我哉?

——明·西湖逸士《投笔肤谈》

兵无常势,水无常形,能因敌变化而取胜者,谓之神。

——《孙子兵法·虚实篇》

人生与事业的契机,往往存在于转弯之处。

信念改变思维,思维改变心态,心态改变行动,行动改变习惯,习惯改变性格,性格改变命运。

愿不愿意改变,会不会改变,一切全在于自己。要想事情改变,首先自己改变,只有自己改变,才可改变世界。

——胡因安《水道箴言录》

水道渠成

第一节　改变是一种智慧

21 世纪是一个翻天覆地变化的世纪，也是一个充满挑战、充满危机的时代，人们的应对之策就只有不断改变自己，将"危机"化为"机会"，将不利变成有利，将弱势变成优势，将不可能转变为可能。因此，改变是一种大智慧。我们经营企业也好、管理团队也好、个人成长也好，只有具备强烈的改变意识，找到正确的改变方法，从改变自己开始，从现在开始，实施"改变工程"，才能实现人生与事业的跨越发展。

一、"刻舟求剑"的观念陷阱

在初中时，我学过一篇课文，题目叫《刻舟求剑》，说有一个楚国人在乘船过江的时候，一不小心，把随身带着的剑落到了江水之中。在大家都催促他赶快下水找剑的时候，这个楚国人却用一把小刀在船舷上刻了个记号，然后不慌不忙地对大家说："这是我的剑掉下去的地方。"直至船行到岸边停下后，他才顺着他刻有记号的地方下水去找剑。可是，他怎么也找不到那把他心爱的佩剑啦。

当时我记得老师就问同学们："这个楚国人为什么找不到剑呢？"

凑巧的是，后来，在中国人民大学读 EMBA 时，教授们还是在课堂上提到了这个经典案例，也向大家提问："这个楚国人犯了什么错误？"

作为一个初中学生与一个EMBA的学生，我在二三十年的跨度中，两次听到这个古代故事的时候，对其中的感悟却是完全不一样的。

在初中的时候，只是感到这个楚国人傻，船上刻的那个记号是表示这个楚国人的剑落水瞬间在江水中所处的位置。掉进江里的剑是不会随着船行走的，而船和船舷上的记号却在不停地前进。等到船行至岸边，船舷上的记号与水中剑的位置早已风马牛不相及了。这个楚国人用上述办法去找他的剑，不是太糊涂了吗？他在岸边船下的水中，白费了好大一阵功夫，结果毫无所获，还招来了众人的讥笑。

而在EMBA回首这个故事，则深深体会到，人们很容易指出这个楚国人的不是，但在实际生活和工作当中，却往往不自觉地自己成了那个楚国人。

不是吗？认真回想一下，在自己的成长历程中，在你身上，有没有发生过"刻舟求剑"的故事？如果发生过，那它们已经不是"故事"了，它们就应当是"事故"，是一次次阻碍你取得进步、取得成功的"事故"，有时，可能就是"大事故"，而你可能至今仍然浑然不觉。

"刻舟求剑"的寓言昭示的是一个观念陷阱，掉进这个陷阱里的人往往死守教条、拘泥成法、固执己见、不知变通。

我在EMBA班就这个案例发言时说：那个楚国人看起来是犯了方法论的错误，其实，最根本的，是犯了一个观念错误。因为很多时候，观念比方法更重要。改变，既是一种方法，更是一种观念。只有牢固树立了这种观念，你才能在实际工作中时刻找到改变的方法。

比如，政治改革就是一种人类历史上最高级别的改变，然而，其中最关键的是人们的观念。因此，为了政治改革而进行的鲜血斗争，首先就是不同观念的营垒之间所进行的观念冲突。于是，人类历史就诞生了两大派别，一个叫守旧者，一个叫革新者。

我们个人也是如此，"想不想改变"比"如何改变"更重要。

在绿之韵国际商学院的课堂，培训师们经常讲到一个故事。

一个记者去采访在草原上放羊的放羊娃，问他："小朋友，你放羊为了什么呢？"放羊娃回答："为了赚钱！"记者又问："赚钱干什么呢？"放羊娃回答："赚钱娶媳妇。""娶媳妇干什么呢？""娶媳妇生孩子。""生孩子干什么呢？"放羊娃回答："生下孩子好放羊啊！"

像这个放羊娃，他的思维模式就是一种原地踏步的不变模式。如此这般，一代一代，永远逃脱不了放羊的命运。而外面丰富多彩的世界，对他来说则可能从没有机缘了。

二、人能两次踏进同一条河流吗？

在高中上哲学课时，我学到了古希腊哲学家赫拉克利特曾经说过的一句名言："人不能两次踏进同一条河流。"

说实话，当时我是很容易理解这句话的内容的，因为我自小就生活在山村的小九溪边，我经常观察小九溪的变化。比如，在同一天，我有时一会儿看到流出来的是清水，一会儿泛着白沫，一会儿则可能是黄黄的带着泥巴，当时就很深刻地感到小九溪每时每刻的变化。因此，同一条溪流，当人第二次进入它时，它已经是新的水流而不是原来的水流在流淌。所以，站在这个角度去理解"人不能两次走过同一条河流"就是正确的。

赫拉克利特的说法表达的是一种"变化"的思想，宇宙万物，没有什么是绝对静止的和不变化的，一切都在运动和变化。就是说，这是一个随时在变化的世界，万物皆变，太阳每天都是新的。

一条小小的小九溪随时在变化，那么资江呢，长江呢，东海、太平洋呢？事物的规模越大，其包含的元素越多，其变化的可能性就越大，变化的内容就越丰富啊。

我们生活的地球，就是一个伟大的变化载体。从类似现在月球光秃秃的样子开始，到今天有了城市，有了公路、铁路、轮船航线、飞机航线，有了隧道、地下铁路……在地球的版图上，千万年来经受过伟大无比的变化。

而全世界自从进入 21 世纪以后，变化的节奏更为神速，通信工具的升级换代，互联网的日益普及，信息量的迅猛增长，都使人感到：今天的世界不是昨天的世界，今天的河流不是过去的河流。因此，有人开玩笑地说："秦始皇再伟大，他也没用过大哥大！"更有人感叹："不是我不明白，这世界变化太快。"

速度、多变、危机是 21 世纪最大的特点。世界时时在变、处处在变。

三、改变是一种智慧

我们的老祖宗写一本书，叫作《易经》，它对全世界思想的影响是功不可没的，因为这本书就是关于改变的智慧全书。易经的"易"字，就是变化的意思。古代有一种改变人的相貌的技术叫"易容术"，其中的"易"也就是这个改变的含义。因此，《易经》认为世界是永恒变化的，所以提倡变化之道，并指导后人如何去应对世界的变化，提供策略方面的参考。

从中国的古代文化来看，关于改变和变化的思想源远流长，改变一直被视作是一种智慧。

改变，有时十分的简单，但却成为决定胜负的砝码。

例如大家熟知的"田忌赛马"的故事，两次比赛，马还是原来的马，场地还是原来的场地，只是被军事家孙膑改变了一下马出场的顺序，第二次比赛竟然就可以转败为胜。

而相反，当需要我们做出改变时，我们墨守成规，待在原地不动，则会导致失败的结果。

有一个人牵着一头驴在悬崖峭壁上走路，这个人怕驴跌落悬崖，便使劲将驴往里侧拉，而驴呢又特别犟，拼命往外侧挣，人和驴互相坚持自己的立场，后来驴子掉下了悬崖粉身碎骨，而那人空拿着鞭子懊悔。表面上看人和驴都赢了，为了自己的立场和原则均没有屈服对方，然而实质上两人都是输家，人失去了他的财产驴，而驴失去了它的生命。生活不能走极端，该改变自己时，就应当勇于接受现实而适当改变自己。

有的人一辈子都不肯改变自己，总是"倔强"在那块自我设定的观念中。然而懂得谦让、妥协未必不是一种智慧。

人生长路，何其漫长。长路途中，一道道障碍、一条条沟壑在所难免，倘若一心向前，将永远无法逾越，有时，只有绕道而行。"绕道而行"是迷雾中的指南，帮助我们明确方向；"绕道而行"是沙漠中的甘泉，帮助我们重获希望；"绕道而行"是迷途的灯光，帮助我们抵达家园。由此看来，绕道而行不仅是自然界的常态、前进的方式与途径，更是一种智慧！

绕道而行，就是扬长避短，超越自己，赢得胜利。

我国著名运动员刘翔幼时是长跑运动员，他梦想着有一天站在最高的领奖台上，但现实无情地打击着他，他的长跑成绩并不理想。从此他改变训练项目，攻练跨栏，虽然方向改变了，但勇夺第一的理想未曾改变。就这样，他在新的方向上获得巨大成就。

是什么让他超越自我？是改变方向，而改变方向不正是一种"绕道而行"的智慧吗？由此看来，绕道而行是一种另辟蹊径的智慧，是在科学改变中超越自我。

绕道而行不是一种逃避，而是一种前进；不是一种懦弱，而是一种智勇；不是一种愚笨，而是一种知理。绕道而行包含了世间一切真理，是不可否认的大智慧。

　　那么，为什么很多人缺乏这种改变的智慧呢？倒不是他们的智商不行，而是他们的观念不行。因为他们对改变有一种恐惧，所以他们谨小慎微，墨守成规，甚至守株待兔，不敢踏出改变的一步。还有一个方面，是懒惰的因素，已经到了这个样子了，要么高枕无忧，要么目光短浅、不思进取，要么一心护住既得利益，因此，懒得去改，懒得去变。

　　所以，态度决定了我们的选择，选择决定了我们的人生道路。

第二节　水的改变之道

一、水有三变二流

水是最乐于改变自己的一种物质。

从水的形态方面来看，水在自然界有各种形态——云、雾、雨、露、霜、雪、冰、水蒸气……不管哪种形态，归结起来，就是液态、固态和气态三种方式。

水在自然界是同时以这三种方式存在的。水的三态说明了水的"三变"，即平时柔软宁静，流淌不息，但在外界温度的变化下，水也及时变化，化而生气，凝而成冰。

同时，即使是处于液体状态的水，在流经大地广阔疆域的过程里，它仍然是根据环境的不同，选择不同的方式。比如，在毫无阻拦的地域，它一路欢歌，奔流向前，以溪流、河湖、江海的方式存在；但是，一旦碰到高山、巨石的拦阻，它不是放弃回头，而是以渗入地下的方式，在地下重新找到自己的运行空间，形成地下河流，形成泉水叮咚，继续一往无前。这就是说，除了三态，水，还有明流、暗流两种运动形式。

水的"三变二流"深刻地说明了，水不拘束、不呆板、不僵化、不偏执。

它因温度而变，温度达到高临界值，就成为气态；温度达到低临界值，就凝成雪，结成冰。

它因时而变，夜结露珠，晨飘雾霭，晴蒸祥瑞，阴披霓裳。

它因地制宜。或为明流直抒胸臆，或下潜为暗流涌动向前。

它有时细腻，有时粗犷，有时妩媚，有时奔放。

另外，我们还能够发现水的另一种改变自己的方式，就是根据容器的不同而改变自己，比如，在制作冰棒的时候，用小杯盛水，则成为杯状的冰棒；以大碗盛水，则成为碗状的冰棒……它因器而变，遇圆则圆，逢方则方，直如刻线，曲可盘龙。

因此，对水在改变方面的品质我们完全可以用 12 个字来概括，就是"因器而变，因机而动，因动而活，因活而进"。

改变，才使得水这一事物变得始终具有无限的生机，始终能够存在，始终能够产生价值。

二、变来流去还是水

水，可以说是千变万化。但水在变化之中还有一个东西始终没有变，那就是它的本质没有变，它变来变去，最终还是水。

有人比喻得好，"冰是睡着的水"，那么，水蒸气就是飘着的水了。就是揭示了一个道理，水不管变成气态还是固态，它的本质都没有超出氧原子和氢原子的组合。如果超出了，变成了什么硫啊、碳啊、锰啊等原子了，那它就不叫水了。

这样一个特点说明了什么道理呢？说明了改变是有原则的，有前提的，在变化当中，本质的东西是坚决不能够变的。

人生在世，不管个人地位有多大变化，财富有多大增长，事业有多么辉煌，名气有多大，那些为人正直、乐于奉献、不损人利己等闪光秉性，却是永远也变不得的啊。

水道渠成

　　我在教育我的女儿和儿子时经常对他们说："你们的父亲今天取得了一点点成就，但在本质上，我还是大山里面出来的一个农民的儿子，因此，我永远也不会忘本。因此，我希望你们不能够看不起我老家乡下的人，每年都要抽时间回到那里去体验生活，学会去关心那里还需要帮助的人。同时，你们一定要勤奋学习，不要依赖父母，要走自己成才、自己创业的道路，将我创业拼搏的这些好东西传承下去。"

　　因此，为了锻炼女儿楠楠独立生存的能力，今年我安排她一个人独自走上了考察美国的行程。她在家里楼上自己整理好行李，然后拖着沉重的行李箱下楼，把箱子自己搬上车的后备厢，我把她送到了机场，看着她自己换了登机牌，过安检，过海关。此时，我就仿佛将手中的风筝松开了线，让她一个人独自漂洋过海，进行为期一个月的旅程。有人觉得我"狠"了一点，这么小的女孩子，怎么放心得下啊？但我相信楠楠，因为在她的骨髓里，流淌着是我自己曾经独自奋斗、突破艰难险阻的血液基因。这一点，不但不会变，只会通过遗传和言传身教更加得到强化。

　　水的这种本质不变，甚至可以超越时空。

　　在时间上，它可以跨越千年、万年、亿万年。

　　在空间上，它可以跨越一切地域，无论是平原地带，还是山区、丘陵，或是高原、沙漠，还是在遥远的南极、北极，无论是液体水，还是气态水，还是作为流动固体的冰川，都以其特殊的本质坚守，塑造了一个一个传奇。

　　回顾绿之韵十年历程，心中满满的都是幸福。十年间无论人和事都发生了许多变化，但在我心中，从十年前将企业定位于"绿色健康产业，创办一家持续提升人生幸福感企业"的想法从未改变。我常常自我反思，为更多人创造充满幸福感的工作和生活，我们还要做些什么？这十年里，产品品质是我关心的事。我的桌上、抽屉、车里，放的是公司的产品；我的家人、好友，我尊敬的师长，许多人吃着公司的产品，并因此受益，我感觉幸福；这十年里，我没有将企业的扩张放在第一位，这在许多同行眼里，放着先天的条件不用，实在很傻。但我更在意每一处烙上绿之韵印记的地域发展状况，每一个从事绿之韵事业业务伙伴的内心感受，每一个体验绿之韵产品消费者的满意度，这些成就的取得，让我幸福……

　　这个世界不论怎么变，都应尽量变得合理、适度，变得科学、进步；因而，但愿世间多一些丑小鸭变白天鹅的美丽之变，少一些小白兔变狼外婆的丑恶之变。

第三节 改变使我成为最大赢家

一、改变让我走出了大山

山里的孩子其实最喜欢做梦，这些梦就是一种对改变自我、改变家乡面貌的寄托。对比 21 世纪出生的孩子，我一直有一个感慨，就是"贫穷的孩子早做梦"，因为什么都没有，所以就渴望拥有什么，所以就爱做梦，在梦中寻求快乐，寻求寄托；而什么都有的今天的孩子，则似乎没有梦想的动力了，因为他们没有什么渴望，没有什么值得去追求的东西。

我，就是在那种梦想氛围中，潜意识地告诫自己："我一定要改变这一切！我要改变自己的命运，改变父母亲的命运，改变家乡落后的面貌！"

有了这种改变的观念，我进而认识到自己一定要努力，而且要倍加努力；认识到我必须依靠自己去做、去闯、去尝试，因为我知道我没有任何可以依靠的资源。

有了这种改变的观念，便会不断去克服一些生活方面的陋习，因为我认识到改变要从自己开始。比如，读初中那会儿，我也喜欢与同学伙伴一起玩扑克牌，有时还玩得过头，在山下同学家玩到后半夜都不走，害得父母在山上空等了一整夜。后来有一次，我打牌输了，欠了别人 6 块钱，结果那个人竟然追到我家里来向我父母亲要账，我当时感到无地自容，内心十分羞愧，于是，我当即下定决心，从此再也不玩牌！从那以后，我说到做到，在创业阶段就一直没有打过牌。有了这种改变的观念，我就不断思考改变的方式和方法。所以，在初中刚刚懂事的时候，我懂的第一件事就是必须要自己赚钱，以便不向家里要学费。我就开始通过养兔子、烧木炭等方式赚钱了。到了高中，我还通过卖致富信息等门路赚取更多的钱，并由此而成为万元户。

有了一定的经济做基础，尝到了生意的甜头，我又规划了更大的改变目标，就是要向大城市进军。于是，我舍弃了在我们镇上开打字服务社的生意，向着省城长沙出发。

我还记得第一次去长沙的情景。那是 1988 年的端午节，清早五点多，天没亮，我就在小九溪的家里起床，吃点早饭，然后就出门赶路，以前只有很窄很窄的山路，摸着黑走两公里到村口牌坊那里，那个地方的路就是通往镇上和县里方向的路，于是我在那里等公共汽车，等了一个多小时，搭车到了县城，再转长途汽车往省城的路去。中午，车到了益阳市，要在那里吃顿饭，然后晚上到了长沙市西站，天基本上就黑了，因此还要在那儿吃顿晚饭，最后，从长沙市西站再转市内公共汽车，方才进入长沙市市区，整个路途共 260 多公里，花费了 8 个多小时。尽管十分辛苦，但当我看到长沙市这个省城亮丽的夜景时，我特别激动，当天晚上还特意赶到当时长沙市的标志性建筑——长沙火车站，在凉风习习中，坐在火车站广场的台阶上，注视着那高高的钟楼上的火炬，数着熙熙攘攘、进进出出赶火车、下火车的旅客，一直待到凌晨两点多钟。

就这样，我从小九溪走到了省城，接下来又从湖南去了沿海、去深圳、去广州，以后又奔忙于祖国各个地区，然后，走出了国门，去了东南亚、欧洲、非洲和美洲。

现在想起来我仍然感慨万千，一个处于偏远山区的农村孩子，能够走出大山，走向都市，走出国门，走向了全世界，这一切，看似复杂，

水道渠成

其实也简单，因为只要你有改变的欲望，你就能在改变中实现梦想！

二、改变让我的事业绝处逢生

　　1992 年我闯荡广东。起初十分艰难，睡 7 元一晚上的通铺，每天去人才市场和各个单位看招工广告，到处寻找打工机会。但是几乎处处碰壁，稍微满意一点的职位，都有很多人排队争抢。那个时候，全国各地的人才汇聚广东，其中，不乏身怀绝技的高人，不乏经验丰富的高手，不乏手捧着一大堆文凭和职称证书的高才，因此，轮到自己上阵面试的时候，一看那架势，基本上已经没有希望了。看样子，这次"闯荡"可能会以"泡汤"收场？紧急关头，我就改变了一下思维模式，与其这样人生地不熟地闯荡，何不找一找老乡关系，从中也许能够发现意外的机会。我这样一想，立马感到眼前一亮，立即翻出通讯录，先打长途电话到我们镇上几个认识的朋友，向他们询问我们安化县有没有在深圳一带混得好的老乡，这样，通过一个信息再转弯到另一个人，几个回合下来，通过老乡引见，终于找到了一个我们湖南长沙在深圳开公司的有实力的朋友，于是在他的公司开始了下海之后的生意道路。

　　从我的这段经历可以看出，改变思维模式是一种赢家策略。

　　1995 年，当我在深圳生意风生水起的时候，我的姑姑来深圳拓展她的完美直销，在深圳开课，还三番五次地向我介绍完美的产品，但我那个时候不屑一顾，没有理会。过了一段时间，当我看到课堂上有那么多的人，包括一些老板在内，对完美那个直销生意那么投入的时候，我就思考了，任何热门的东西都肯定有它的优势与价值，能不能改变一下自己的观念，对这个新生事物重新审视一下呢？于是当姑姑再次要我了解产品时，我就没有再拒绝了，并且很高兴地加盟其中。

这一段经历又说明了什么呢？说明改变观念才能够接纳新事物，并抓住机遇，促成成功。

2002 年年底，我处于人生事业的最低谷状态，因为之前两三年的传统招商，大刀阔斧，声名显赫，但那种做法是一种以"大广告、大投入、大声势"为特征的"砸钱、烧钱"模式，一旦砸下去没有预期的结果，就势必造成资金链的断裂。那时，我亏掉了好几千万元，事业之舟，完全处于一种摇摇欲坠的颠覆危机之中，传统招商生意没办法再进行下去。但是，那个时候，我的经济大厦尽管已经轰然倒下，而我的事业梦想却还没有倒下，于是，我就继续寻找东山再起的机会。所以，我才和李继前、徐华他们去上海考察如新公司的做法。因为这次考察，我看到有很多人对直销公司感兴趣，我当时就想，直销这个行当在中国应当很快就会有发展的利好出现，中国有成千上万的人将会涌向这个行业。这时，我的心猛然一阵激动，问我自己：能不能借鉴和利用直销的优势来发展自己的事业？于是，回到湖南长沙之后，什么也不等，就决定将自己的经营方向，由传统向直销转型。之后，绿之韵事业的前身就诞生了，我正式开启了至今已经十年的绿之韵事业生涯。

所以，绿之韵的产生，就是源于我的一个改变，而且是巨大的经营方向调整，这就是营销模式的改变。

三、改变让绿之韵在夹缝中苗壮成长

2002 年年底，绿之韵导入直销经营的时候，没有任何优势。

相反，我们当时有几大弱势，一是资金少、硬件落后；二是没有自己的生产基地；三是产品是临时拼凑且数量少；四是在行业没有任何的名气和地位；五是没有专业化的人才队伍。

这几个因素决定了一开始我们就是在行业的夹缝中寻找生存的希

望。因此，如何出奇兵、实现跨越？我当时分析业界的情况，觉得唯一的砝码是打造绿之韵的特色。要打造特色，就不能人云亦云，不能跟在别人屁股后面邯郸学步，就一定要改变自己的一些东西。

于是，我根据自己曾经做过三年完美直销的经验，对经销商的需求进行了全面、深入的认真研究，并精细地考虑到对经销商在什么级别需要怎么激励等细节；另一方面，我又理性分析了1998年之后那三四年里我亏掉几千万元的那个传统招商的模式，觉得应当吸取其精华，将有用的东西置换到绿之韵事业中来。因此，我们后来出台的市场计划，实际上就是传统专卖店加直销的一套全新的复合模式。这是我们的创新，在当时高手如林的业界，它成为一大亮点。

在改变的总方针指引下，2006年7月绿之韵公司宣布实施"整合分销"经营战略转型，以"总部＋加盟连锁分销店＋加盟连锁分销店正式分销员＋会员制贵宾顾客"为市场构架的商业模式正式确立，为绿之韵的发展开拓了一条创新的发展之路。

在改变的总方针的指引下，十年来，我们不断探索，创新了绿之韵的管理体制。绿之韵推出了独具一格的"项目小组制"和"横向工作组制"。前一个是根据哪一个具体的项目，比如说公司直销申牌这样的一个项目，以公司某一个部门牵头，其他部门抽专门人员参与，打破部门之间的封闭封锁，达到智慧叠加、头脑风暴的效果。像我们的直销申牌项目、高新技术企业项目、中国驰名商标申报项目，就都是在项目小组的工作机制下顺利完成的。后一个则是在公司纵向管理的框架前提下，设置横向沟通小组，使得信息能够透明、及时，互相传达，避免市场出现多头管理下的信息不对称、前后左右脱节的现象，大大提高了工作的效率和管理的准确性。

在改变的总方针指引下，十年来，绿之韵推出了具有特色的"经销商荣誉计划"，豪华汽车、豪华别墅的奖励，经销商领袖形象的浓墨重彩的宣传，海外旅游奖励，使我们绿之韵的经销商充分感到了一种尊贵的荣耀。

十年来，我们还推出了文化先行的策略，不断完善绿之韵"家文化"，以水的特质构造我们的文化底蕴，并积极通过书籍出版、媒体宣传、论坛和会议、培训体系等立体渠道，高密度、大范围地传播我们的文化内涵。

十年来，我们还系统打造了绿之韵醒目的"社会责任工程"，以38所希望小学的建立为持续的热点项目，以绿之韵慈善基金会为载体，以一年一度的《绿之韵社会责任报告》发布为窗口，使这一工程不断发扬光大，成为真正的光彩工程。

十年来，我们绿之韵的品牌也在改变中收获巨大，从默默无闻到湖南省著名品牌，从地方名牌走向中国驰名商标的巅峰。

绿之韵，就是依靠改变，在夹缝中得到了茁壮成长。

没有改变，我们就没有进步。改变，使我们每天进步一点点，并不断累积起来，最终实现发展的跨越！

四、改变，使绿之韵人尊享荣耀

在绿之韵大家庭中，经销商团队好比一个巨大的海洋。而身处其中的每一个优秀精英，正是因为改变而创造了人生辉煌，尊享巨大荣耀。

徐华、曹凤华等，一个个闪光的名字，链接着"改变创造传奇"的哲理。还有众多的团队精英，他们在改变自己、改变观念、改变选择的过程中实现了人生新的跨越，铸造了绿之韵事业传奇。

以前的张建军只是一个普通的空调销售员，为生计四处奔走。因为走入绿之韵，他对于健康、快乐、财富和未来有了全新的认识，决然地将自己的梦想寄托于绿之韵事业，用改变、坚持和担当追逐梦想，成为绿之韵首届豪华奔驰轿车大奖得主、三星钻石皇冠徽章奖得主。

一份满载荣耀的嘉奖令黄翔感慨，五年前最大的梦想是拥有一台摩托车，身负巨债的他因为无比相信绿之韵事业，举家搬迁至浏阳。他用拼搏、努力、信任叩开了通向成功的大门，成为绿之韵首届豪华奔驰轿车大奖得主、三星钻石皇冠徽章奖得主。

商海辗转却饱尝艰辛，不肯向生活低头的李正元偶然接触绿之韵，从绿之韵公司的雄厚实力、优质产品、市场认可以及无可限量的前景中找到全力以赴的强劲动力。他用创新、舍得、付出让自己成为绿之韵首届豪华奔驰轿车大奖得主、二星钻石皇冠徽章奖得主。

一个是围着灶台转的家庭妇女，一个是几经商海沉浮后的"负翁"，家庭的困窘没有泯灭周书明苏龙辉夫妇对于美好生活的梦想。他们走进了离家不到一公里的绿之韵，用"先做人、后做事"的价值观成就了一个全国知名的绿韵之家，成为绿之韵豪华奔驰轿车大奖得主、二星钻石皇冠徽章奖得主。

沈慧芳曾经拥有稳定且收入不菲的国企工作，直到有一天，有人告诉她一家本土公司绿之韵，从此梦想重新孵化。她毅然离职，全身心投入绿之韵，用忠诚、行动和爱丰收了事业和婚姻，成为绿之韵豪华奔驰轿车大奖得主、二星钻石皇冠徽章奖得主。

人生迷惘之际，一个陌生的电话唤醒了胡胜辉沉睡多年的梦想，她开始走进绿之韵，用女人特有的包容、细腻和付出凝聚成生命的操盘手，重新拥有了幸福财富的人生，成为绿之韵豪华奔驰轿车大奖得主、二星钻石皇冠徽章奖得主。

在绿之韵的舞台上，他们从忙碌异常的市场一线抽身而来，一一走上光彩夺目的舞台以身试教，传道授业，讲述奋斗的历程，解读成功的秘诀，向市场的营销伙伴们尽情释放事业分享的无限正能量。

改变是能够被感染的。

在绿之韵团队中我还了解到一件事。来自湖南邵阳的谢大姐一家有好几位都在做绿之韵营销事业，结果她的女儿去年在法国留学6年回国之后，放弃了海关1万多元月薪的工作，坚持要跟家人们一起从事绿之韵健康事业。因为她女儿亲眼见证了妈妈和亲戚们在绿之韵天地里产生的巨大改变。现在，她女儿已经成为绿之韵大家庭中的一员，正以青春激情与"海归"的独特眼界，在创新领域驰骋。

"桃李不言下自成蹊"，榜样与示范的力量是无穷的。当我们自己改变了，我们是智人；当我们的改变影响了很多人的改变，我们便是伟大的智者了！

五、改变让绿之韵阔步前行

2012年3月10日，我们进行了绿之韵"清调补衡"养生理念升级，开启了传统养生文化与现代先进科技完美结合的新里程。

2012年7月9日，我们举行了 "健康中国·责任有我"绿之韵2003—2012企业社会责任报告发布盛典，全面诠释绿之韵社会责任价值观，倡导并履行主流的社会价值观念和道德理想，在为社会创造价值的同时，承担起企业社会责任。

2012年8月8日，绿之韵集团与湖南日报报业集团《大众卫生报》实施战略合作，紧扣信息社会3.0时代，借力媒体的跨界资源，让直销企业的公众形象建设走上正轨。

2012年12月7日，绿之韵集团与湖南省中医药研究院、湖南中医药大学签署战略合作协议，决定在中医药健康产品研究开发、新品实验、产品安全、绿之韵产品研发中心科研力量提升、专业人才引进等多个领域进行全面的战略合作，持续加速产、学、研一体化格局。

而在绿之韵发展格局的扩展之路起航之时，也不断传来了诸多利好消息。

2012年5月15日，商务部正式核准绿之韵生物工程集团有限公司直销区域扩增申请，在原有获批的湖南省13个州、市基础上，内蒙古、辽宁、吉林、山东四省（自治区）获批开展直销业务。四省（自治区）先后成立了分公司，并同时完善服务网点建设规范工作。

2012年7月11日，绿之韵集团第六家分公司——黑龙江分公司正式落户哈尔滨，标志着绿之韵东北市场已全面覆盖，连接黑龙江、吉林、辽宁的市场布局已全面形成。

据商务部直销行业管理信息系统网站公示，绿之韵集团新增5款直销产品已获商务部批准，包含绿之韵·韵宜生保健食品和绿之韵·绿韵兰茜护肤品两大系列。至此，绿之韵集团获批的直销产品已有54款。

2012年2月28日，在长沙国家生物产业基地经济工作会议上，绿之韵集团荣获"2011年度税收贡献奖""名牌产品奖""统计工作先进单位"多项殊荣。

2012年2月29日，由中共长沙市委、长沙市人民政府举办的长沙市2012年工业经济工作会议在长沙市人民政府隆重召开，绿之韵集团被授予"销售收入首次过10亿企业"和"利税过1亿企业"两大荣誉称号，荣登"长沙市2011年度工业经济工作先进单位光荣榜"，并被列入"2012年度长沙工业百户重点调度企业名单"。

2012年4月10日，长沙市人民政府质量工作会议召开。绿之韵韵宜生系列产品荣获"湖南名牌"荣誉称号，是继"韵宜生"商标荣获"湖南省著名商标"后的又一重大荣誉。

同时，各级领导在深入绿之韵公司进行实地调研考察时，传达了政府的关怀和鼓励。

2012年2月22日，国家工商总局直销监管局局长张国华在考察过程中，对绿之韵集团规范经营的态度给予了高度评价。他说，"绿之韵集团作为中西部、湖南省第一家直销企业，一直诚信自律，遵法经营，是'打传规直'的表率，希望绿之韵继续严格贯彻'两个条例'，共同促进直销行业的健康发展"，同时指出：绿之韵作为民族企业的新生力量，立足绿色健康产业，对直销行业有着正确的认识和把握，以后要继续勇于承担社会责任，为消费者提供合格、优质的产品，为员工树立良好的企业文化，帮助弱势群体，参与公益事业，在省市各级监管部门的指导下，茁壮成长，为地方就业、经济发展贡献力量。

2012 年 7 月 6 日上午，湖南省工商行政管理局党组书记、局长李金冬，省工商局副局长鲁先华等省市领导莅临绿之韵考察调研。李金冬局长指出：绿之韵立足绿色健康产业，是湖南省直销业规范经营的表率，作为监管部门，我们也将从服务的角度出发，为直销市场营造"守信、公平、安全、放心"的市场环境，希望绿之韵继续严格贯彻'两个条例'，共同促进直销行业的健康发展。

2012 年 9 月 7 日，中共湖南省委常委、省委统战部部长李微微一行莅临绿之韵集团考察调研。李微微部长表示：绿之韵是本省第一家直销企业，重视科技创新，重视产业布局，把企业经营提升到了稳定社会的高度，对大力促进非公有制企业转型升级，助推湖南科学跨越发展起到了典型、标杆作用，值得广大企业借鉴和学习。

六、先天下之忧而忧

"生于忧患，死于安乐"，责任感总使人变得伟大。

绿之韵在改变中前行，但经久不变的是一腔爱国家、爱民族、兴伟业的热血。

2012 年以来，绿之韵企业在创新中不断改变自己的"发展格局"。在"美丽中国"的科学发展之路上，公众眼光密集聚焦在"健康""放心""绿色""安全"等关键字上，而绿之韵重点发展的绿色农业、健康产业、公益事业，与社会关注点高度呼应。领悟"十八大"会议精神之精髓，绿之韵悟出一个道理："至善"之道，即"为民"之道。

2012 年 4 月 13 日，中共湖南省委统战部副部长何俊峰一行莅临绿之韵集团，就湖南省"万企联村，共同发展"绿之韵益阳安化万亩中药材种植基地建设情况进行深入调研。何俊峰部长对绿之韵集团"重三农、勤创新、敢担责"的精神表示高度评价。

水道渠成

　　"在全球经济一体化的今天，不同的国家，不同的民族已融为一个开放共享的地球村。五千年历史长河里沉淀和精炼的中医养生文化是中华民族亮给世界的名片，它不但是中华民族文化灿烂的组成部分，同时还是世界文化的遗产。"这是绿之韵集团董事长胡国安在创业之初的感慨。

　　2003 年，绿之韵生物工程集团有限公司进驻长沙国家生物产业基地（湖南省浏阳生物医药园），注册资金 1 亿元，固定资产 2.88 亿元人民币，形成了以保健美容产业为龙头，集生物制药、种植、酒店、房地产、教育等多元化产业结构为一体的现代化高科技企业。这样一家年轻的企业，在短短数年间不断翻开新的篇章，引来了无数探寻的目光。

　　我出生于农民之家，从小经历艰辛的生活，对土地和农民有着深厚的感情。在创业的每一个阶段，我都梦想有一天能够为"三农"问题的解决贡献一分力量。

　　一个人只要有一种忧思，就会有一种责任，也会增添更多的智慧。

　　今天，绿之韵的发展为我实现这种梦想找到了一个一个突破口。我们企业不仅落实了国家三农产业的政策，更能充分利用湖湘之地丰富的本土资源，切实带动当地经济发展。

　　"把中国最好的产品以最快的速度传递给最需要的人，运用现代科技将中华五千年养生文化发扬光大，为解决人类亚健康服务"是绿之韵集团的使命。为了保证产品品质，绿之韵从一开始就以产学研结合的模式组建了实力雄厚的科研团队。

　　绿之韵推出的所有产品都紧紧围绕绿色、天然、健康、养生理念，这也使得绿之韵在七年时间已先后与中南大学、南京大学、湖南农业大学、湖南中医药大学等国家重点大学达成合作，聚集了中国工程院院士周宏灏、"中国螺旋藻之父"曾昭琪、张媛贞教授夫妇、著名生物工程专家李保健、国务院研究中心发展专家曾建国、暨南大学医药生物技术研究专家王铁良等一大批专家教授作为公司研发科技顾问，研发核心团队。

这支团队让绿之韵的产品线不断扩大，当前公司已拥有韵宜生、绿韵兰茜等子品牌健康食品、护肤品、日用品及健康生活系列 100 多款产品。

同时，绿之韵从创办之初便将自身定位于高科技农业，对农产品深加工。此项定位赢得了政府和民众的支持，为绿之韵的长足发展奠定了坚实的基础。绿之韵集团的产品都是以天然植物为原料或提取物，为保证原料质量，绿之韵兴建了多个生产基地。绿之韵紫锥菊 GMP 规范化种植基地为国家经贸委项目，种植面积 1000 多亩；绿之韵江苏天目湖螺旋藻生产基地位于国家 4A 级旅游景区江苏天目湖旅游度假区境内，培养的螺旋藻出口欧美等国。绿之韵益阳中药材基地是与安化县人民政府合作的中药材原料基地，总计划投资 2 亿元人民币，总面积达 1 万多亩，主要种植黄精、杜仲等与公司产品配套的中药材原料。作为湖南省政府与国家发改委重点支持的三农产业项目，将带动安化当地近 10 万农民脱贫致富。

促进地方经济发展，以三农产业助力社会，解决就业及农民致富问题，是绿之韵集团积极践行的使命之一。几年来，绿之韵各种植基地采用通过农户＋种植基地的模式，涉农项目吸收了近 20 万农民就业，集团还通过聘请专家对这些项目进行指导，给农民带去了专业的知识和技能，使他们不仅在物质生活上得到了很大的改善，同时也丰富了他们的精神生活。不仅生产环节如此，销售环节也为国家减少了就业压力。带动近万人实现自主创业，在全国各地拥有十几万人的营销队伍，其中 70% 是下岗职工和农村剩余劳动力。绿之韵集团不断完善产品品质和数量，提供给经销商优质产品和服务，为他们带来了可观的物质收入。在未来十年内，绿之韵集团将在全国范围内投巨资兴建多个大型中药材种植基地，采用"农户＋种植基地"的模式发展中草药种植产业，继续扩大对三农产业的支持力度。

同时，绿之韵积极帮扶大学生创业就业：设立就业基金、广开招聘会、参与创业带动就业座谈会、积极为大学生提供就业见习工作岗

水道渠成

位……积极纳税，连续四年成为地方政府利税大户。

先天下之忧而忧，后天下之乐而乐，是为君子之道；以天下人安乐为己任，是为绿之韵之志！

应此之道，绿之韵的改变总是顺应时代的潮流与趋势。

立此之志，绿之韵的改变时刻听从国家与民族的召唤！

以水精神为指针　打造美丽的"绿之韵梦"

行成于思，大道至简。

水之道亦即世之道，亦即人之道，亦即商之道也。

水之最大特性是"无我"，这是一种胸怀，也是一种境界。从"厚德载物"的胸襟出发，确立目标、坚定目标，以海纳百川的姿态，低调实干、勇往直前，通过厚积薄发，运用团队制胜的原理，坚持到底，不断整合资源，实现自身的改变，从而使得自身的力量一步步壮大，最终实现自己美好的梦想。这十个方面，就荟萃了"水道渠成"的"40字诀"。其主旨鲜明，其内容简练，但其分量却无比沉重。

绿之韵十年的发展时光，就好比沙里淘金，成千上万的沙粒褪去，我们便收获了闪光的思想黄金！

唐太宗李世民曾说："以铜为镜，可以正衣冠，以史为镜，可以知兴替，以人为镜，可以明是非。"我要说，以水为镜，可以识"世道"。近水楼台先得月，我与绿之韵因为"近水"而喜欢水、研究水、解读水。我们有了感悟、有了提炼、有了指南、有了方向正确的行动。十年来，我引以骄傲与自豪的，并不是绿之韵业绩规模的增长，而是我们能够独树一帜，在行业的蔚蓝天空擎起了一面水文化的旗帜！

最近几年，关注绿之韵成长的媒体与行业专家提出了一个词，叫作"绿之韵现象"。

他们对"绿之韵现象"进行了高度概括和总结，他们阐述说：

"绿之韵现象"是一个直销经销商出身的人成长为最年轻的直销企业家的现象；

"绿之韵现象"是中国直销行业在中西部开花的现象；

"绿之韵现象"是一种白手起家的创业现象；

"绿之韵现象"是一种敢于梦想、敢于为梦想的实现而努力拼搏的现象；

"绿之韵现象"是一种爱心饱满、兼济天下的慈善责任现象。

对媒体和专家们的评价，我表示深深的感激。与此同时，我也对绿之韵的昨天、今天和明天找到水到渠成的自然逻辑联系。

没有昨天，就没有今天；没有今天，就没有明天和未来。

绿之韵的昨天，可以说是"雄关漫道真如铁"。一路走来，一路风雨；一路拼搏，一路收获；一路汗水，一路感悟。

十年历程，充满曲折，充满挑战；

十年奋战，我们勇敢：探索前行，摸着石头过河；

十年拼搏，我们激越：饱含热泪，富有激情；

十年前行，我们坚守：披荆斩棘，坚持到底。

因此，对十年昨天的深度剖析，就是一个辩证的"总结工程"。记载历史的深刻轨迹，梳理乾坤的清晰脉络。

绿之韵的今天，可谓"人间正道是沧桑"。我们在过去的沉淀中不断提升，提炼出宝贵的"道"。因此，科学把握今天，就是一个蔚为大观的"提炼工程"。

我们提炼了企业核心价值之道；

我们提炼了精神支撑之道：国学底蕴，民族魂魄；

我们提炼了模式创新之道；

我们提炼了产品研发之道；

我们提炼了管理之道：高效沟通，亲情关怀、家园文化；

我们提炼了成长成功之道：坚持之道、创新之道、团队之道、合作之道、共赢之道。

一句话，"术"固然重要，"道"却是至高境界。我们从"水道"出发，提炼出人道，弘扬了正道！

而绿之韵的明天，我相信一定是"长风破浪会有时"，这是一个面向未来的"梦想工程"。

绿之韵，始终与祖国的需要相匹配，与祖国的辉煌一路同行。

绿之韵的诞生，就是国家政策导向的结果。2002年，是中国正式加入 WTO 之后的第一年，是中国取得 2008 年奥运会举办权之后的第一年，是党的"十六大"提出全面建设小康社会的目标的第一年。正是在那样一个宏大的背景下，我在谋划自己事业生涯的又一个改变的时候，我毫不犹豫，选择了创办直销企业之路。十年过程中，我们始终规范运行，遵守国家相关政策；十年来，我们也一如既往地为浏阳市、为国家生物医药园做出我们积极的贡献，为国家的就业工程、创业工程服务，为千百万中国家庭的健康服务。因此，绿之韵的发展和进步都自始至终与我们伟大祖国的需要一脉相承。

十年之后的今天，党的"十八大"已经隆重召开，并发出了进一步改革开放的号召，提出了建立美丽中国的目标。党和国家新一任领导人习近平主席向全世界第一次系统阐述了"中国梦"。他说，中国梦是民族的梦，也是每个中国人的梦。生活在我们伟大祖国和伟大时代的中国人民，共同享有人生出彩的机会，共同享有梦想成真的机会，共同享有同祖国和时代一起成长与进步的机会。

2013 年，对于绿之韵正是一个积累和沉淀的时刻，一个回望而后向前的契机。我时常在思考，在激动人心的"中国梦"中，我们所应构筑的"绿之韵梦"是什么呢？

十年，绿之韵从一个名不见经传的小公司，到如今成为直销业不可忽视的力量；从最早单一的产品，到发展为目前中国民族直销企业知名品牌，公司品牌、战略、管理、文化等方面的层次都大幅提升……

这十年，岁月在我们身上留下了痕迹，但永远更改不了我们的梦想。

而今天，在决胜十年的战斗号角吹响的一刻，我更加清晰了我们

水道渠成

"绿之韵梦",这是我们未来发展的蓝图,是我们努力的方向和目标。

一、"绿之韵梦"的核心内涵

"绿之韵梦"包含三个方面,即:实现民族直销企业自强、实现民族品牌走向世界、为所有绿之韵从业者提供实现"幸福人生"的平台。

"绿之韵梦"的第一要义是企业实力的提升。如今,绿之韵以中西部第一家直销企业、中国驰名商标企业的身份已成为直销行业不可忽视的力量,作为民族直销企业我们起步晚、发展还不平衡,但这也成就了今天的我们:最具潜力、处于快速发展阶段、最具发展机遇的直销企业,也因此受到了更多有远见、有目标、有共同梦想的加盟者的关注。

"绿之韵梦"所具备的核心特征第二要素是所有绿之韵伙伴共赢共享的"幸福特征"。

"中国梦"归根到底是民族的梦,是人民的梦,必须紧紧依靠人民来实现,必须不断为人民造福。而"绿之韵梦"是所有绿之韵人的梦,所有在绿之韵事业奋斗的营销伙伴,也都将享有人生出彩的机会,享有梦想成真的机会,享有与绿之韵共同成长进步,享受快乐获得健康的机会。

"绿之韵梦"的根本目的是与绿之韵家人共同成长,维护好所有信任、跟随绿之韵伙伴的根本利益。"共享幸福人生,共创幸福事业"是个复杂的系统工程。2013 年,我们将"坚持规范发展、打造稳固事业平台""坚持品牌价值提升与市场扶持两手抓""坚持用企业精神塑造企业新形象"作为对"绿之韵梦"阶段性特征更为清晰的描绘。我们要肩负起良心产品、优质产品的重任,打造中国健康生活最佳品牌;我们要打造超五星生态产业休闲园,能让伙伴们享受别墅、游艇、旅游休闲服务;我们要在全国各分公司开设精品商务酒店,让伙伴们到全国各分公司都能找到家的感觉；我们还要和家人伙伴们每年一起共享国内外旅游、享受更高品位的生活，也为"绿之韵梦"增添更加美丽的幸福光环。

向全社会传递绿之韵企业价值，是"绿之韵梦"永恒不变的求索。企业做大了，就是国家的，就是社会的，这是我经常讲的一句话。也是我四十年人生历程的总结，中华五千年灿烂的文明成果，不仅是传承，更重要的是分享。作为企业，我相信我们多建一所希望学校，多设立一个爱心图书馆，多帮助一位贫困母亲，多资助一名贫困学生，多推出一款健康安全的产品，多给予一份鼓励信心，都是在用行动传递我们的价值，都是在向社会发出我们的声音，这就是实现"绿之韵梦"的具体体现。

二、"绿之韵梦"的内容体系

梦想的总体图景：建立全球格局、多产业联动的"大健康产业"。

绿之韵的下一个十年，我们将始终坚持以直销产业为核心，提升和完善企业价值链，为全球营销伙伴打造稳固事业平台。我们不仅致力于健康食品、日用、护肤系列产品的研发、生产、销售和服务，还扩展到生态纺织、低碳生活、抗衰老研究等产业领域，并将延伸到电子商务、生态休闲俱乐部、五星级酒店等领域，打造"绿之韵健康生活全球产业集群"。这一指标体系，构成了面向未来"绿之韵梦"的基本蓝图，也是我们绿之韵八大梦想的核心基础：

1. 以天成网为基础的电子商务产业梦想

从习近平主席今年出访俄罗斯时发表的讲话中我们学习到，一些新的营销方式将会发挥更大作用。随着信息时代的发展和互联网的深入运用，人们需要更加简单快捷的购物方式。因此，我们将顺应时代的发展潮流，敢于创新，大力推广电子商务在直销中的应用。为此，我们已经着手"天成网"这一电子商务平台的建设，并预计今年十月份正式上线。

我们对实现电子商务产业梦想充满百倍的信心。因为阿里巴巴有阿里巴巴的特点，天成网有天成网独特的优势。绿之韵的电子商务产业必然是"马云＋胡国安"模式，我们的优势十分明显，第一，我们有分布在全国各地的几十万既成消费者群体；第二，我们的电子商务平台既有网上展示、网上订购功能，更有网下口碑宣传的功能，我们的消费者会奔走相告，使这一个平台一夜之间尽人皆知；第三，我们将丰富我们直销外的产品线，将在这一平台上满足消费者日常生活需求的方方面面，真正创造电子商务与直销的有机融合，打造直销行业排名第一的电子商务平台。

2. 以"家"文化为基础的生态休闲园梦想

我们把经销商，把同事都叫作家人，是我们大家在一起能够感觉到家的温暖，家的温馨，感觉到来自家人的关爱。从创办企业之初，我就一直有一个梦想，那就是我们能够真正像家人一样能够经常在一起互相关爱，因此，在我们的绿之韵酒店贵宾楼，我给我们的优秀经销商都准备了专门的房间，并把他们的照片都挂在房间里，让他们一回到公司就有一个自己的家。目前，我们正在进行以"家文化"为基础的生态休闲园规划，一个是在长沙市内的浏阳河畔，一个在是捞刀河畔。在生态园中，我们规划建设 38 栋别墅，建立游艇基地，还准备建一个五星级的酒店。这些别墅将用受到表彰的经销商的名字来命名，同时，奖励给他们的游艇可以直接开到他们的别墅前面。届时，这将是一个特别富有韵味的画面，整个生态园从天空中看下去就是一个太极图，中间那个圆点就是停直升机的地方。

3. 以直销为核心的全产业链梦想

在大健康产业的旗帜下，我们将以直销为核心，建立全产业链，目前，我们已经进入了文化产业、酒店业、黑茶业，还将延伸到其他相关产业。我们的其他产业都是直销板块的配套产业，我们形成的全产业链是一个内部互动、方向一致的产业链，其他的产业都是为直销服务的。

今天，我们绿之韵的经销商遍布全国各地，他们每天奔忙在祖国的大江南北，在每一个城市都有他们辛勤的身影。而每当想到在熙熙攘攘的人群中，在一个个陌生的城市街头去找酒店、旅馆的时候。我就想到如果在全国各地都有我们绿之韵自己的酒店，我们的经销商在每个地方都能够及时入住，都能够有一个舒适、安全、亲情的港湾。在今年我就产生了建设绿之韵连锁商务酒店的思路，我们第一期的规划是五年内建立 30 家，地点首选绿之韵经销商比较活跃的城市。经营模式采用合作入股、共同经营的方式，将绿之韵连锁商务酒店建成我们所有绿之韵人的又一个事业平台。今后，我们的其他产业企业，都将沿用这一开放式的经营模式，吸纳所有愿意与我们一起的绿之韵家人和社会有识之士共同投资、共同经营、共同受益。

4. 以慈善为纽带的财富社会化梦想

绿之韵的发展将始终贯彻"财富社会化"的机制，即在绿之韵不断发展壮大的基础上，把财富合理分配出去，进行回馈社会的慈善公益行动。我们一直坚持用爱心点燃希望，让善举成就梦想，始终致力于公益慈善事业，积极捐款捐物参与到希望小学、抗震救灾、树人行动等公益慈善活动中。但离我们的财富社会化梦想还不够，因此，我们的绿之韵慈善基金会正在研究新的机制，创新模式。如今年我们与中华慈善总会合作了"贫困母亲救助"项目，就是一种创新，也将我们的慈善捐助对象从一开始只针对青少年，后来又把大学生纳入我们的关爱对象，支持他们的创业就业行动，今年又把中国大地上的贫困母亲纳入我们关注、关心、扶助的范围。

绿之韵慈善基金会是实施各种善举、推动公益建设的机制化平台。我们将通过个平台，提供各种有效、简单、便捷的通道让绿之韵的爱心人士投身公益，并为大家提供简单、便捷、透明的参与方式，同时也向更多的人传递公益理念和爱心。将关爱、资助的人群范围不断扩大，通过切实投身到各类公益项目和公益活动中，帮助更多需要帮助的人，实现我们的财富社会化梦想。

5. 以成果共享为体现的绿之韵人人共赢梦想

我们时常说，所有绿之韵人都是我们有家人，所有绿之韵人都是企业的主人。家人和主人不只是一句空话，而应该有具体的体现，所以，我们的梦想是以成果共享来体现绿之韵人人共赢，让所有的绿之韵人都能够在企业有所成长，有所贡献的同时，也能够分享企业的红利。我们在设计利益分配机制的时候，充分考虑到经销商的利益，我们知道，正是因为有广大的经销商家人们的辛勤付出，企业的业绩才会不断攀升。我们除了最大限度地保障经销商利益，让分配机制透明化外，公司还额外拿出一部分利润让经销商分享企业红利，而且还注重让企业所有员工都能够共享企业成果。对优秀经销商进行旅游、轿车、别墅、游艇等奖励，让为绿之韵做出贡献的经销商，最大限度地共享企业红利。

要实现绿之韵人人共赢的梦想，除企业股东、经销商外，还应该有企业管理人员的员工。我通过向山西经典票号的"身股制"学习，确立了员工岗位股份期权和劳动股份期权两项机制。岗位股份期权就是员工在某个重要的岗位，具有不可替代的作用，我们就给他三年或五年的股份期权，如果达到年限，就参与企业一定比例的利润分红。劳动股份期权，就是我们根据每一个岗位确定一个系数，参与企业利润中一定比例的分红。同时，我们的员工也有旅游奖励基金，总之，我们要让所有的绿之韵人在企业都有成长和出彩的机会，都能够参与到企业成果的共享中，达到人人共赢。

6. 以最受尊敬企业为起点的中国企业复兴梦想

让绿之韵梦成为中国梦的组成部分，让绿之韵的成长伴随着中国企业复兴的脚步。我们应担当中国企业繁荣兴盛之责任，不断超越，不断壮大，并始终高举中国文化大旗，弘扬国学、推广中医药健康，为中华民族的伟大复兴贡献力量。

我们将以成为最受尊敬的企业为起点，实现中国企业复兴的梦想。首先，我们要成为管理科学规范、努力承担社会责任的企业，坚持"诚信经营、永续发展、造福人类、回馈社会"的经营理念，秉持"把中国最好的产品以最快的速度传递给最需要的人，运用现代科技将中华五千年养生文化及中医理论发扬光大，为解决人类亚健康服务"的企业使命，保持和发扬以"水文化"为核心的企业精神。从点滴开始，从我们每一个人的一言一行开始，不断完善自我，提升自我，使我们每一个人绿之韵人都成为最受尊敬的人，我们的企业也便成了最受尊敬的企业，并必将成为实现中国企业复兴的中流砥柱。

7. 以商学院为模式的素质提升梦想

绿之韵商学院是全体绿之韵人素质提高的阵地，是人生成长的阶梯。

研究了世界 500 强企业的商学院发展模式，分析了最近社会教育的各种亮点，绿之韵商学院将贯彻"融入社会、开门办学"的方针，要通过不断整合资源，创新商学院办学机制，打造"没有围墙的大学"，真正塑造企业商学院的经典，要通过绿之韵商学院，为提高民众素质做出我们的贡献。

我们计划与共青团湖南省委团、共青团长沙市委合作，成立创业就业大讲堂。针对每年大学即将毕业的学生，我们免费给他们讲，使其成为湖南省青少年创业就业的培训中心。我们还针对经销商、员工及其家人开设国学大讲堂、道德大讲堂和健康大讲堂。

同时，我们还将使绿之韵商学院在执行方面真正做到落地有根。目前已经在与长沙团市委合作，在长沙市确定一个专门的场所，建设集户外活动中心、讲堂为一体的流动大讲堂固定场所。未来，绿之韵商学院将以"政府支持、绿之韵管理、公益运行"的模式在条件成熟的地方开设分院，从而为民众素质提升服务。

8. 以"和诚立信 竞超兴业"为经营宗旨的百年企业梦想

德国科隆大教堂跨越几个世纪的建造历史，使我们对参与其中的每一个人都产生了深深的敬意。研究中国百年老字号企业的发展历史，使我们体会到什么是永恒。

是的，要建设一个伟大的工程，需要持久的信念，需要坚持不懈的努力。今天，我们绿之韵事业的发展已经走过了十年，但我们绿之韵事业是一个百年基业，将绿之韵建成百年企业，是我胡国安的梦想，也应是我们所有绿之韵人的梦想。要实现这一目标，我们要坚持"和诚立信 竞超兴业"的经营宗旨，建立和完善现代企业机制和公司治理结构，让我们：

像水一样，除了自己流动，还带动其他物体行动。

像水一样，在遇阻力与障碍时，反而加倍努力，释放全部能量，与之搏击。

像水一样，虽然只是涓涓细流，但坚韧不拔，持之以恒，水滴石穿。

像水一样，涤荡各种污垢，永保自洁，不停进步。

像水一样，有"无孔不入"的精神。

像水一样，不论来自何处，都能朝向一个既定的目标，不懈前进，直至汇成江河，实现自我价值。

只要我们始终牢记绿之韵的企业精神，只要我们团结一心，共同向这一目标奋斗，我相信，我们百年企业的梦想一定能够实现。

三、 实现"绿之韵梦"的三大基石

李克强总理从他人生经历中，总结出"行大道，民为本，利天下"九个字，这九字箴言是新任总理的治国之本，绿之韵未来的发展也将从这九个字中提炼经验。我希望所有的绿之韵人能够感悟到、享受到快乐，也能够实现梦想、收获成功。

"中国梦"里，有"强国"也有"富民"。"绿之韵梦"里，有期盼也有实干。站在第十个年头的发展路口，所有绿之韵人是一个共同体，只有每个人都充满激情和梦想，"绿之韵"才够美丽，才够坚实。要实现"绿之韵梦"，我们要用自己的行动，夯实三大基石：

第一，凝聚所有绿之韵人的力量，凝心聚力，团结奋进。只要我们紧密团结，为实现共同的梦想而奋斗，实现梦想的力量就无比强大。希望所有绿之韵人一定牢记使命，用我们的智慧和力量共同为梦想努力！

第二，所有绿之韵人要传承、弘扬企业文化。以"水的精神"来发展我们的事业，传承中华五千年养生文化，开创绿之韵"大健康"的产业品牌和格局。

第三，长期坚持"三个不改变"理念。即长期为广大经销商、消费者提供质高品优的产品不改变、维护经销商的利益长期不改变、对于市场扶持的投资长期不改变。

四、徜徉在梦想的源头

北宋理学家胡瑗说过："致天下之治者在人才，成天下之才者在教化。"当绿之韵梦想的旗帜高高擎起之后，谁来担当实现梦想的重任？因此，人才与干部队伍的打造就成为绿之韵工作的一个重心。为此，我们决定进行管理班子的调整，通过引进、重点培育等方式，形成直销行业最具专业水平、最具服务品质、最具工作效率的绿之韵工作团队。另一方面，我时刻让绿之韵的核心骨干与我一道，共同进入同一个"梦境频道"，力求"同心、同向、同频、同行"。

家乡的小九溪是我这一辈子梦想的原始源头，是我生命的正能量场。近20年来，每当我在人生、事业、企业管理方面有重大决策之时，我都会回到那个溪水淙淙流淌的地方，仿佛一头扎进了一个天然氧吧，不但呼吸畅通，而且思维活跃，气定神闲！

2013年7月26日至28日，我率领绿之韵集团中高层管理干部和经销商代表来到益阳安化小九溪村的绿之韵山庄，特地在那里召开绿之韵集团"2013年下半年工作计划建议及2014年战略目标"会议。会上，绿之韵高层管理者谌献军、方彦雄、孙心琥、刘尚线、欧阳继延纷纷发言，就市场发展、品牌提升、文化深化、教育深耕等方面做专门规划。会议最后，我进行总结发言，我首次向管理团队通报了2014年新增的几项发展规划：首先，在全国开始筹建以绿之韵"家文化"为主题的商务酒店，让在市场奔忙的营销伙伴在全国都找到家的感觉。其次，建设绿之韵茶文化会所，让中国只有湖南有、湖南只有安化有的黑茶通过绿之韵的平台，传向更多的消费者。再次，在天成网——电子商务与直销结合新模式推广的基础上，建设天成超市，电商落地，真正实现"直销生活化，生活直销化"。

在梦想的源头，我对绿之韵新梦想的宣布引起了大家的无比激动与兴奋。而我本人，则徜徉在更加美丽的蓝图之中。我对他们再一次宣布："在这个绿之韵山庄，现在正在抓紧修建停机坪，我向你们和市场伙伴承诺过，希望能开着直升机从长沙总部起飞，来到我的家乡参观，在我家里吃一顿土菜，我再亲自驾机返回长沙！"

是的，在宏大梦想的指引下，我们全体绿之韵人一定能够插上翅膀，激越飞扬，行稳致高！

炎炎七月，绿之韵山庄的惬意，茶马古道的畅快，溯源文化的感动，瞩目未来的信心……从小九溪向外界传播和扩展。在浓墨重彩的氛围中，实现"中国梦·绿之韵梦"的愿景愈发热烈，而"卓越十载，瞩目百年"的呼声已振臂而起！

五、"梦想启迪未来"

"梦想有多大，人生的舞台就有多大。"

绿之韵梦想的大幕开启，时不我待。

在绿之韵十周年的喜庆热浪中，绿之韵集团"梦想启迪未来"大型系列巡讲活动隆重举行。而我本人，从我自己出发，立即行动，带领集团高管和市场负责人，参与每一场巡讲活动，并现场召开市场骨干会议，了解一线情况，解决实际问题，推动大家向着梦想阔步前进。

2013年6月9日，"梦想启迪未来"大型巡讲活动第一站，在湖南娄底市娄底宾馆隆重举行。湘中娄底，千人同聚。

2013 年 6 月 10 日，"梦想启迪未来"大型巡讲活动第二站在湖南益阳市举行。《踏浪》歌声，美丽华韵。

紧接着，巡讲活动第三站、第四站、第五站、第六站分别在湖南邵阳市、株洲市和长沙宁乡、衡阳市隆重举行。

2013 年 7 月 10 日，"梦想启迪未来"大型市场巡讲活动第七站在河北石家庄市完美启幕，润雨洗礼，涤荡肺腑，燕赵大地，温情传递。

2013 年 7 月 14 日，"梦想启迪未来"大型市场巡讲活动第八站暨内蒙古分公司四周年庆典在呼和浩特隆重召开，近 1300 多名逐梦精英欢聚一堂，草原欢歌，地灵人杰。

2013 年 8 月 3 日，大河奔流，名泉波涌，绿之韵集团"梦想启迪未来"大型市场巡讲活动第九站在山东济南隆重召开，1500 多名营销新老伙伴欢聚一堂，共逐追梦之旅。

2013 年 8 月 6 日，"梦想启迪未来"第十站在绿之韵集团总部所在地湖南浏阳市召开。楚天舒阔，浏河源远，1200 多名逐梦者聆听浏阳河颂曲，共享烟花之璀璨。

……

在每一个城市、每一个会场，偌大的会场里，彩旗飘扬，欢声雷动，健康、美丽、快乐、家的气息延伸到每一个角落，传递出绿之韵"大健康事业"的品牌主张和文化底蕴。每一次，在全场热烈的掌声中，绿之韵集团带来的"走进绿之韵"的主题讲演，使参与人员深刻感受到了"创业正能量""产品正能量""事业正能量""慈善正能量""品牌正能量"和"文化正能量"的"能量六面体"，也让在场营销伙伴们感受到了绿之韵事业的无限正能量和美好期许。

而在每一场会议上，我都要向一切关心绿之韵发展的热心人士表述我们美丽的"绿之韵梦"。

"梦想成就人生。一个人有了梦想，活着才觉得有意义、有趣味。梦想是与岁月的较量，在绿之韵只要你有梦想，就能征服岁月，走向成功。"

"梦想启迪未来，奋斗成就未来，在所有绿之韵人的共同努力下，

水道渠成

绿之韵科技产业园、游艇俱乐部、国际五星级大酒店等，都将从最初的承诺一一实现，一个以直销为核心的全球最佳事业平台，一个以直销为核心谋划全球化、多产业、集群化发展的大健康产业宏伟愿景终将从梦想走进现实！"

是的，"绿之韵梦"不是一句口号，而是一种积极的行动。十年历程发展，我们看到绿之韵从一颗信念的种子长成参天大树，是源于每一个有梦想的绿之韵人，携手同心，决胜未来，这种永远向上的正能量，将永葆绿之韵健康事业的繁荣昌盛。

"行者常至，为者常成。"启迪是追梦的开始，改变是筑梦的过程，坚持是圆梦的终点。

让我们用自己的行动，为社会创造价值，凭自己的思想智慧和勇气，为自己、家人，为社会、为后代创造财富，让民族企业绿之韵再创一个中国奇迹！

中国梦，民族梦，绿之韵梦，生命不息，奋斗不止！

绿之韵美丽的梦想力量，如水滴之石穿，如排山之倒海，从一湾湾细流，已经汇聚而成为人类奉献、为民族奋斗的汪洋大海！

毛主席说："自信人生二百年，会当击水三千里。"绿之韵事业的新纪元已经开启，让我们铭记使命，珍惜承诺，以千流归海的气魄，纵横华夏，迈向全球，迎来无比瑰丽的世纪蓝图！

绿之韵的梦想与伟大的中国梦一脉相承，让我们在不断修炼自己的过程中，放大梦想格局，与绿之韵辉煌同行，与伟大的共和国辉煌同行！

让我们燃烧激情，众智携行！

让我们披戴荣光，意兴风长！

让我们璀璨梦想，扬帆远航！

让我们播撒希望，再创辉煌！

后 记

恩情如水，情谊永存

在《水道渠成——成就一生的智慧密码》一书正式出版的时候，正是绿之韵集团成立十周年之际，因此，这本书的出版发行就具有了多重的意义。

其一，这是一种总结。通过本书，再现了我个人成长发展的足迹，再现了绿之韵公司从创立、发展到今天取得了一定成绩的整个风雨历程。从这本书的字里行间，广大读者依稀可以瞥见张张老照片的风采。

其二，这是一种升华。通过本书，我把绿之韵在创业过程中形成的水文化进行了一次全面系统的提炼，形成了绿之韵水精神"十大方面、40字诀"，这样一个行动，虽然是一小步，但却是绿之韵发展的一大步。

其三，这是一种感恩。

正如我在书中所说，每个人都一定拥有一个或数个"能量场"。在我自身的成长发展道路上，小九溪一直是我的一个"能量场"，它滋养了我的生命，也给了我无数的启迪。一方水土养一方人，因此，我在心目中一直以无比崇敬的态度对待它、感谢它。

但比这更重要的，是在我成长的路上，父母、长辈以及许许多多的朋友，他们给了我无私的奉献和帮助，他们是我生命中的贵人，是在我心底永远流淌的一条条河流，给我养分，给我力量，给我支持。因此，我对他们的感激之情是无比赤忱的。

同样，在绿之韵创立、成长、发展的道路上，各级领导、各位专家、各位媒

水道渠成

体界人士对我们给予了长久的关爱、关心、支持和指导，使我们能够始终把握正确的方向，使我们能够从小到大、从弱到强，因此，他们是我们的指路明灯，是我们前行的推进器，他们一直充当我们登攀高峰的云梯，一直为我们保驾护航。所以，我和全体绿之韵人都应当深刻铭记他们的恩情，并以此为推动力，前行到永远！

当然，在绿之韵十年的发展道路上，我所有的同事、员工、经销商以及遍及世界各地的消费者们，你们是我一路前行的忠实伴侣，没有你们的团结协力，没有你们的不离不弃，没有你们的真心认同和鼎力支持，我走不到今天，绿之韵走不到今天！因此，我要向你们表示最衷心的谢意！

古人云："问渠哪得清如许？为有源头活水来！"我个人的成长、绿之韵的发展都有赖于长辈、朋友、领导以及全体绿之韵人，你们就是这伟大的"活水"，是正能量之水，是恩重如山之水，是高山仰止的激流瀑布，是纵横北冰洋的暖流，是浩瀚无比的汪洋大海！恩情如水，情谊永存，我将珍惜缘分，珍惜宝贵的恩情，并将它们化为向未来冲刺的强大力量。

同样，对于本书的策划、写作、出版，我也必须感谢各级领导和各界朋友的热情鼓励和鼎力协助。

在此，我特别感谢国学大家吴言生教授，他在百忙之中，抽出时间，专门为本书作序。

特别感谢中国市场学会直销专家委员会秘书长胡远江教授、中国媒体事务专家吴培伦先生、中国企业文化研究专家龙赞博士，他们对本书的前期策划做出了深入贡献，并对书籍初稿进行了多次审阅。

特别感谢中国商务出版社，对本书的出版给予了大力支持。

我还要感谢绿之韵同事劳嘉、蒋文及所有的同仁，他们在我写作此书的过程中，与我一起共同回顾了绿之韵十年历程中值得记忆的每一个镜头，是他们促成了我的写作灵感。

最后，我要对深情期待本书出版的读者朋友表示感谢，他们有的已经预定了这本书，有的热情期盼着我的亲笔签名，有的还在打听全国新华书店和各个机场的签售会什么时间举行，对他们的深情厚谊，我深深鞠躬，并承诺，我们的销售活动，一定不会让他们失望。

由于时间仓促，本书的缺点和错误在所难免，希望各位读者多多包涵，并给予批评指正！

胡国安

2013 年 8 月第三稿于长沙三十九铺会所